2018년 개정판

김영란법

편저 : 대한법률편찬연구회

부정청탁 및 금품 등 수수의 금지에 관한 법률

법문 북스

2018년 개정판

김영란법

편저 : 대한법률편찬연구회

부정청탁 및 금품 등 수수의 금지에 관한 법률

법문 북스

개정판을 내면서

2016년 9월 28일부터 「부정청탁 및 금품등 수수의 금지에 관한 법률」의 시행에 따라 사회 전반에 걸쳐 반부패 효과가 확산되었으나, 농수산물 및 농수산가공품에 대해서는 이를 생산하는 농수축산가 및 상인들에게는 많은 피해가 발생하여 이를 시정해 달라는 민원이 속출하게 되었습니다.

이에 정부에서는 이들을 배려하기 위하여 수수를 금지하는 금품 등에 해당하지 아니하는 농수산물 및 농수산가공품 선물의 가액 범위를 조정하는 등 현행 제도의 운영상 나타난 미비점을 개선·보완하기 위하여 이 법의 시행령을 일부 개정하게 되었습니다.

그 주요내용은, 수수를 금지하는 금품 등에 해당하지 아니하는 경조사비의 가액 범위를 세분화하여 축의금·조의금은 10만원에서 5만원으로 낮추되, 화훼농가를 배려하여 화환·조화의 경우에는 10만원을 유지하도록 하였으며, 농수산물을 배려하기 위하여 수수를 금지하는 금품 등에 해당하지 아니하는 선물의 가액 범위를 세분화하여 농수산물 및 농수산물을 원료 또는 재료의 50퍼센트를 넘게 사용하여 가공한 농수산가공품은 5만원에서 10만원으로 높이되, 그 밖의 선물은 5만원을 유지하도록 하였습니다.

또 외부강의 등 사례금 상한액을 조정하여 공무원과 공직유관단체 임직원의 경우 직급별로 외부강의 등 사례금 상한액을 달리 정하였으나, 앞으로는 필요한 경우 기관별로 상한액의 범위에서 자율

적으로 정하여 운영할 수 있도록 외부강의 등 사례금 상한액을 40
만원으로 일원화하도록 하였습니다.

 이와 같은 자료는 국민권익위원회에서 발행된 해설집과 Q&A사례집
및 법제처의 법령자료들을 반영하여 이 개정판을 발간하였습니다.

2018. 2.

편저자

머리말

'김영란법'이라고 불리게 된 '부정 청탁 및 금품 등 수수의 금지에 관한 법률'은 2012년 김영란 전 국민권익위원장이 추진한 법안에 의해 산정되었다고 해서 일명 '김영란법'이라고 불리게 되었습니다.

최근 지속적으로 발생하고 있는 공직자의 부패·비리사건으로 인해 공직에 대한 신뢰 및 공직자의 청렴성이 위기 상황에 직면해 있습니다. 그래서 이로 인해 공정사회 및 선진 일류국가로의 진입을 막는 최대 장애요인으로 작용하고 있으며, 이를 효과적으로 규제하기 위한 제도적 장치가 미비한 상태에 있는 상황이기 때문에 이를 규제하는 법 제정의 필요성이 시급한 실정이었습니다.

그래서 이 법은 기존 부패방지 관련 법률의 한계를 보완하고, 부정청탁 및 금품 등 수수 금지를 위한 종합적인 통제장치를 법제화하였습니다. 또 부패 빈발분야의 부정청탁행위를 제재하고, 부정청탁 방지를 통해 공직자 등의 공정한 직무수행을 보장하도록 하였습니다. 아울러 공직자 등의 금품 등 수수행위를 직무관련성 대가성이 없는 경우에도 제재가 가능하도록 하여 국민의 신뢰를 확보하는 데 그 목적을 두었습니다.

이 책에서는 이러한 법 제정취지에 맞춰서 제1장에서는 총칙에 대해 , 제2장에서는 부정청탁의 금지 등에 대해, 제3장에는 금품 등의 수수 금지 등에 대해, 제4장에는 부정청탁 등 방지에 관한 업무의 총괄 등에 대해, 제5장에서는 징계 및 벌칙에 대해 해설과 함께 이에 대한 질문과 답변을 모아 수록하였으며, 부록으로 이에 관련된 법령들을 정리하였습니다.

　이러한 자료들은 국민권익위원회에서 발행된 해설집과 Q&A사례집 및 법제처의 법령자료들을 취합하였으며, 이와 같은 자료들을 체계적으로 정리, 분석하여 누구나 이해하기 쉽게 편집하였습니다,

　이 책이 많이 보급되어 부정부패를 근절하여 공정사회 및 진정한 선진 일류국가로 발돋움 하고자 하는데 큰 도움이 되리라 믿으며, 열악한 출판시장임에도 불구하고 흔쾌히 출간에 응해 주신 법문북스 김현호 대표에게 감사를 드립니다.

2016. 11.
편저자

목 차

'김영란법' 알아봅시다.

제1장 총칙

제2장 부정청탁의 금지 등

제3장 금품 등의 수수 금지 등

제4장 부정청탁 등 방지에 관한 업무의 총괄 등

제5장 징계 및 벌칙

부 록

'김영란법' 알아 봅시다.

(부정청탁 및 금품 등 수수의 금지에 관한 법률)

부정청탁금지법 시행령 주요 개정내용

2018. 1. 17.

부정청탁금지법 시행령 개정(2018.1.17.시행)에 따라 공정한 직무수행을 저해하지 않는 범위 내에서 원활한 직무수행, 사교·의례 목적으로 공직자 등이 예외적으로 받을 수 있는 선물 가액범위 등 주요 개정내용을 안내해 드림.

가. 선물·경조사비의 가액범위 조정(시행령 별표 1 개정)

○ 선물 : 현행 상한액 5만원을 유지

　　　　　다만, **농수산물 선물에 한정하여 10만원까지 가능**

　- 연구결과 나타난 **농축수산물의 지속적인 영향**과 농축수산
　　물을 배려해야 한다는 국민도 상당수

　※ 농축수산물 선물의 상한액 상향에 대한 의견('17.9월, 한국행정
　　연구원)

　　　△ 찬성(국민 45.1%, 공무원 43.2%)

　　　△ 반대(국민 52.3%, 공무원 55.4%)

　　　△ 상한액 상향시 적정금액 : 국민(52.0%), 공무원(59.7%), 영향
　　　　업종(54.8%) 모두 10만원이 다수

　※ **가액범위 개정안**에 대한 국민의견 : **찬성 63.3%**, 반대 27.5% ('17.12.1,
　　CBS)

　- 농수산물의 범위 :「농수산물 품질관리법」제2조제1항제1
　　호에 따른 **농수산물**, 같은 항 제13호에 따른 **농수산가공
　　품**을 포함

　※ 농수산물 : 농업, 어업활동으로부터 생산되는 산물(축산물·임산
　　물 포함)

　※ 농수산가공품 : **농수산물을 주된 원료·재료(50% 초과)로 하여**
　　가공한 제품

〈 농수산물, 농수산가공품(예시) 〉

구 분	품 목
농수산물 (단순염장·건조, 절단·포장 포함)	• 갈치, 대하, 간고등어, 굴비, 옥돔, 멸치, 건미역, 마른 김 등 • 한우, 돼지고기, 오리·닭고기, 사골 등 • 과일, 곶감, 수삼, 녹차, 꿀, 화환 등
농수산 가공품 (50% 초과)	• 조미김, 어묵, 생선통조림, 젓갈, 간장게장, 햄, 불고기, 떡갈비, 훈제오리 등 • 고춧가루, 곡물·버섯 분말 등 • 참기름, 볶음고추장, 과일잼, 흑마늘, 홍삼 등

○ **경조사비** : 현행 상한액 10만원에서 **5만원으로 하향 조정**
　　　　　　 다만, 화환·조화의 경우 현행대로 10만원까지 가능

- **공직자등에게 요구되는 높은 도덕성과 청렴한 사회를 향한 의지**를 감안하고, 수시로 발생하는 경조사비가 국민에게 큰 부담으로 작용하는 점 등을 고려하여 가액범위를 하향

- 다만, 예외적으로 법 시행 이후 영향을 받고 있는 **화훼농가를 배려**하여 현행 가액범위 유지

※ 10만원 범위 내에서 '축의금(5만) + 화환(5만)', 또는 '화환(10만원)' 제공 가능

나. 선물 범위에서 상품권 등 유가증권 제외(시행령 별표 1 개정)

○ 상품권 등의 **유가증권은 현금과 유사**하고 사용내역 추적이 어려워 부패에 취약하므로 선물에서 제외

☞ 음식물 가액기준 회피 수단으로 상품권의 악용 등 편법수단을 차단하고, 농수산물 선물 소비를 유도

- 법 적용대상이 아닌 민간기업 임직원이나 일반 시민 등에게 주는 상품권
- 직무 관련이 없는 공직자등에게 주는 100만원 이하의 상품권
- 공공기관이 소속 공직자에게 지급하거나 상급 공직자가 위로·격려·포상 등의 목적으로 하급 공직자에게 주는 상품권
- 다른 법령·기준 또는 사회상규에 따라 주는 상품권

다. 외부강의등 사례금 상한액 조정(시행령 별표 2 개정)

○ 공무원과 공직유관단체 임직원의 직급에 따른 사례금 상한액 차이를 해소하기 위해 **직급별 구분 없이 동일한 상한액** 설정
 - **최고 상한액 40만원** 범위 내에서 기관별로 자율적 운영

○ 국공립학교·사립학교 사이, 일반 언론사·공직유관단체 언론사 사이의 상한액 **차이를 해소하기 위해 동일한 상한액** 설정

※ 사례금 상한액을 기관 유형별로 차등하는 것에 대해 공무원, 공직유관단체 임직원, 국공립대학교 교원 등은 반대 의견이 다수 ('17.9월, 한국행정연구원)

〈 개정된 외부강의등 사례금 상한액 〉

구 분	공무원, 공직유관단체 임직원	각급 학교 교직원 학교법인·언론사 임직원
1시간당 상한액	40만원 (직급별 구분 없음)	100만원
사례금 총액한도	60만원 ※ 1시간 상한액+1시간 상한액의 50%	제한 없음

※ 국민권익위원회 고시(외부강의등 사례금 상한액 적용 직급 구분 고시)는 폐지

라. 외부강의등 사전 신고사항 및 보완 신고기간 정비(시행령 제26조 개정)

○ 외부강의등의 유형, 요청사유를 사전 신고 사항에서 삭제

○ 사후 보완 신고 기산점 조정 및 신고기간 연장

    - 보완 신고 기산점을 '외부강의등을 마친 날부터'에서 사전 신고 시 제외된 사항을 '안 날부터'로, 신고기간을 '2일'에서 '5일'로 연장

    ※ 사례금 총액, 상세명세 등을 모르는 경우 해당 사항을 제외하고 사전 신고한 후 추후 보완 신고

마. 부정청탁금지법 준수 서약서 제출 부담 완화(시행령 제42조 개정)

○ 공공기관의 장이 소속 공직자등으로부터 법 준수 서약서를 받는 주기를 '매년'에서 '**신규채용을 할 때**'로 한정

    ※ 법률의 위임 없이 시행령에서 서약서를 매년 받도록 규정한 것은 법률우위의 원칙에 반한다는 의견(국가인권위원회 개정권고 내용 반영)

□ **기관별 행동강령 개정**

○ 개정내용 : 경조사비 및 선물의 가액범위, 외부강의등 사례금 상한액 기준 등

○ 개정시한 : 시행령 개정 취지가 기관별 행동강령에 반영되어 공직사회에 정착될 수 있도록 조속히 개정

  ※ 공무원 이해충돌 관련 사항은 개정 행동강령의 시행일('18.4.17.) 전까지 개정

□ **소속 및 산하기관에 대한 개정내용 전파**

○ 권익위에서 제공하는 각종 자료를 소속·산하 기관 등에 전파·홍보하는데 활용 가능

  ※ 각급 학교, 학교법인은 소관 교육청 및 교육부에서 전파(각 중앙 행정기관 및 지방자치단체에서 등에서 관리하고 있는 학교는 해당 소관 기관에서 전파)

  ※ 언론사는 언론사별 소관 부처(방송통신위원회, 과학기술정보통신부, 문화체육관광부, 광역자치단체)에서 전파

□ **개정사항에 대한 전 직원 교육 실시**

○ **경조사비**의 경우 **가액범위가 하향**(10만원 → 5만원)되었으므로, 위반사례가 발생하지 않도록 **충분한 교육** 필요

○ 가액범위가 조정되더라도 인허가·수사·계약·평가 등과 같이 공직자등의 직무와 **직접적인 이해관계**가 있으면 현재와 같이 **일체의 음식물·선물·경조사비를 받을 수 없음**을 정확히 교육

  ※ 소액이지만 직접적 이해관계가 있어 과태료가 부과된 상세 사례를 추후 각급 기관에 전파하고 권익위 홈페이지에 게시할 예정

구 분		기 존	변 경
가액 범위	음식물	3만원	동 일
	선 물	5만원	5만원 (농수산물·가공품 10만원)
	경조사비	10만원	5만원 (화환·조화 10만원)
선물 범위		상품권 등 유가증권 포함	상품권 등 유가증권 제외
외부 강의 등 상한 액	공무원, 공직유관단체 임직원	직급별 구분 있음 (시간당 20~50만원)	직급별 구분 없음 (시간당 40만원*)
	국공립학교 교직원	공무원과 동일 (시간당 20~50만원)	사립학교 교직원과 동일 (시간당 100만원)
	공직유관단체인 언론사 임직원	공직유관단체 임직원과 동일 (시간당 20~40만원)	일반 언론사 임직원과 동일 (시간당 100만원)
외부 강의 등 신고	사전 신고사항	외부강의등의 유형, 요청사유 포함	외부강의등의 유형, 요청사유 제외
	보완 신고기간	외부강의등을 마친 날부터 2일 이내	해당 사항을 안 날부터 5일 이내
부정청탁금지법 준수 서약서 제출		매 년	신규채용 시

* 공무원·공직유관단체 임직원은 1시간 넘게 강의하더라도 최대 1시간
상한액의 150%인 60만원까지만 사례금을 받을 수 있음(시행령
별표2 제2호나목)

① 농수산물 선물에는 축산물, 임산물 선물도 포함되나요?

○ 농수산물 선물에는 농산물, 수산물 뿐만 아니라 **축산물, 임산물도 포함됩니다.**

　※ 관련 법령
　■ 농수산물 품질관리법
　　제2조(정의) ① 이 법에서 사용하는 용어의 뜻은 다음과 같다.
　　　1. "농수산물"이란 다음 각 목의 농산물과 수산물을 말한다.
　　　가. 농산물 : 「농업·농촌 및 식품산업 기본법」 제3조제6호가목의 농산물
　■ 농업·농촌 및 식품산업 기본법
　　제3조(정의) 이 법에서 사용하는 용어의 뜻은 다음과 같다.
　　　1. "농업"이란 농작물재배업, 축산업, 임업 및 이들과 관련된 산업으로서 대통령령으로 정하는 것을 말한다.
　　　6. "농수산물"이란 다음 각 목의 것을 말한다.
　　　가. 농산물 : 농업활동으로 생산되는 산물로서 대통령령으로 정하는 것

② 직무 관련 공무원에게 농수산물 선물과 그 외 선물을 함께 줄 경우 얼마까지 가능한가요?

○ 사교·의례 목적으로 농수산물 선물과 그 외 선물을 함께 주는 경우 **합산하여 10만원까지** 줄 수 있지만, 그 외 선물은 5만원을 넘어서는 안 됩니다.

　※ 7만원짜리 일반 선물과 3만원짜리 농수산물 선물을 함께 주는 것은 일반 선물 가액범위 5만원을 초과하므로 안 됩니다.

③ 출판기념회, 승진 등을 축하하는 화환이나 꽃 화분 선물은
얼마까지 받을 수 있나요?

○ 화환이나 꽃 화분은 농수산물 선물에 해당하며, **사교·의례
목적으로 제공되는 농수산물 선물은 10만원까지** 받을 수
있습니다.

④ 직무 관련 있는 공무원에게 5만원 범위 내에서 백화점 상품
권을 선물로 줄 수 있나요?

○ 원활한 직무수행, 사교·의례 목적으로 제공할 수 있는 **선물의
범위에서 상품권 등의 유가증권은 제외**되었으므로 5만원 이
하라 하더라도 허용되지 않습니다.

※ 예외적으로 상품권 등 유가증권 제공이 가능한 경우(예시)
 • 법 적용대상이 아닌 민간기업 임직원이나 일반 시민 등에게 주는 상품권
 • 직무 관련이 없는 공직자등에게 주는 100만원 이하의 상품
 • 공공기관이 소속 공직자에게 지급하거나 상급 공직자가 위로·격려·포
   상 등의 목적으로 하급 공직자에게 주는 상품권
 • 다른 법령·기준 또는 사회상규에 따라 주는 상품권

⑤ 알고 지내던 공무원이 부친상을 당했습니다. 조의금과 화환
을 함께 주고 싶은데 얼마까지 가능한가요?

○ 직무 관련이 없다면 100만원까지, 직무 관련이 있다면 **부조
목적의 조의금은 5만원, 화환·조화는 10만원까지** 줄 수 있
습니다. 부조 목적으로 조의금과 화환을 함께 주는 경우에
는 **합산하여 10만원까지** 줄 수 있지만, 조의금은 5만원을
넘어서는 안 됩니다.

※ 조의금 5만원과 5만원짜리 화환을 함께 주거나, 조의금 3만원과 7만원짜리 화환을 함께 주는 것은 가능하나, 조의금 7만원과 3만원짜리 화환을 주는 것은 안 됩니다.

⑥ 공무원과 공직유관단체 임직원이 외부강의등을 하면 최대 얼마까지 받을 수 있나요?

○ 공무원·공직유관단체 임직원은 **직급에 관계없이 시간당 40만원까지** 받을 수 있습니다. 1시간 넘게 강의하더라도 **최대 1시간 상한액의 150%인 60만원까지만** 받을 수 있습니다.

※ (예시) 3시간 강의를 했을 때 최대 60만원까지 사례금을 받을 수 있음

⑦ 각급 학교 교직원과 학교법인·언론사 임직원이 외부강의등을 하면 최대 얼마까지 받을 수 있나요?

○ 각급 학교 교직원과 학교법인·언론사 임직원은 **시간당 100만원까지** 받을 수 있습니다.

⑧ 외부강의등 사전 신고를 할 때는 사례금이 얼마인지 몰라 이를 제외하고 신고를 했는데 나중에 이를 알게 된 경우 언제까지 보완하면 되나요?

○ 사례금이 얼마인지 **안 날부터 5일 이내**에 신고하면 됩니다.

⑨ 시행령이 개정되면 인허가를 신청한 민원인이 담당 공무원에게 가액범위 안의 선물을 줄 수 있나요?

○ 시행령이 개정되더라도 인허가, 수사, 계약, 평가 등과 같이 공직자의 직무와 **직접적인 이해관계**가 있으면 현재와 같이 일체의 음식물, 선물을 주고 받을 수 없습니다.

※ 직접적 이해관계가 있는 경우(예시)
- 인허가, 지도·단속 등 민원인이 제공하는 선물
- 입찰, 감리 등 상대방이 담당 공직자에게 제공하는 선물
- 인사·평가, 감사 등 대상자가 담당 공직자에게 제공하는 선물
- 고소·고발인, 피의자 등이 담당 공직자에게 제공하는 선물

※ 소액이지만 직접적 이해관계가 있어 과태료를 부과한 판례

제공자	제공 대상자	제공 금액	과태료
법원 관내 변호사	해당 법원 소속판사	2만8천원	4배 부과
물품생산업체 임원	물품검사업무 담당자	7만8천원	3배 부과
고소인	담당 수사관	4만5천원	2배 부과
분쟁조정 신청자	담당 공직자	3만3천원	3배 부과
행정심판 피청구인	심판담당 공직자	1만8백원	2배 부과
피의자	담당 수사관	1만원	2배 부과
납품업체 직원	물품조사업무 담당자	9천6백원	2배 부과

청탁금지법 적용대상 기관 및 적용대상자 판단기준

I 행정기관 적용대상자 판단기준

> (법 제2조제2호 가목) 「국가공무원법」 또는 「지방공무원법」에 따른 공무원과 그 밖에 다른 법률에 따라 그 자격·임용·교육훈련·복무·보수·신분보장 등에 있어서 공무원으로 인정된 사람

○ **공무원**
  - 「국가공무원법」, 「지방공무원법」에 따른 **공무원**

  ※ 경력직공무원(일반직, 특정직), 특수경력직공무원(정무직, 별정직), 임기제공무원(「국가공무원법」제26조의5)

○ **공무원으로 인정된 사람**
  - 다른 법률에 따라 그 자격·임용·교육훈련·복무·보수·신분보장 등에 있어서 **공무원으로 인정**된 자

  ※ **(예시)** 「법원조직법」에 따른 사법연수생, 「국가공무원법」에 따른 수습(견습)으로 근무하는 자, 「국가공무원법」에 따른 수습중인 지역인재공무원, 「국가공무원법」에 따른 실무수습중인 채용후보자, 「농어촌의료법」에 따른 공중보건의사, 「청원경찰법」에 따른 청원경찰, 「청원산림보호직원 배치에 관한 법률」에 따른 청원산

림보호직원 등

○ **비적용대상**

- 공공기관에 근무하는 사람 중 **공무원 등이 아닌 자**

※ **(예시)** 기간제근로자, 무기계약직 근로자 등

Ⅱ 공직유관단체 등 적용대상자 판단기준

(법 제2조제2항나목) 「공직자윤리법」 제3조의2에 따른 공직유관단체 및 「공공기관의 운영에 관한 법률」 제4조에 따른 기관의 장과 그 임직원

○ **임　원**

- 임원(이사, 감사) 등 **상임·비상임을 모두 포함**

○ **직　원**

- 공직유관단체 및 공공기관과 **직접 근로계약을 체결하고 근로를 제공하는 자**

○ **비적용대상**

- 공직유관단체 및 공공기관과 **용역(도급)계약** 등을 체결한 법인·단체 및 개인

※ **(예시)** 경비, 환경미화원, 시설관리원, 식당책임자, 영양사, 조리원 등

> (법 제2조제2항다목) 「초·중등교육법」, 「고등교육법」, 「유아
> 교육법」 및 그 밖에 다른 법령에 따라 설치된 각급 학교의
> 장과 교직원 및 「사립학교법」에 따른 학교법인의 임직원

○ 임 원
  - 「사립학교법」에 따른 이사 및 감사 등 **상임·비상임을 모두
    포함**

○ 교 원
  - 「초·중등교육법」, 「고등교육법」, 「유아교육법」 및 그 밖에
    다른 법령에 따른 교원

  ※ 「초·중등교육법」, 「유아교육법」에 따라 교원으로 인정되는 기간
    제교원 포함

○ 직 원
  - 학교 운영에 필요한 행정직원 및 조교 등 **학교·학교법인과
    직접 근로계약을 체결하고 근로를 제공하는 자**

  ※ (예시) 교육공무직, 행정실무원, 학교운동부코치, 급식보조 등

○ 비적용대상
  - 「고등교육법」에서 **교원으로 인정되지 않는 자**

  ※ (예시) 「고등교육법」 제17조에 따른 명예교수, 겸임교원, 시간강
    사 등

- 학교·학교법인과 **용역(도급)계약** 등을 체결한 법인·단체 및 개인

※ **(예시)** 건물관리(경비, 환경미화, 시설관리, 당직 등) 또는 구내식당(매점, 카페 등) 운영업체 종사자, 위탁계약에 의한 방과 후 과정 담당자

- 학교·학교법인과 **근로계약을 체결하지 않은** 학생조교, 근로장학생, 자원봉사자(명예교사, 학교보안관) 등

> (법 제2조제2항라목) 「언론중재 및 피해구제 등에 관한 법률」 제2조제12호에 따른 언론사의 대표자와 그 임직원

○ **대표자**
- 대표자는 「언론중재법」 제2조제13호에 따라 **언론사의 경영**에 관하여 **법률상 대표권이 있는 자** 또는 그와 같은 지위에 있는 자

○ **임 원**
- 임원(이사, 감사) 등 **상임·비상임을 모두 포함**

○ **직 원**
- 언론사와 **직접 근로계약을 체결하고 근로를 제공하는 자**
- 보도·논평·취재와 그 밖에 경영, 기술, 지원업무 등에 종사하는 자

※ 인턴기자와 같은 **단시간근로자도 근로계약을 체결한 경우 직원에 포함**

- 다만, 기업 등이 부수적으로 언론활동 하는 경우 언론활동 종사자만 공직자등에 포함

※ **(예시)** 사보 등 정기간행물을 발행하여 부수적으로 언론활동을 하는 기업이 언론사에 해당하는 경우 정기간행물 발행업무 종사자만 직원에 포함

○ 비적용대상

 - 언론사와 **용역(도급)계약** 등을 체결한 법인·단체 및 개인

※ **(예시)** 프로그램 공급계약을 체결한 외주제작사, 언론사와 뉴스공
급 계약을 체결한 지사·지국, 건물관리(경비, 환경미화, 시설관
리, 당직 등) 또는 구내식당(매점, 카페 등) 운영하는 자, 프리랜
서 기자·작가, 출연계약을 체결하여 방송 등에 출연하는 자, 원
고료를 지급받는 만평작가·기고제공자, 해외 통신원 등

○ **(법 제11조제1항제1호)** 「행정기관 소속 위원회의 설치·운영에 관한 법률」 또는 **다른 법령**에 따라 설치된 각종 위원회의 위원 중 **공직자가 아닌 위원**

- 법령의 범위에는 법률·대통령령·국무총리령·부령(조례·규칙을 포함)과 법령에 위임 또는 그에 근거한 고시·훈령·지침 등도 포함(이하 같음)

※ 각종 위원회는 심의회, 협의회 등 명칭을 불문하고 행정기관의 소관 사무에 관하여 자문에 응하거나 조정, 협의, 심의 또는 의결 등을 위해 복수의 구성원으로 이루어진 합의제 기관

※ **(예시)** 「초·중등교육법」에 따른 학교운영위원회, 「학교폭력 예방 및 대책에 관한 법률」에 따른 학교폭력대책자치위원회, 「고등교육법」에 따른 등록금심의위원회, 「교육공무원법」에 따른 인사위원회 등

※ **(예시)** 「방송법」에 따른 시청자위원회, 「신문법」에 따른 편집위원회, 「신문법」에 따른 독자권익위원회 등

○ **(법 제11조제1항제2호)** **법령에 따라** 공공기관의 **권한을 위임·위탁**받은 법인·단체 또는 그 기관이나 개인

※ **(예시)** 공인회계사 등록·등록취소 등의 업무를 위탁받은 공인회계사회, 누리과정을 운영하고 있는 어린이집, 법률사무종사 현황조사를 위탁받은 대한변호사협회, 감정평가사사무소의 개설·변경·폐업신고 접수업무를 위탁받은 감정평가협회 등

- 권한을 위임·위탁 받은 법인·단체뿐만 아니라 법인·단체를 대표하여 행위하는 대표자도 포함

- 법인·단체가 위임·위탁받은 사무를 실질적으로 수행하는 법
  인·단체 소속 구성원인 개인은 제외

○ **(법 제11조제1항제3호) 공무를 수행**하기 위하여 **민간부문에서
공공기관에 파견** 나온 사람
  - 「파견근로자법」에 따른 근로자파견계약을 체결하여 파견
    나왔거나 이와 유사한 다른 규정에 따라 파견 나온 자

○ **(법 제11조제1항제4호) 법령에 따라 공무상 심의·평가** 등을
하는 개인 또는 법인·단체

 ※ **(예시)** 공사 감리자, 지능형건축물 인증기관 등

■ 중앙행정기관, 지자체 관련

Q1. 청탁금지법 제2조제2호가목의 '다른 법률에 따라 공무원으로 인정된 자' 는 어떤 사람인지?

☞ 「법원조직법」에 따른 사법연수생, 「국가공무원법」에 따라 수습으로 근무하는 자, 「농어촌의료법」에 따른 공중보건의사, 「청원경찰법」에 따른 청원경찰, 「청원산림보호직원 배치에 관한 법률」에 따른 청원산림보호직원 등이 그 예입니다.

Q2. 국회의원이 청탁금지법 적용대상에서 제외된 것이 사실인지?

☞ 국회의원은 「국가공무원법」상 공무원으로 청탁금지법 적용대상이며, 부정청탁 및 금품수수 금지 규정 적용을 받습니다. 다만, 선출직 공직자등이 공익적인 목적으로 제3자의 고충민원을 전달하거나 법령·기준의 제정·개정 등에 관하여 제안·건의하는 행위가 부정청탁의 예외사유에 해당하는 것입니다.

☞ 기간제 근로자는 신분상 공무원 또는 공무원으로 인정된 사람이
  아니므로 법 적용대상에 해당하지 않습니다.
  행정기관에 근무하는 기간제 근로자에 대해서는 공무원 행동강
  령 운영지침 보완을 통해 공무원에 준하여 관리가 가능하도록
  할 계획입니다.

☞ 행정기관에서 일정기간을 정하여 근무하는 임기제공무원은 공무
  원에 해당하여 법 적용대상입니다. 다만, 무기계약근로자의 경
  우에는 신분상 공무원이 아니므로 법 적용대상에 해당하지 않
  습니다.
  행정기관에 근무하는 무기계약직 근로자에 대해서는 공무원 행
  동강령 운영지침 보완을 통해 공무원에 준하여 관리가 가능하
  도록 할 계획입니다.

■ 공직유관단체, 공공기관 관련

Q5. 공직유관단체에서 근무하는 기간제 근로자도 법 적용 대상인지?

☞ 공직유관단체의 직원은 해당 기관과 직접 근로계약을 체결하고 근로를 제공하는 자를 의미합니다.
따라서 기간제 근로자는 직원에 포함되어 법 적용대상에 해당합니다.

Q6. 공공기관의 비상임이사도 법 적용대상인지?

☞ 공공기관의 임원은 이사 및 감사를 의미하며, 상임 및 비상임을 모두 포함하므로, 비상임 이사도 공공기관의 임원으로 법 적용대상에 해당합니다.

Q7. 공공기관과 용역계약을 체결한 자도 법 적용대상인지?

☞ 공공기관과 용역계약 등을 체결한 자는 계약의 상대방에 해당할 뿐 공공기관 소속 임직원이 아니므로 법 적용대상에 해당하지 않습니다.

■ 각급학교, 학교법인 관련

Q8. 대학의 시간강사는 법 적용대상인지?

☞ 시간강사는 현행 「고등교육법」제14조제2항에 따른 교원에 해당
하지 않으며, 제14조제3항의 직원에도 해당하지 않으므로 청탁
금지법 적용대상에 해당되지 않습니다.
앞으로 「고등교육법」 일부개정법률(안)이 시행되는 '18.1.1. 부
터는 시간강사도 교원으로서의 지위를 부여받게 되므로 청탁금
지법 적용대상에 포함될 예정입니다.

Q9. 초중등학교와 유치원의 기간제교사는 법 적용대상인지?

☞ 초중등학교와 유치원의 기간제교사는 「교육공무원법」제32조,「사
립학교법」제54조의4에 따라 '교원'으로 임용할 수 있다고 규정
하여 교원에 해당하므로 청탁금지법 적용대상에 해당합니다.

Q10. 대학의 명예교수, 겸임교원, 초중등학교의 산학겸임 교사 등 비전임교원도 법 적용대상인지?

☞ 「고등교육법」상 겸임교원, 명예교수 등은 해당 법률에서 '교원
외'로 구분하고 있어 교직원에 해당하지 않으며,「초중등교육법」
상 산학겸임교사, 명예교사, 강사도 해당 법률에서 '교원 외'로
구분하고 있어 교직원에 해당하지 않으므로 법 적용대상에 해
당하지 않습니다.

☞ 「경찰대학 설치법」에 따른 경찰대학, 「사관학교 설치법」에 따른 육군·해군·공군 사관학교, 「한국농수산대학 설치법」에 따른 한국농수산대학, 「공군항공과학고등학교 설치법」에 따른 공군항공과학고등학교 등이 그 예입니다.

Q12. 언론사의 임직원 중 취재·보도·논평 등의 직무에 종사하는 자 이외에 경영·기술·지원 부서 인력도 법 적용대상인지?

☞ 언론사와 직접 근로계약을 맺고 근로를 제공하는 자는 언론사의 임직원으로 법 적용대상에 해당하므로, 언론사에서 경영·기술·지원 부서에 근무하는 자도 청탁금지법 적용대상입니다.

Q13. 언론사와 근로계약을 체결하지 않은 객원 논설위원, 프리랜서, 방송작가 등의 경우에도 법 적용대상인지?

☞ 근로계약을 체결하지 않은 객원 논설위원, 프리랜서, 방송작가 등은 언론사의 직원이라고 할 수 없으므로 법 적용대상에 해당하지 않습니다.

Q14. 포털 등 인터넷뉴스서비스 사업자는 법 적용대상인지?

☞ 인터넷뉴스서비스 사업자는 「언론중재 및 피해구제 등에 관한 법률」에 따른 언론사에 해당하지 않아 법 적용대상이 아닙니다.

Q15. 종합유선방송사업자, 위성방송사업자의 경우에는 언론사에 해당하는데, 비슷한 기능을 하는 IPTV 사업자도 법 적용대상인지?

☞ IPTV 사업자는「언론중재 및 피해구제 등에 관한 법률」에 따른 언론사에 해당하지 않아 청탁금지법 적용대상이 아닙니다.
IPTV법을 폐지하고 방송법으로 일원화하는 통합 방송법('16.6.17. 국회제출, 정부발의)이 통과되면 IPTV사업자도 법 적용대상에 포함되게 됩니다.

Q16. 기업이 사보 등을 발행할 경우, 해당 기업에서 근무하는 임직원도 이 법 적용대상인지?

☞ 기업에서 발행하는 사보(사외보)가 「잡지 등 정기간행물의 진흥에 관한 법률」에 따른 잡지나 기타간행물로 등록된 경우 해당 사업자는 언론사에 해당하여 법 적용대상에 해당합니다.
다만, 이 경우 해당기업에서 근무하는 모든 임직원이 아니라 사보 발행업무에 종사하는 자만 법 적용대상에 해당합니다.

Q17. 외국신문 등 외국언론사의 국내 지국(지사) 사업자도 법 적용대상인지?

☞ 외국언론사의 국내 지국(지사)는 「언론중재 및 피해구제 등에 관한 법률」에 따른 언론사에 해당되지 않아 법 적용대상에 해당하지 않습니다.

Q18. 방송국의 외주제작사의 경우 법 적용대상인지?

☞ 외주제작사의 경우 방송제작 위탁계약을 체결한 계약의 상대방에 해당할 뿐 언론사와 직접 근로계약을 맺은 임직원이 아니므로 법 적용대상에 해당하지 않습니다.

■ 공무수행사인 관련

Q19. 행정기관의 권한을 위임·위탁 받은 법인·단체의 경우 공무수행사인으로 법적용대상에 포함되는 범위는 어디까지 인지?

☞ 법령에 따라 권한을 위임·위탁받은 법인·단체뿐만 아니라 실질적으로 위임·위탁받은 업무를 수행하는 법인·단체의 구성원도 공무수행사인에 해당합니다.

Q20. 행정기관에 설치된 자문위원회 등 모든 위원회의 위원이 공무수행사인에 해당하는지?

☞ 「행정기관 소속 위원회의 설치·운영에 관한 법률」 또는 다른 법령에 따라 설치된 위원회의 위원만 공무수행사인에 해당하고, 법령에 따라 설치된 위원회가 아닌 경우에는 공무수행사인에 해당하지 않습니다.

여기서 법령이란, 법률, 대통령령, 국무총리령, 부령뿐만 아니라 조례·규칙을 포함하며, 상위법령의 위임에 따라 또는 그에 근거하여 제정된 고시, 훈령도 포함됩니다.

제1장 총칙

제1장 총 칙

1. '김영란법'의 제정취지

1-1. 공공기관에 대한 국민의 신뢰 확보

최근 지속적으로 발생하고 있는 공직자의 부패·비리사건으로 인하여 공직에 대한 신뢰 및 공직자의 청렴성이 위기 상황에 직면해 있습니다. 이는 공정사회 및 선진 일류국가로의 진입을 막는 최대 장애요인으로 작용하고 있으나, 이를 효과적으로 규제하기 위한 제도적 장치가 미비한 상태입니다.

「부정청탁 및 금품 등 수수의 금지에 관한 법률」(이하 '부정청탁금지법'이라 줄여 씁니다)은 기존 부패방지 관련 법률(형법, 공직자윤리법 등)의 한계를 보완하고, 부정청탁 및 금품 등 수수 금지를 위한 종합적인 통제장치를 법제화하여 부패 빈발분야의 부정청탁행위를 제재하고, 부정청탁 방지를 통해 공직자 등의 공정한 직무수행을 보장하고, 공직자 등의 금품 등 수수행위를 직무관련성 대가성이 없는 경우에도 제재가 가능하도록 하여 국민의 신뢰를 확보하는데 그 제정목적이 있습니다.

1-2. 공직자 등·공적 업무 종사자의 보호

공직자 등이 부정청탁을 받거나 금품 등을 제공받을 경우 직무수행의 공정성을 저해하므로, 부정청탁금지법은 공직자 등이 신고 등 절차를 따를 경우, 사후에 발생할 수 있는 책임으로부터 선량한 공직자 등을 보호하는데도 그 목적이 있습니다. 아울러 공직자 등과 경제적 이익을 같이 하는 배우자가 공직자 등의 직무와 관련하여 받은 이익은 공직자 등의 이익으로 보아, 부정청탁금지법은 선의의 공직자 등을 보호하기 위해 배우자의 금품 등 수수 사실을 알았을 때 신고·반환한 공직자 등을 면책해 주는 목적도 있습니다.

2. 적용범위

2-1. 인적 적용범위

2-1-1. 적용대상기관(공공기관)

「공공기관」이란 다음 어느 하나에 해당하는 기관 및 단체를 말합니다.

① 국회, 법원, 헌법재판소, 선거관리위원회, 감사원, 국가인권위원회, 중앙행정기관(대통령 소속 기관과 국무총리 소속 기관을 포함한다)과 그 소속 기관 및 지방자치단체

② 공직자윤리법 제3조의2에 따른 공직유관단체

③ 공공기관의 운영에 관한 법률 제4조에 따른 기관

④ 초·중등교육법, 고등교육법, 유아교육법 및 그 밖의 다른 법령에 따라 설치된 각급 학교 및 사립학교법에 따른 학교법인

⑤ 언론중재 및 피해구제 등에 관한 법률 제2조제12호에 따른 언론사. 여기서 「언론사」란 방송사업자, 신문사업자, 잡지 등 정기간행물사업자, 뉴스통신사업자 및 인터넷신문사업자를 말합니다. 「잡지 등 정기간행물사업자」란 잡

지 등 정기간행물의 진흥에 관한 법률 제2조제2호에 따른 정기간행물 사업자 중 잡지 또는 기타간행물을 발행하는 자를 의미(정보간행물 또는 전자간행물을 발행하는 자는 제외)합니다.

2-1-2. 적용대상자(공직자 등)

「공직자 등」이란 다음 어느 하나에 해당하는 공직자 또는 공적 업무 종사자를 말합니다.

① 국가공무원법 또는 지방공무원법에 따른 공무원과 그 밖에 다른 법률에 따라 그 자격·임용·교육훈련·복무·보수·신분보장 등에 있어서 공무원으로 인정된 사람을 말합니다.

다른 법률에 따라 공무원으로 인정된 사람으로는

1) 사법연수생(법원조직법 제72조), 수습(견습)으로 근무하는 자(국가공무원법 제26조의4), 공중보건의사(농어촌의료법 제3조), 청원경찰(청원경찰법 제5조) 등

2) 경력직 공무원(일반직공무원, 특정직공무원)과 특수경력직공무원(정무직공무원, 별정직공무원)

3) 국가공무원법 또는 지방공무원법 에 따른 공무원인 이상 수행하는 직무의 종류를 불문하고 부정청탁금지법 적용대상자에 해당합니다. 그러나, 기간제근로자, 무기계약직 근로자는 근로계약을 체결한 자로서 공무원 또는 공무원으로 인정된 사람이 아니므로 법적용대상에 해당하지 않습니다.

② 공직유관단체의 장과 임직원은 공직자윤리법 제3조의2에 따른 공직유관 단체, 공공기관의 운영에 관한 법률 제4조에

따른 기관의 장과 그 임직원을 말합니다. 여기에서 임원(이사 감사)은 상임·비상임을 포함하고, 공직유관단체와 직접 근로계약을 체결하고 근로를 제공하는 근로자는 직원에 해당합니다. 계약직 등 비정규직 직원도 법 적용대상에 해당하나, 용역(도급)계약을 체결한 업체의 직원은 공직유관단체의 직원이 아니므로 법 적용대상에 해당하지 않습니다.

③ 공적 업무 종사자는 사립학교의 장과 교직원, 학교법인의 임직원을 말합니다.

④ 공적 업무 종사자는 언론사의 대표자와 그 임직원를 말합니다. 여기서 「언론사 등의 대표자」란 언론중재법 제14조 제1항에 따른 언론사 등의 경영에 관하여 법률상 대표권이 있는 자 또는 그와 같은 지위에 있는 자를 말합니다.

⑤ 직원은 공공기관과 직접 근로계약을 체결한 근로자를 의미하고 계약직 등 비정규직 직원도 포함되나 용역(도급)계약을 체결한 업체의 직원은 법 적용대상에 해당하지 않습니다.

⑥ 공적 업무 종사자의 업무의 범위를 명시적으로 제한하지 않으므로 '공적업무'는 해당 공공기관이 수행하는 전체 업무를 의미합니다.

⑦ 언론사의 경우 보도·논평·취재 외에 행정, 단순 노무 등에 종사하는 자도 법 적용 대상인 공직자 등에 해당합니다. 다만, 사보 등을 발행하여 부수적으로 언론활동을 하는 기업 등의 '잡지 등 정기간행물사업자'로서 언론사에 해당하는 경우에는 정기간행물 발행 업무에 종사하는 자만 적용대상입니다.

● '공직자 등'에 포함되는 자 중 '직원'의 범위는 어디까지 인가요?

문 공직자 등의 정의와 관련하여 공직유관단체·학교법인 및 언론사의 경우에는 '임직원'이라고 규정하고 있는데, 단순히 물리적 업무에 종사하는 직원, 예컨대 수위, 청소업무에 종사하는 자, 운전자 등이나 계약직·임시직 등의 경우에도 부정청탁금지법의 적용대상인가요?

답 공직유관단체 학교·학교법인 및 언론사와 직접 근로계약을 체결하고 근로를 제공하는 자는 직원으로서 제2조제2호의 공직자 등에 포함됩니다. 다만, 공직유관단체 학교·학교법인 및 언론사와 용역 도급 계약을 체결한 법인·단체 및 개인은 부정청탁금지법 적용대상에 해당하지 않습니다.
공적 업무 종사자의 업무범위를 법률에서 명시적으로 제한하고 있지 않으므로, '공적 업무'는 해당 공공기관이 수행하는 전체 업무를 의미하며, 예를 들어 언론사의 경우 보도, 논평, 취재 외에 행정, 단순노무 등에 종사하는 자도 '공직자 등'에 해당합니다.
학교법인, 언론사와 직접 근로계약을 체결한 근로자는 직원으로서 부정청탁금지법 적용대상인 '공직자 등'에 해당합니다. 다만, 전문업체(예를 들어 경비, 환경미화, 시설관리 등)와 체결(도급)계약에 따라 근로를 제공하는 경우에는 전문업체 소속 직원이므로 학교(법인), 언론사의 직원이 아니어서 부정청탁금지법 적용대상인 '공직자 등'에 해당하자 않습니다.
한편, 학교법인 및 언론사의 고문의 경우에도 직접 근로계약을 체결한 것으로 해석되면 '공직자 등'에 해당될 수 있습니다.

● 의사가 부정청탁금지법에 규정된 '공직자 등'에 해당하는지요?

문 의과대학 교수가 아닌 세브란스병원 의사 A와 삼성서울병원 의사 B 는 부정청탁금지법의 적용대상인가요?

답 의사 A는 공직자 등에 해당하여 부정청탁금지법의 적용대상이나, 의사 B 는 공직자 등에 해당하지 않아 부정청탁금지법의 적용대상이 아닙니다.

세브란스병원은 학교법인 연세대학교 소속 부속병원이므로, 세브란스병원 의사 A는 부정청탁금지법의 적용대상인 '공직자등'에 해당합니다(제2조제2호다목).

삼성서울병원은 삼성생명공익재단이 설립한 병원으로서 성균관대학교와 교육협력협약을 체결한 협력병원이므로, 삼성서울병원 의사 B는 부정청탁금지법 적용대상인 '공직자 등'에 해당하지 않습니다. 그러나 국립병원, 도립병원, 시립병원, 지역의료원 등 소속 의사는 공공기관 직원이로서 '공직자 등'에 해당합니다(제2조제2호나목).

● 국회의원이 부정청탁금지법상 '공직자 등'에 해당하는지요?

문 국회의원은 적용대상에서 빠져있나요? 그렇다면 국회의원은 부정청탁을 해도 부정청탁금지법상 제재를 받지 않는 것인가요?

답 국회의원은 공직자 등으로서 부정청탁금지법 적용대상이며, 공익적 목적이 아니라 특정인에게 특혜를 주기 위한 목적으로 부정청탁을 하는 행위는 부정청탁금지법상 제재대상에 해당합니다.

국회의원도 국가공무원법상 공무원으로서, 부정청탁금지법의 적용대상입니다(제2조제1호가목, 제2호가목).

그러나, 국회의원의 경우 해당 지역구의 고충민원을 듣고 처리하는 것은 정당한 의정활동의 일부에 해당하므로, 공익적 목적으로 제3자의 고충민원을 전달하는 행위에 한하여 부정청탁의 예외로 인정합니다(제5조제2

항제3호). 이러한 예외규정은 국회의원에게만 적용되는 것이 아니라, 지방의회 의원, 지방자치단체장 및 교육감 등 다른 선출직 공직자, 정당, 시민단체 등에도 동일하게 적용됩니다.

● '언론사의 임직원'의 범위는 어떻게 판단하나요?

문 언론사 비등기 이사, 프리랜서 기자, 언론보도와 무관한 업무를 하는 직원도 부정청탁금지법의 적용대상인가요?

답 언론사 비등기 이사는 언론사 임원(이사·감사)으로서 부정청탁금지법 적용대상에 해당될 수 있습니다. 임원에는 이사 및 감사를 의미하며, 상임 및 비상임을 모두 포함합니다.

프리랜서 기자는 언론사와 직접 근로계약을 체결하고 근로를 제공하는 자가 아니라 언론사와 용역(도급)계약을 체결한 자에 해당할 경우에는 부정청탁금지법 적용대상에 해당되지 않습니다.

언론보도와 무관한 업무를 하는 직원은 언론사와 직접 근로계약을 체결하고 근로를 제공하는 자는 직원으로서 청탁금지법 적용대상에 해당될 수 있습니다. 직원이란 언론사와 직접 근로계약을 체결하고 근로를 제공하는 자를 의미합니다.

보도·논평·취재와 그 밖에 경영, 기술, 지원업무 등에 종사하는 자도 직원에 포함합니다. 인턴기자와 같은 단시간근로자 및 언론사의 지사·지국도 근로계약을 체결한 경우에는 직원에 포함합니다, 다만, 언론사와 용역(도급)계약 등을 체결한 법인·단체 및 개인은 계약 상대방에 해당할 뿐 언론사의 임직원에 포함되지 않습니다.

● 사외보 발행 회사가 '언론사'에 해당하는지요?

문 회사에서 사외보를 발행하고 있지만, 잡지 등 정기간행물의 진흥에 관한 법률상 신고나 등록은 하지 않은 경우에 부정청탁금지법상 '언론사'에 해당하나요?

답 잡지 등 정기간행물의 진흥에 관한 법률에 따른 등록 또는 신고를 하지 않은 경우 정기간행물사업자로 볼 수 없으므로, 부정청탁금지법 적용대상인 언론사 해당하지 않습니다.

부정청탁금지법 적용대상인 '언론사'는 방송사업자, 신문사업자, 잡지 등 정기 간행물사업자, 뉴스통신사업자 및 인터넷신문사업자를 말합니다. 이 중 '정기간행물사업자'란 잡지 등 정기간행물의 진흥에 관한 법률 제2조 제1호에 따른 정기간행물을 발행하는 자로서, 제15조제1항 또는 제16조 제1항에 따라 등록을 하거나 신고를 한 자를 말합니다.

● 리서치자료 등을 발간하는 증권사가 '언론사'에 해당하는지요?

문 증권사는 투자자의 투자판단을 돕기 위하여 리서치자료 등을 발간(잡지 또는 기타간행물은 발행 안함)하고 있고, 이를 위해 정기간행물사업자로 등록·신고하고 있는데, 이러한 증권사도 부정청탁금지법상 '언론사' 해당하나요?

답 증권사가 투자자의 투자판단을 돕기 위하여 발행하는 리서치자료 등은 잡지 등 정기간행물의 진흥에 관한 법률상의 정보간행물에 해당된다고 볼 수 있고, 이 경우 증권사는 부정청탁금지법 적용대상인 '언론사'에 해당하지 않습니다.

부정청탁금지법 적용대상인 '언론사'는 방송사업자, 신문사업자, 잡지 등 정기간행물사업자, 뉴스통신사업자 및 인터넷신문사업자를 말하고, 이 중 '잡지 등 정기간행물사업자'는 잡지 등 정기간행물의 진흥에 관한 법률 제2조제2호에 따른 정기간행물사업자 중 '잡지' 또는 '기타간행물'을

발행하는 자를 말합니다(언론중재 및 피해구제 등에 관한 법률 제2조제
7호, 제12호).

'정보간행물'이란 '보도·논평 또는 여론 형성의 목적 없이 일상생활 또
는 특정사항에 대한 안내·고지 등 정보전달의 목적으로 발행되는 간행
물'로서, 이러한 정보간행물을 발행하는 자는 부정청탁금지법 적용대상
인 '언론사'에 해당하지 않습니다.

● 인터넷신문사업자인 비법인사단 임직원 전체가 '공직자 등'에 해당하는
  지요?

문 ○○케이블 TV방송협회(이하'협회'라 줄여 씁니다)는 케이블 TV방
   송사업자의 권익보호를 목적으로 설립된 비법인사단이면서, '□□케
   이불'이라는 인터넷신문을 발행하는 인터넷신문사업자이기도 합니다.
   협회의 대표자와 임직원 전체에 대하여 부정청탁금지법이 적용되나
   요?

답 '□□케이블'발행 부서 책임자와 그 소속직원만 적용대상에 해당합니다.
   부정청탁금지법 적용대상인 '언론사'는 방송사업자, 신문사업자, 잡지 등
   정기 간행물사업자, 뉴스통신사업자 및 인터넷신문사업자를 말합니다.
   협회는 '□□케이블'이라는 인터넷신문을 전자적으로 발행하는 '인터넷신
   문 사업자'이므로, 언론사에 포함됩니다. 다만, 사보·협회지 등을 발행하
   여 부수적으로 언론활동을 하는 법인·단체 등이 '잡지 등 정기간행물사
   업자'로서 언론사에 해당하는 경우에는 '정기간행물 발행업무에 종사하
   는 자'만 적용대상에 해당합니다.

● 공직자 등의 이중지위(학교법인 이사장 겸 대표이사)를 가진 경우, 골프 접대를 받았을 때 부정청탁금지법에 적용대상이 되는지요?

문 A는 사기업 대표이사이면서, 학교법인 이사장을 맡고 있는데 대표이사로서의 업무수행 과정에서(학교법인 이사장으로서의 직무와는 무관함을 전제) 거래처 대표이사 B와 골프를 치면서 20만원 상당의 골프 접대를 받은 경우에 부정청탁금지법이 적용되나요?

답 사기업 대표이사로서 20만원 상당의 골프접대를 받았을 뿐, '공직자 등'에 해당하는 학교법인 이사장으로서의 직무와 관련하여 금품 등을 받은 것이 아니므로, 부정청탁금지법상 제재대상에 해당하지 않습니다.

금품 등이 100만원 이하일 경우 공직자 등이 직무와 관련하여 금품 등을 받는 것이 금지되는데(제8조제2항), 학교법인 이사장으로서의 직무와는 무관하게 대표이사로서 금품 등을 수수한 경우에는 직무관련성이 없으므로, 부정청탁금지법상 제재대상 아닙니다. 다만, 금품 등이 100만원을 초과할 경우, 공직자 등은 직무 관련 여부 및 기부·후원·증여 등 그 명목에 관계없이 금품 등을 받는 것이 금지됩니다(제8조제1항).

비록 A가 사기업 대표이사라 하더라도 공직자 등으로서의 지위(학교법인 이사장)를 가지는 이상, 공직자 등이 아닌 지위에 기해서 받은 금품 등이라거나 제8조제3항 각호의 예외사유에 해당하는 등 특별한 사정이 없다면 100만원을 초과하는 금품 등을 받는 것은 부정청탁금지법상 허용되지 않습니다.

● 공직자 등이 대학교수 겸 사외이사의 지위를 가진 경우에 월급 등을 지급한 때에는 부정청탁금지법에 적용되는지요?

문 1) 민간기업인 A회사의 사외이사로 위촉된 국립대 교수 B(부정청탁금지법상 공직자 등)에게 A회사가 지급하는 월급도 부정청탁금지법상 수수금지 금품 등 인가요?

2) A회사가 '사외이사 보수 및 활동비 지급규정'에 따라 해외연수비 및 휴양시설이용비 명목으로 B에게 500만원을 지급한 경우에 부정청탁금지법상 수수금지 금품 등 인가요?

3) 부정청탁금지법상 B에게 선물은 얼마까지 할 수 있나요?

답 1) 월급은 사외이사로서의 업무수행에 따른 대가적 성격에서 지급받는 것으로서 부정청탁금지법상 수수 금지 금품 등에 해당하지 않습니다.

2) B가 민간기업인 A회사의 사외이사라 하더라도 '공직자 등' 으로서의 지위(대학교수)를 가지는 이상, 500만원 상당의 금품 등을 받는 것은 부정청탁금지법상 허용되지 않습니다.

3) 국립대 교수로서의 직무와 관련하여 선물을 주는 경우, 원활한 직무 수행 또는 사교·의례 또는 부조의 목적으로 5만원 이하의 선물을 주는 것은 허용될 수 있으나(제8조제3항제2호), 이러한 목적을 벗어 나거나 5만원을 초과하는 선물을 주는 것은 허용되지 않습니다(제8조제5항,제23조제5항제3호).

금품 등이 100만원 이하일 경우 공직자 등이 직무와 관련하여 금품 등을 받는 것이 금지되는데(제8조제2항), 국립대 교수로서의 직무와는 무관하게 사외이사로서 금품 등을 수수한 경우에는 직무관련성이 없으므로 부정청탁금지법상 제재대상이 아닙니다. 다만, 금품 등이 100만원을 초과할 경우에는 직무 관련 여부 및 기부·후원·증여 등 그 명목에 관계 없이 공직자 등이 금품 등을 받는 것이 금지됩니다(제8조제1항).

비록 B가 민간기업 사외이사라 하더라도 공직자 등으로서의 지위(국립대 교수)를 가지는 이상, 공직자 등이 아닌 지위에 기해서 받은 금품 등이라거나, 제8조제3항 각호의 예외사유에 해당하는 등 특별한 사정이 없다면 100만원을 초과하는 금품 등을 받는 것은 부정청탁금지법상 허용되지 않습니다.

● **대학교수 겸 의사의 이중 지위를 가지고 환자를 치료하고 금품을 받은 경우에 부정청탁금지법에서 어떤 처벌을 받게 되나요?**

문 ○○사립대 의대 교수이면서 같은 대학교의 협력병원(○○사립대학교와 별도 법인)소속 의사인 A가 며칠 전에 치료해 준 환자 B로부터 고마움의 표시로 20만원 상당의 선물을 받은 경우에 부정청탁금지법상의 제재대상에 해당하나요?

답 환자 치료 관련 의사 A의 금품 수수는 '공직자 등'에 해당하는 대학교수의 직무와 관련된 행위로 보기는 어렵고, 협력병원 소속 의사는 '공직자 등'에 해당하지 않으므로 부정청탁금지법상 제재대상에 해당하지 않습니다.

○○사립대학교와 교육협력협약을 체결한 협력병원 소속 의사는 법 적용대상인 공직자 등에 해당한다고 보기 어려우므로(제2조제2호다목에 해당하지 않습니다), A는 공직자 등(대학교수)으로서의 지위와 공직자 등이 아닌 의사로서의 이중지위를 가집니다. 다만, 금품 등이 100만원을 초과할 경우에는 직무 관련 여부 및 기부·후원·증여 등 그 명목에 관계없이 공직자 등이 금품 등을 받는 것이 금지됩니다(제8조제1항).

A가 공직자 등이 아닌 의사라 하더라도 공직자 등으로서의 지위(사립대 교수)를 가지는 이상, 공직자 등이 아닌 지위에 기해서 받은 금품 등이라거나 제8조제3항 각호의 예외사유에 해당하는 등 특별한 사정이 없다면 100만원을 초과하는 금품 등을 받는 것은 부정청탁금지법상 허용되지 않습니다.

● 변호사이자 비상임위원으로 이중지위를 가지고 고가의 시계를 선물받은 경우, 부정청탁금지법에서 어떤 제재를 받게 되나요?

문 ○○법무법인 소속 변호사이면서 행정심판법에 따라 설치된 □□광역시 행정심판위원회의 비상임위원으로 활동 중인 A가 행정심판과 무관한 형사사건과 관련하여 승소확정 판결을 받은 후, 의뢰인 B로부터 승소에 대한 고마움의 표시로 150만원 상당의 시계를 선물로 받은 경우, 부정청탁금지법상의 제재대상에 해당하나요?

답 A가 받은 150만원 상당의 시계 선물은 행정심판위원회 비상임위원(공직자 등)의 지위에 기하여 받은 것이라기보다는 ○○법무법인 소속 변호사의 지위에 기하여 받은 것으로 봄이 상당하므로, 부정청탁금지법상의 제재대상에서 제외될 수 있습니다.

행정심판법에 따라 설치된 행정심판위원회의 위원 중 공직자가 아닌 위원 A는 공무수행사인으로서, 공무수행에 관하여는 부정청탁금지법 제5조부터 제9조까지를 준용하므로(제11조제1항제1호), A는 공무수행사인으로서의 지위와 공직자 등이 아닌 변호사로서의 이중지위를 가집니다.

금품 등이 100만원을 초과할 경우에는 직무 관련 여부 및 기부·후원·증여 등 그 명목에 관계없이 공직자 등이 금품 등을 받는 것이 금지되므로(제8조제1항), 비록 A가 변호사라 하더라도 공무수행사인으로서의 지위를 가지는 이상, 공직자 등이 아닌 지위에 기해서 받은 금품 등이라거나 제8조제3항 각호의 예외사유에 해당하는 등 특별한 사정이 없다면 100만원을 초과하는 금품 등을 받는 것은 부정청탁금지법상 허용되지 않습니다.

질문의 경우 A가 받은 150만원 상당의 시계는 행정심판위원회 비상임위원으로서의 직무와 무관하게 형사사건 승소 확정 판결과 관련하여 받은 것이므로, 부정청탁금지법상 제재대상에서 제외될 수 있습니다.

● 고위 공무원이 민간기업체 임원에게 아들의 취업을 부탁한 경우에 부정 청탁금지법상 제재대상에 해당하나요?

문 고위 공무원 A가 친구인 민간기업체 임원 B에게 아들의 취업을 부탁했다면 부정청탁금지법상 제재대상에 해당하나요?

답 아닙니다. 부정청탁행위의 상대방은 '직무를 수행하는 공직자 등'이며(제5조 제1항), 민간기업체 임원 B는 공직자 등에 해당되지 않으므로, 부정청탁금지법상 부정청탁행위의 상대방이 될 수 없습니다.
부정청탁금지법 제2조제1호의 '공공기관'에는 민간영역 중 언론사와 사립학교법인만 포함되고, 일반 민간기업체는 제외되어 있으므로, 민간기업체 소속 임직원은 부정청탁금지법 제2조제2호의 '공직자 등'에 포함되지 않습니다.

● 사립학교 교사가 상품권을 받은 경우에 어떤 처벌을 받나요?

문 저는 사립초등학교 교사입니다. 얼마전 학생의 학부모로부터 자신의 자녀가 '숙제를 못했다는 이유로 혼내지 말고 칭찬해 달라. 생활기록부에 좋게 기재해 달라'는 부탁을 받고 300만원 상당의 현금과 상품권 등을 받았습니다. 이 경우 부정청탁금지법에 의해 어떤 처벌을 받게 되나요?

답 법 적용대상기관인 학교는 초·중등교육법 , 고등교육법 , 유아교육법 및 그 밖의 다른 법령에 따라 설치된 각급 학교를 말합니다.
공공기관에 해당하는 각급 학교의 장과 그 교직원은 법 적용대상자인 공직자 등에 해당합니다. 사립초등학교는 초·중등교육법 에 따라 설치된 각급 학교이고, 따라서 귀하는 법 적용대상자에 해당합니다.
귀하는 1회 100만원을 초과하는 금품 등을 받았으므로 직무 관련 여부와 관계없이 3년 이하 징역 또는 3천만원 이하의 벌금 처벌을 받게 되며, 제공자인 학부모는 1회 100만원을 초과하는 금품 등을 제공하였으므로 3년 이하 징역 또는 3천만원 이하의 벌금을 내야 합니다.

2-1-3. 공직자 등의 배우자

공직자 등의 배우자는 공직자 등의 직무와 관련하여 공직자 등이 받는 것이 금지되는 금품 등을 받거나 요구하거나 제공받기로 약속해서는 안 됩니다.

● 부정청탁금지법상 '공직자 등의 배우자'가 식사 접대를 받으면 처벌할 수 있나요?

문 부정청탁금지법에 따르면 누구에게든 1인당 3만원이하의 식사만 살 수 있는 것인가요?

답 그렇지 않습니다. 1회 100만원이하 금품 등의 경우, 직무 관련 있는 공직자 등에게 제공하는 것은 대가성 여부는 불문하고 금지됩니다.
부정청탁금지법상 수수 금지 금품 등을 받아서는 안 되는 자는 공직자 등 및 그 공직자 등의 배우자이므로(제8조제1항, 제2항, 제4항, 제5항 참조), 식사 접대를 받는 사람이 공직자 등 또는 그 공직자 등의 배우자에 해당하고 식사접대를 하는 사람과 식사접대를 받는 공직자 등 사이에 직무관련성을 인정할 수 있는 경우 부정청탁금지법이 적용됩니다.

2-1-4. 공무수행사인

① 공무수행사인 경우에도 각종 법령에 따라 설치된 위원회의 공직자 등이 아닌 위원, 권한을 위임·위탁받은 법인·단체·개인 등과 같은 공무수행사인 경우도 법 적 대상자에 해당합니다.

② 공무수행사인의 경우 '공무 수행과 관련'하여서만 부정청탁 금지 및 수수금지 금품등 수수의 금지 규정을 준용합니다.

③ 공무수행사인에 대해 부정청탁 및 금품등 수수 금지 규정 등을 적용하는 경우 소속기관장은 공무수행사인의 유형에 따라 상이합니다.

● **부정청탁금지법상 공무수행사인의 범위는 어떻게 되나요?**

문 1) 부정청탁금지법상 공무수행사인의 범위는 어떻게 되나요?

2) 부정청탁금지법 제11조제1항제2호·제4호에 따라 법인·단체가 권한을 위임·위탁받아 공무수행사인이 되는 경우에 해당 업무를 수행하는 직원도 공무수행사인 인가요?

3) 공무수행사인이 되는 경우에 수탁된 공무 외에 다른 업무와 관련하여서도 부정청탁금지법이 적용되나요?

답 1) ①각종 법령에 따라 설치된 위원회의 공직자 등이 아닌 위원, ②권한을 위임·위탁받은 법인·단체 또는 그 기관이나 개인, ③공무 수행을 위해 민간부문에서 공공기관에 파견 나온 사람, ④법령에 따라 공무상 심의·평가 등을 하는 개인 또는 법인·단체 중 어느 하나에 해당하는 자는 공무수행사인으로서 부정청탁금지법 적용대상자에 해당합니다(제11조제1항제1호내지제4호).

2) 권한을 위임·위탁받은 법인·단체 또는 기관의 경우 대표자와 실질적으로 수임·수탁 업무 종사자도 공무수행사인에 해당합니다(제11조제1항제2호·제4호).

3) 공무수행사인의 경우 공무수행에 관하여 부정청탁 금지 및 수수 금지 금품 등 수수의 금지 규정을 준용하고 있습니다(제11조제1항).

● 법령에 따라 설치된 각종 위원회의 위원들도 공무수행사인의 범위에 포함되나요?

문 부정청탁금지법에 의하면 법령에 따라 설치된 각종 위원회의 위원들 역시 공직자로 간주되는데, 이러한 법령에는 법·시행령·시행규칙 이외에 각종 조례·고시·내규 등도 포함되나요?

답 부정청탁금지법 제11조제1항제1호의 '법령'에는 법률·대통령령(시행령)·국무총리령·부령(시행규칙)이 포함되고, 상위법령에 위임근거를 두고 있는 조례·고시·훈령 등에 따라 설치된 위원회의 공직자 등이 아닌 위원 역시 공무수행사인으로서 법 적용대상자에 해당한다고 볼 수 있습니다.
행정기관 소속 위원회의 설치·운영에 관한 법률 또는 다른 법령에 따라 설치된 각종 위원회의 위원 중 공직자가 아닌 위원도 공무수행사인으로서 부정청탁금지법 적용대상자에 해당합니다(제11조제1항제1호).

● 공공기관에 파견 근무하는 민간인이 금품 등 수수한 경우에 부정청탁금지법상 어떤 제재를 받나요?

문 □□은행의 지점장급 간부 甲은 금융정책을 결정하는 중앙부처에 파견되어 부실금융기관 구조조정 업무를 담당하던 중, 부실금융기관으로 지정되어 공적자금 투입여부 심사를 받고 있던 A저축은행 대표 B를 만나 20만원 상당의 식사와 30만원의 백화점 상품권을 제공받은 경우에 甲, A, B는 부정청탁금지법상 어떤 제재를 받나요?

답 중앙부처에 파견된 □□은행 지점장급 간부 甲은 부정청탁금지법상 공무수행사인에 해당합니다(제11조제1항제3호).
20만원 상당의 식사비는 음식물 상한액 3만원 초과, 30만원 상당의 상품권은 선물 상한액 5만원을 초과하며, 甲과 B간의 관계 상 원활한 직무수행 등 목적이 인정되기도 어려울 것으로 보이므로, 이는 제8조제3

항제2호의 수수 금지 금품 등의 예외사유에 해당하지 않습니다.

甲은 직무와 관련하여 총 50만원 상당의 금품 등(20만원 상당의 식사, 30만원 상당의 상품권)을 받았으므로, 수수 가액의 2배 이상 5배 이하의 과태료 부과대상에 해당하며, 징계대상에도 해당합니다.

B는 총 50만원 상당의 금품 등을 제공하였으므로, 금품 등 가액의 2배 이상 5배 이하의 과태료 부과대상에 해당합니다.

A저축은행은 양벌규정에 따라 과태료 부과대상에 해당합니다.

참고로, 법인의 대표자의 행위는 양벌규정의 면책 대상에서 제외된다는 것이 판례의 입장이므로, A저축은행은 대표 B의 위반행위를 방지하기 위해 해당업무에 관하여 상당한 주의와 감독을 게을리 하지 않았다 하더라도 면책되기 어렵습니다.

2-1-5. 일반인

① 일반인도 공직자 등에게 부정청탁을 하거나 수수 금지 금품 등을 제공, 제공의 약속 또는 의사표시하면 부정청탁방지법이 적용됩니다.

② 장소적 적용범위 내에서 위반행위가 발생한 이상 일반인은 내국인 뿐만 아니라 외국인도 포함합니다.

③ 법인 단체의 종업원이 업무에 관하여 위반행위를 하면 그 행위자인 종업원 외에 법인 단체도 양벌규정에 따라 제재 대상이 됩니다.

2-1-6. 소속기관장

「소속기관장」이란 공직자 등이 소속된 공공기관의 장을 말합니다.

2-2. 장소적 적용범위

① 속지주의

부정청탁금지법은 대한민국영역 내에서 위반행위를 한 내국인과 외국인에게 적용됩니다.

- 대한민국의 영역이란 한반도와 그 부속도서를 의미하고, 행위와 결과어느 것이라도 대한민국의 영역 내에서 발생하면 적용 대상입니다.

- 외국인이 대한민국 공무원에게 알선했다는 명목으로 금품을 수수하는 행위가 대한민국 영역 내에서 이루어졌으나, 금품수수의 명목이 된 알선행위를 하는 장소가 대한민국 영역 외인 경우에도 대한민국 영역 내에서 죄를 범한 것이라고 하여야 할 것이므로, 형법 제2조에 의하여 대한민국의 형법 법규인 구 변호사법 제90조제1호가 적용되어야 한다(대법원 2000. 4. 21.선고 99도3403 판결).

- 대한민국 영역 외에 있더라도 대한민국의 선박 또는 항공기 내에서 죄를 범한 외국인에게도 적용(기국주의)합니다.

- 공직자 등이 대한민국 영역 내에서 외국인으로부터 부정청탁을 받거나 금품 등을 수수하는 경우 공직자 등과 외국인 모두에게 부정청탁금지법이 적용됩니다.

② 속인주의

대한민국 영역 외에서 위반행위를 한 대한민국 국적을 가진 내국인에 대해서도 부정청탁금지이 적용됩니다.

대한민국 국적을 가진 공직자 등이 대한민국 영역 외에서 외국인으로부터 부정청탁을 받거나 금품 등을 수수하는 경우에도 부정청탁금지법이 적용됩니다.

● 외국인이 공무원에게 식사접대를 한 경우, 부정청탁금지법에서 어떤 제재가 있나요?

문 1) ① A외국기업 대표 B가 A기업이 제조·가공한 식품에 대한 인증 업무를 맡고 있는 공무원(한국국적) C에게 한국에서 30만원 상당의 식사접대를 하는 경우에 부정청탁금지법상 제재대상에 해당하나요?

② A외국기업에 대한 취재를 하고 있는 외국 주재 특파원(한국국적) D에게 B가 외국에서 30만원 상당의 식사접대를 한 경우는 어떻게 되나요? (직무관련성이 인정됨을 전제)

2) ○○국 재외 공관에 근무하는 외교관 E가 외국 정부나 기업으로부터 10만원 상당의 식사를 제공받거나, 국제기구 외국대학 등에서 외부 강의 등을 하고 1시간에 500만원의 사례금을 수수한 경우 부정청탁금지법상 제재대상에 해당하나요?

답 1) ①한국 공무원 C는 한국에서 접대를 받았고 특파원 D는 외국에서 식사접대를 받았으나, 한국인이므로 속인주의에 따라 부정청탁금지법 적용대상에 해당합니다. C과 D은 공직자 등으로서 각각 직무와 관련하여 30만원 상당의 금품 등을 수수하였으므로 부정청탁금지법상 제재대상에 해당합니다(제8조제2항, 제23조제5항제1호, 제21조).
② 또한 외국인 B가 외국에서 D에게 식사접대를 한 것은 부정청탁금지법상 제재대상이 아니나 한국에서 C에게 식사접대를 한 것은 속지주의에 따라 부정청탁금지법상 제재대상에 해당합니다(제8조제5항, 제23조제5항제3호)

2) 공식적인 행사에서 통상적·일률적으로 제공하는 음식물의 경우 수수 금지 금품 등의 예외사유에 해당하나(제8조제3항제 6호), 공식적인 행사가 아닌 경우 3만원 범위 안에서 식사접대를 받을 수 있습니다(제8조제3항제2호)
또한 외교관에 대해서도 외부강의 등 사례금 상한액 기준이 적용되나

국제기구, 외국정부, 외국대학, 외국연구기관, 외국학술단체, 그 밖에 이에 준하는 외국기관에서 지급하는 외부강의 등의 사례금 상한액은 사례금을 지급하는 자의 지급기준에 따르므로 사례금을 지급하는 자의 지급기준에 따라 사례금을 수수하였다면 부정청탁금지법상 제재대상에 해당하지 않습니다.

● **외국인으로부터 50만원 상당의 양주를 선물받은 경우에 부정청탁금지법에서 어떤 처벌을 받게 됩니까?**

문 저는 공립초등학교 교장입니다. 원어민 기간제교사인 외국인으로부터 내년에도 계속 근무할 수 있게 해달라는 청탁과 함께 50만원 상당의 양주를 선물로 받았습니다. 이 경우 부정청탁금지법에서 어떤 처벌을 받게 됩니까?

답 외국인이라도 대한민국 영역 내에서 위반행위를 한 경우 과태료 부과대상이 될 수 있습니다. 귀하는 초중등교육법에 따른 학교의 장이므로 청탁금지법의 적용대상자인 공직자 등에 해당합니다.

귀하는 직무와 관련하여 기간제 교사인 외국인로부터 100만원 이하 금품 등을 수수하고, 외국인 교사는 이를 제공하였으므로 모두 과태료 부과 대상자입니다. 사립초등학교 교장 귀하와 기간제교사 외국인 사이에는 인사 등에 대한 직무 관련성이 있다고 봅니다.

제2장 부정청탁의 금지 등

제2장 부정청탁의 금지 등

1. 부정청탁의 금지

1-1. 개요

① 우리사회에 만연한 연고주의·온정주의와 결부된 청탁관행이 부패의 주요 원인이지만, 이를 규제하기 위한 제도적 장치는 미흡합니다. 형법, 변호사법, 특정범죄가중처벌법 등이 금품 수수와 결부된 청탁을 규제하고 있는 것과 달리, 부정청탁금지법은 부정청탁행위 그 자체를 규제하고 있습니다.

② 부정청탁행위란 '법령을 위반하여' 또는 '지위·권한을 남용하여' 처리하도록 하는 행위를 말합니다. 그러나, 공공기관의 재화·용역에 관련된 직무는 '법령에서 정하는 가격 또는 정상적인 거래관행을 벗어나' 처리하도록 하는 행위로 보아 예외로 합니다. 부정청탁에 대한 보다 명확한 기준을 제시하기 위해 부패 빈발분야의 대상 직무와 관련된 부정청탁 행위유형을 14개로 열거하였습니다.

③ 부정청탁금지법은 부정청탁 내용의 실현 여부와 무관하게 부정청탁행위 그 자체를 금지대상으로 하고 있습니다. 부정청탁을 받은 공직자 등이 부정청탁에 따라 직무를 수행하지 않은 경우에도 부정청탁을 한 자는 제재대상에 해당합니다.

1-2. 부정청탁행위의 주체

누구든지 직접 또는 제3자를 통하여 직무를 수행하는 공직자 등에게 다음의 어느 하나의 행위에 해당하는 부정청탁을 해서는 아니 됩니다(제5조 제1항). 여기에서 '누구든지'는 실제 청탁행위를 할 수 있는 자를 전제로 하므로 자연인만 해당하고 자연인을 통해 행위하는 법인은 제외됩니다. 그러나, 법인 소속 임직원(자연인)이 업무에 관하여 실제 위반행위를 한 경우 법인은 부정청탁금지법 제24조(양벌규정)에 따라 제재대상입니다.

① 인가·허가·면허·특허·승인·검사·검정·시험·인증·확인 등 법령(조례·규칙을 포함한다. 이하 같습니다)에서 일정한 요건을 정하여 놓고 직무관련자로부터 신청을 받아 처리하는 직무에 대하여 법령을 위반하여 처리하도록 하는 행위

② 인가 또는 허가의 취소, 조세, 부담금, 과태료, 과징금, 이행강제금, 범칙금, 징계 등 각종 행정처분 또는 형벌부과에 관하여 법령을 위반하여 감경·면제하도록 하는 행위

③ 채용·승진·전보 등 공직자 등의 인사에 관하여 법령을 위반하여 개입하거나 영향을 미치도록 하는 행위

④ 법령을 위반하여 각종 심의·의결·조정 위원회의 위원, 공공기관이 주관하는 시험·선발 위원 등 공공기관의 의사결정에 관여하는 직위에 선정 또는 탈락되도록 하는 행위

⑤ 공공기관이 주관하는 각종 수상, 포상, 우수기관 선정 또는 우수자 선발에 관하여 법령을 위반하여 특정 개인·단체·법인이 선정 또는 탈락되도록 하는 행위

⑥ 입찰·경매·개발·시험·특허·군사·과세 등에 관한 직무상 비밀을 법령을 위반하여 누설하도록 하는 행위

⑦ 계약 관련 법령을 위반하여 특정 개인·단체·법인이 계약의
당사자로 선정 또는 탈락되도록 하는 행위

⑧ 보조금·장려금·출연금·출자금·교부금·기금 등의 업무에 관
하여 법령을 위반하여 특정 개인·단체·법인에 배정·지원하
거나 투자·예치·대여·출연·출자하도록 개입하거나 영향을
미치도록 하는 행위

⑨ 공공기관이 생산·공급·관리하는 재화 및 용역을 특정 개
인·단체·법인에게 법령에서 정하는 가격 또는 정상적인
거래관행에서 벗어나 매각·교환·사용·수익·점유하도록 하
는 행위

⑩ 각급 학교의 입학·성적·수행평가 등의 업무에 관하여 법령
을 위반하여 처리·조작하도록 하는 행위

⑪ 징병검사, 부대 배속, 보직 부여 등 병역 관련 업무에 관
하여 법령을 위반하여 처리하도록 하는 행위

⑫ 공공기관이 실시하는 각종 평가·판정 업무에 관하여 법령
을 위반하여 평가 또는 판정하게 하거나 결과를 조작하도
록 하는 행위

⑬ 법령을 위반하여 행정지도·단속·감사·조사 대상에서 특정
개인·단체·법인이 선정·배제되도록 하거나 행정지도·단속·
감사·조사의 결과를 조작하거나 또는 그 위법사항을 묵인
하게 하는 행위

⑭ 사건의 수사·재판·심판·결정·조정·중재·화해 또는 이에 준
하는 업무를 법령을 위반하여 처리하도록 하는 행위

⑮ ①부터 ⑭까지의 부정청탁의 대상이 되는 업무에 관하여
공직자 등이 법령에 따라 부여받은 지위·권한을 벗어나

행사하거나 권한에 속하지 아니한 사항을 행사하도록 하는 행위

1-3. 부정청탁금지법을 적용하지 않는 경우

다음의 어느 하나에 해당하는 행위에 대해서는 부정청탁금지법을 적용하지 않습니다(제5조 제2항).

① 청원법, 민원사무 처리에 관한 법률, 행정절차법, 국회법 및 그 밖의 다른 법령·기준(제2조제1호나목부터 마목까지의 공공기관의 규정·사규·기준을 포함합니다. 이하 같습니다)에서 정하는 절차·방법에 따라 권리침해의 구제·해결을 요구하거나 그와 관련된 법령·기준의 제정·개정·폐지를 제안·건의하는 등 특정한 행위를 요구하는 행위

② 공개적으로 공직자 등에게 특정한 행위를 요구하는 행위

③ 선출직 공직자, 정당, 시민단체 등이 공익적인 목적으로 제3자의 고충민원을 전달하거나 법령·기준의 제정·개정·폐지 또는 정책·사업·제도 및 그 운영 등의 개선에 관하여 제안·건의하는 행위

④ 공공기관에 직무를 법정기한 안에 처리하여 줄 것을 신청·요구하거나 그 진행상황·조치결과 등에 대하여 확인·문의 등을 하는 행위

⑤ 직무 또는 법률관계에 관한 확인·증명 등을 신청·요구하는 행위

⑥ 질의 또는 상담형식을 통하여 직무에 관한 법령·제도·절차 등에 대하여 설명이나 해석을 요구하는 행위

⑦ 그 밖에 사회상규(社會常規)에 위배되지 아니하는 것으로 인정되는 행위

2. 부정청탁행위의 상대방

2-1. 부정청탁의 상대방과 범위 확정의 필요성
① 부정청탁이란 누구든지 직접 또는 제3자를 통하여 '직무를 수행하는 공직자 등'에게 법령을 위반하여 부정청탁금지법 제5조 제1항에 열거된 14가지 대상 직무를 처리하도록 하는 행위를 말합니다.
② 부정청탁의 상대방은 부정청탁금지법 제5조 제1항에 열거된 '14가지 대상 직무를 수행하는 공직자 등'입니다.

2-2. 공직자 등의 신고의무
① 공직자 등은 부정청탁을 받았을 때에는 부정청탁을 한 자에게 부정청탁임을 알리고 이를 거절하는 의사를 명확히 표시하여야 합니다.
② 공직자 등은 이와 같은 조치를 하였음에도 불구하고 동일한 부정청탁을 다시 받은 경우에는 이를 소속기관장에게 서면(전자문서를 포함합니다. 이하 같습니다)으로 신고하여야 합니다. 이 사실을 신고하려는 경우에는 다음의 사항을 적은 서면을 소속기관장에게 제출하여야 합니다. 이는 신고절차를 따를 경우 사후에 발생할 수 있는 책임으로부터 면제될 수 있으므로 선량한 공직자 등을 보호하기 위한 취지입니다.
 1) 신고자의 인적사항
   가. 성명, 주민등록번호, 주소, 소속 부서 및 연락처
   나. 그 밖에 신고자를 확인할 수 있는 인적사항

2) 부정청탁을 한 자의 인적사항

　가. 개인인 경우: 성명, 연락처, 직업 등 부정청탁을 한 자를 확인할 수 있는 인적사항

　나. 법인 또는 단체의 대표자인 경우 : 가목의 사항 및 법인 또는 단체의 명칭·소재지

　다. 법인·단체 또는 개인의 대리인, 사용인, 그 밖의 종업원인 경우 : 가목의 사항, 법인·단체 또는 개인의 명칭·소재지 및 대표자의 성명

3) 신고의 경위 및 이유

4) 부정청탁의 일시, 장소 및 내용

5) 부정청탁의 내용을 입증할 수 있는 증거자료(증거자료를 확보한 경우만 해당합니다)

2-3. 소속기관장의 확인 및 조치

① 이 신고를 받은 소속기관장은 신고의 경위·취지·내용·증거자료 등을 조사하여 신고 내용이 부정청탁에 해당하는지를 신속하게 확인하여야 합니다. 아울러 다음의 사항을 확인할 수 있습니다.

1) 신고 내용을 특정하는 데 필요한 사항

2) 신고 내용을 입증할 수 있는 참고인, 증거자료 등의 확보여부

3) 다른 기관에 동일한 내용으로 신고를 하였는지 여부

② 소속기관장은 신고가 신고 내용을 특정하는 데 필요한 사항을 갖추지 못한 경우에는 적정한 기간을 정하여 신고자로 하여금 그 사항을 보완하게 할 수 있습니다.

③ 소속기관장은 부정청탁이 있었던 사실을 알게 된 경우 또
  는 부정청탁에 관한 신고·확인 과정에서 해당 직무의 수
  행에 지장이 있다고 인정하는 경우에는 부정청탁을 받은
  공직자 등에 대하여 다음과 같은 조치를 할 수 있습니다.
 1) 직무 참여 일시중지
 2) 직무 대리자의 지정
 3) 전보
 4) 그 밖에 국회규칙, 대법원규칙, 헌법재판소규칙, 중앙선
    거관리위원회규칙 또는 대통령령으로 정하는 조치
④ 소속기관장은 공직자 등이 다음의 어느 하나에 해당하는
  경우에는 위의 규정에 불구하고 그 공직자 등에게 직무를
  수행하게 할 수 있습니다. 이 경우 부정청탁금지법 제20
  조에 따른 소속기관의 담당관 또는 다른 공직자 등으로
  하여금 그 공직자 등의 공정한 직무수행 여부를 주기적으
  로 확인·점검하도록 하여야 합니다.
 1) 직무를 수행하는 공직자 등을 대체하기 지극히 어려운
    경우
 2) 공직자 등의 직무수행에 미치는 영향이 크지 아니한 경우
 3) 국가의 안전보장 및 경제발전 등 공익증진을 이유로 직
    무수행의 필요성이 더 큰 경우
⑤ 공직자 등은 신고를 감독기관·감사원·수사기관 또는 국민
  권익위원회에도 할 수 있습니다.
⑥ 소속기관장은 다른 법령에 위반되지 아니하는 범위에서
  부정청탁의 내용 및 조치사항을 해당 공공기관의 인터넷
  홈페이지 등에 공개할 수 있습니다.

⑦ 공직자 등이 동일한 부정청탁을 다시 받고도 신고하지 않은 경우 징계처분 대상에 해당합니다.

2-4. 부정청탁의 내용 및 조치사항의 공개

① 소속기관장은 다음의 경우를 고려하여 부정청탁금지법 제7조제7항에 따라 부정청탁의 내용 및 조치사항을 공개할 수 있습니다.

1) 부정청탁금지법 제5조제1항을 위반하여 과태료가 부과된 경우

2) 부정청탁금지법 제6조를 위반하여 유죄판결 또는 기소유예처분이 확정된 경우

3) 그 밖에 소속기관장이 부정청탁 예방을 위하여 공개할 필요가 있다고 인정하는 경우

② 소속기관장은 부정청탁금지법 제7조제7항에 따라 공개하는 부정청탁의 내용 및 조치사항에 다음의 내용 등을 포함시킬 수 있습니다.

1) 부정청탁의 일시·목적·유형 및 세부내용

2) 부정청탁금지법 제7조제4항 각호, 제16조 및 제21조에 따른 소속기관장의 조치 및 징계처분

3) 벌칙 또는 과태료 부과 등 제재 내용

● 공공기관의 장이 공공기관의 인터넷 홈페이지에 부정청탁 내용과 조치
사항을 공개할 경우 개인의 명예나 사생활의 비밀을 침해하는 것은 아
닌가요?

문 공공기관의 장이 해당 공공기관의 인터넷 홈페이지에 부정청탁 내용
과 조치사항을 공개할 경우에 개인의 명예나 사생활의 비밀을 침해
하는 것은 아닌가요?

답 인적사항은 공개되지 않는 점 소속기관장이 구체적인 사정에 따라 공개
여부를 결정할 수 있는 점 등에 비추어 볼 때 개인의 명예나 사생활 비
밀 침해에 해당하지 않습니다.

소속기관장은 다른 법령에 위반되지 아니하는 범위에서 부정청탁의 내
용 및 조치사항을 해당 공공기관의 인터넷 홈페이지 등에 공개할 수 있
습니다(제7조제7항).

이는 공직자와 국민들에게 그 사실을 알림으로써 반복되는 부정청탁을
효과적으로 차단하기 위함입니다. 다만, 일률적으로 공개 시 사생활 침
해 등 부작용이 발생할 수 있으므로, 부정청탁의 내용, 조치사항 공개
시 효과 등을 종합적으로 고려, 공개 여부를 공공기관장이 자율적으로
정할 수 있도록 규정하고 있습니다.

2-5. 소속기관장의 부정청탁 신고의 처리

부정청탁금지법 제7조제2항에 따라 신고를 받은 소속기관장
은 신고의 내용에 관하여 필요한 조사를 하고, 다음의 구분
에 따라 조사 결과에 대한 조치를 하여야 합니다.

　1) 범죄의 혐의가 있거나 수사의 필요성이 있다고 인정되는
　　경우 : 수사기관에 통보

　2) 과태료 부과 대상인 경우 : 과태료 관할 법원에 통보

　3) 징계 대상인 경우 : 징계절차의 진행

2-6. 소속기관장의 조사 결과의 통보 방법 등

① 소속기관장은 부정청탁금지법 제7조제2항에 따라 신고를 받은 경우에는 조사를 마친 날부터 10일 이내에 조사의 결과를 신고자에게 서면으로 통보하여야 합니다.

② 소속기관장이 제1항에 따라 통보하는 조사 결과에는 다음의 사항이 포함되어야 합니다.

1) 신고사항의 처리결과 및 처리이유

2) 신고사항과 관련하여 신고자가 알아야 할 필요가 있는 사항

2-7. 기관장의 부정청탁을 받은 공직자 등에 대한 조치

① 소속기관장은 부정청탁금지법 제7조제4항제1호, 제2호 또는 제4호의 조치를 통해서도 그 목적을 달성할 수 없는 경우에 한정하여 부정청탁금지법 제7조제4항제3호의 조치를 할 수 있습니다.

② 부정청탁금지법 제7조제4항제4호에서 "대통령령으로 정하는 조치"란 다음의 어느 하나에 해당하는 조치를 말합니다.

1) 직무 공동수행자의 지정

2) 사무분장의 변경

2-8. 감독기관 등의 부정청탁의 신고 및 확인 등

① 공직자 등이 부정청탁금지법 제7조제6항에 따라 감독기관, 감사원 또는 수사기관에 부정청탁을 받은 사실을 신고하려는 경우 제출하여야 하는 서면의 기재 사항에 관하여는 부정청탁금지법 시행령 제3조를 준용합니다.

② 부정청탁금지법 제7조제6항에 따라 부정청탁의 신고를 받은 감독기관, 감사원, 또는 수사기관이 하는 부정청탁의 신고에 관한 확인 및 신고 내용의 보완에 관하여는 부정청탁금지법 시행령 제4조를 준용합니다.

2-9. 감독기관 등의 부정청탁 신고의 조치 등

부정청탁금지법 제7조제6항에 따라 신고를 받은 감독기관, 감사원 또는 수사기관은 신고의 내용에 관하여 필요한 조사·감사 또는 수사(이하 "조사 등"이라 합니다)를 하고, 다음의 구분에 따라 조사 등 결과에 대한 조치를 하여야 합니다.

① 감독기관 또는 감사원의 조치

　1) 범죄의 혐의가 있거나 수사의 필요성이 있다고 인정되는 경우 : 수사기관에 통보

　2) 과태료 부과대상이거나 징계의 필요성이 있는 경우 : 소속기관에 통보

② 수사기관의 조치

　1) 범죄의 혐의가 있거나 수사의 필요성이 있다고 인정되는 경우 : 수사절차의 진행

　2) 과태료 부과 대상이거나 징계의 필요성이 있는 경우: 소속기관에 통보

2-10. 감독기관 등의 조사등 결과의 통보 방법 등

부정청탁금지법 제7조제6항에 따라 신고를 받은 감독기관, 감사원 또는 수사기관의 조사등 결과의 신고자에 대한 통보 기간 및 방법 등에 관하여는 부정청탁금지법 시행령 제6조를 준용합니다.

2-11. 국민권익위원회의 부정청탁의 신고 및 확인 등

① 공직자 등이 부정청탁금지법 제7조제6항에 따라 국민권익위원회에 부정청탁을 받은 사실을 신고하려는 경우 제출하여야 하는 서면의 기재 사항에 관하여는 부정청탁금지법 시행령 제3조를 준용합니다.

② 부정청탁금지법 제7조제6항에 따라 부정청탁의 신고를 받은 국민권익위원회가 하는 부정청탁의 신고에 관한 확인 및 신고 내용의 보완에 관하여는 부정청탁금지법 시행령 제4조를 준용합니다.

2-12. 국민권익위원회의 부정청탁 신고의 처리 등

① 부정청탁금지법 제7조제6항에 따라 신고를 받은 국민권익위원회는 신고를 받은 날(신고 내용의 보완이 필요한 경우에는 제4조제2항에 따라 보완된 날을 말합니다)부터 60일 이내에 부정청탁금지법 시행령 제4조제1항 각 호의 사항을 확인한 후 다음의 구분에 따른 기관에 이첩하여야 합니다.

1) 범죄의 혐의가 있거나 수사의 필요성이 있다고 인정되는 경우 : 수사기관

2) 감사원법에 따른 감사가 필요하다고 인정되는 경우 : 감사원

3) 1)또는 2)외의 경우 : 소속기관 또는 감독기관

② 국민권익위원회는 신고내용이 여러 기관과 관련되는 경우에는 소속기관, 감독기관, 감사원 또는 수사기관 중에서

주관 기관을 지정하여 이첩할 수 있습니다. 이 경우 주관 기관은 상호 협조를 통하여 신고사항이 일괄 처리되도록 하여야 합니다.

③ 국민권익위원회는 부정청탁금지법 제7조제6항에 따라 접수받은 신고가 다음의 사항에 모두 해당하는 경우에는 소속기관장, 감독기관, 감사원 또는 수사기관에 송부할 수 있습니다.

 1) ①에 따른 이첩 대상인지가 명백하지 아니한 경우

 2) 부정청탁금지법 시행령 제14조제1항에 따른 종결처리의 대상인지가 명백하지 아니한 경우

④ 국민권익위원회는 ①부터 ③까지의 규정에 따라 이첩하거나 송부하는 경우에는 부정청탁금지법 시행령 제4조제1항 각 호의 확인 사항을 첨부하여 이첩하거나 송부하고, 이첩 또는 송부 사실을 신고자에게 통보하여야 합니다.

2-13. 이첩·송부의 처리 등

① 소속기관장, 감독기관, 감사원 또는 수사기관은 부정청탁금지법 시행령 제12조제1항부터 제3항까지의 규정에 따라 부정청탁의 신고를 이첩 또는 송부받은 경우 신고의 내용에 대하여 필요한 조사 등을 합니다.

② ①에 따른 소속기관장의 조사 결과에 대한 조치에 관하여는 부정청탁금지법 시행령 제5조를 준용하고, 감독기관, 감사원 또는 수사기관의 조사 등 결과에 대한 조치에 관하여는 부정청탁금지법 시행령 제9조를 준용합니다.

③ 소속기관장, 감독기관, 감사원 또는 수사기관은 부정청탁

의 신고를 이첩 또는 송부받은 경우 조사 등을 마친 날부
터 10일 이내에 조사 등의 결과를 신고자 및 국민권익위
원회에 서면으로 통보하여야 합니다.

④ 소속기관장, 감독기관, 감사원 또는 수사기관이 ③에 따
라 통보하는 조사 등 결과에는 다음의 사항이 포함되어
야 한다.

1) 신고사항의 처리결과 및 처리이유

2) 신고사항과 관련하여 신고자 및 국민권익위원회가 알아
야 할 필요가 있는 사항

2-14. 종결처리 등

① 소속기관장, 감독기관, 감사원, 수사기관 또는 국민권익위
원회는 부정청탁금지법 시행령 제5조, 제9조, 제12조 및
제13조에도 불구하고 다음의 어느 하나에 해당하는 경우
에는 접수받은 신고 또는 이첩·송부받은 신고를 종결할
수 있습니다. 이 경우 종결 사실과 그 사유를 신고자에게
통보하여야 합니다.

1) 신고 내용이 명백히 거짓인 경우

2) 신고자가 부정청탁금지법 시행령 제4조제2항에 따른 보
완요구를 받고도 보완 기한 내에 보완하지 아니한 경우

3) 신고에 대한 처리결과를 통보받은 사항에 대하여 정당한
사유없이 다시 신고한 경우로서 새로운 증거가 없는 경우

4) 신고 내용이 언론매체 등을 통하여 공개된 내용에 해당
하고 조사 등 중에 있거나 이미 끝난 경우로서 새로운
증거가 없는 경우

5) 동일한 내용의 신고가 접수되어 먼저 접수된 신고에 관
   하여 조사 등 중에 있거나 이미 끝난 경우로서 새로운
   증거가 없는 경우
6) 그 밖에 법 위반행위를 확인할 수 없는 등 조사 등이 필
   요하지 아니하다고 인정되어 종결하는 것이 합리적이라
   고 인정되는 경우
② ①에 따라 통보를 받은 신고자는 새로운 증거자료의 제출
   등 합리적인 이유를 들어 다시 신고를 할 수 있습니다.

2-15. 위반행위의 기록·관리

① 소속기관장은 부정청탁금지법 제7조제8항에 따라 소속 공
   직자등과 관련하여 부정청탁금지법 시행령 제3조, 제4조
   제1항, 제5조, 제7조 및 제13조제1항에 따른 신고 내용,
   확인 사항 및 처리내역 등을 기록하고 관리하여야 합니
   다. 이 경우 해당 기록의 보존기간에 관하여는 공공기록
   물 관리에 관한 법률 시행령 제26조를 준용합니다.
② 소속기관장은 ①의 기록을 전자매체 또는 마이크로필름
   등 전자적 처리가 가능한 방법으로 관리하여야 합니다.

3. 직무를 수행하는 공직자 등의 범위

① '직무를 수행하는 공직자 등'에는 해당 업무를 직접 처리하는 공직자 등 외에 결재선상에 있는 과장, 국장 등을 포함합니다. 또한, 내부 위임전결규정에 따라 전결권을 위임한 경우 결재선상에 있지 않지만 지휘감독권이 있는 기관장 등의 공직자 등도 포함합니다.

　내부 규정에 따라 전결권이 위임된 경우 대외적 명의는 기관장이고 외부에서는 이를 알 수도 없으며, 전결권을 위임하였더라도 부정청탁을 받은 경우, 거절의사 표시 및 신고의무를 부과하는 것이 입법취지에 부합합니다.

② 결재선상에 있지 않지만 지휘감독권이 있는 상급 공직자 등이 부정청탁을 받고 하급자에게 지시 등을 통하여 사무를 처리한 경우, 상급자는 직무를 수행하는 공직자 등에 해당하고 지시 그 자체가 부정 청탁에 따른 직무수행이므로 형사처벌 대상이 됩니다.

　상급자의 지시는 제3자를 위한 부정청탁의 성격도 가지므로 하급자는 거절하는 의사를 명확히 표시해야 하고, 제3자를 위한 부정청탁임을 알면서 지시에 따른 경우 부정청탁에 따른 직무수행으로 형사처벌 대상이 됩니다. 다만, 사실상 영향력을 미칠 수 있는 지위·직책에 있는 공직자 등은 직무를 수행하는 공직자 등에 포함되지 않습니다. 이는 사실상 영향력을 미칠 수 있는 지위·직책에 있는 공직자 등까지 포함시킬 경우, 신고의무의 대상이 지나치게 광범위해 질 우려가 있습니다. 사실상 영향력을 미칠 수 있는 지위 직책에 있는 공직자등이 부정청탁을 받고 직무를 수행하는 공직자등에게 전달한 경우 제3자를 위한 부정청탁에 해당하여 과태료 부과 대상이 됩니다.

● '직무를 수행하는 공직자 등'의 범위는 어떻게 판단하나요?

문 지역주민 A가 지인인 ○○시청 건축과 과장 B에게 관계법령상의 요건을 충족하지 못하였음에도 불구하고, '증축허가를 해 달라'는 부탁을 하였고, B는 같은 과 소속 건축허가 담당 주무관 C에게 증축허가를 하도록 지시하고 C가 이를 이행한 경우에 A, B, C는 부정청탁금지법상 어떠한 제재를 받나요?

답 A는 토지형질변경의 이해당사자로서 직접 자신을 위하여 부정청탁을 하였으므로 과태료 부과대상에서 제외됩니다. B는 건축과 결재선상에 있는 과장으로서 '직무를 수행하는 공직자 등'에 해당하므로 부정청탁에 따라 직무를 수행한 경우에 해당하여, 2년 이하 징역 또는 2천만원이하 벌금에 해당하는 형사처벌 대상이며, 부정청탁금지법 제6조 제22조제6항 제1호에 의하여 징계대상에도 해당합니다.

그리고 C도 제3자를 위한 부정청탁임을 알면서도 지시에 따라 직무를 수행한 경우에는 부정청탁에 따라 직무를 수행한 경우에 해당하여 형사처벌(2년 이하 징역 또는 2천만원이하 벌금)대상이며, 부정청탁금지법 제6조 제22조제6항 제1호에 의하여 징계대상에도 해당합니다.

부정청탁행위의 상대방인 '직무를 수행하는 공직자 등'의 의미에는, ① 해당 업무를 직접 처리하는 공직자 등, ② 결재선상에 있는 과장, 국장 등, ③ 내부 위임전결규정에 따라 전결권을 위임받은 경우 결재선상에 있지 않지만 지휘감독권이 있는 기관장 등'이 포함되는 것으로 봅니다. 다만, 사실상 영향력을 미칠 수 있는 지위·직책에 있는 공직자 등은 직무를 수행하는 공직자 등에 신고의무 대상이 지나치게 광범위해질 우려가 있어 포함되지 않습니다.

● 지역유지를 통하여 요건이 충족치 못한 사업허가를 공무원에게 부탁한 경우에 어떤 제재가 있나요?

A회사 직원 B가 지역유지인 사업가 C를 통해 시청 문화체육관광국 국장 D에게 관계법령상의 요건을 충족하지 못하였음에도 불구하고, '사업허가가 날 수 있도록 힘써 달라'고 부탁하였습니다. 이에 D는 □□구청사업허가 담당공무원 E에게 위 부탁을 전달한 경우에 A, B, C, D, E는 부정청탁금지법상 어떠한 제재를 받나요?

직원 B는 제3자(A회사)를 위하여 공직자 등에게 부정청탁을 한 자에 해당하므로, 부정청탁금지법 제51조제1항, 제23조제2항에 의해서 2천만원 이하의 과태료 부과대상이 됩니다. A회사는 양벌규정에 따라 2천만원 이하 과태료 부과대상이나, 직원 B의 위반행위를 방지하기 위한 상당한 주의, 감독을 게을리 하지 않았으면 면책될 수 있습니다(제24조)

사업가 C는 제3자(A)를 위하여 공직자 등에게 부정청탁을 한 자에 해당하므로 2천만원 이하 과태료 부과대상에 해당합니다(제6조제1항 제23조제2항).

D는 담당공무원 E의 업무처리 관련 결재권 또는 지휘감독권을 가지지 않으므로 '직무를 수행하는 공직자 등'에는 해당하지 않고, 제3자(A회사)를 위하여 담당공무원 E에게 부정청탁을 한 공직자 등에 해당하므로 3천만원 이하 과태료 부과대상이며(제5조제1항, 제23조제1항제1호), 징계대상에도 해당합니다(제21조)

E는 거절·신고의무 등을 이행할 경우(제7조제1항,제2항), 부정청탁금지법상 제재대상이 아니지만, 부정청탁에 따라 직무를 수행한 경우에는 형사처벌(2년 이하 징역 또는 2천만원 이하 벌금)대상이며, 부정청탁금지법 제6조, 제22조제2항 제1호에 해당하여 징계대상에도 해당합니다.

● 지방자치단체장이 담당공무원에게 평정순위의 변경을 지시한 경우에 어떤 제재를 받게 되는지요?

문 지방자치단체장 B가 평정대상 공무원 A의 부탁을 받고 관련 법령에서 정한 절차에 따라 평정대상 공무원에 대한 평정단위별 서열명부 및 평정순위가 정해졌는데도 평정권자 C에게 공무원 A에 대한 평정순위의 변경을 지시하며 서열명부를 새로 작성하도록 한 경우에는 부정청탁금지법에서 어떤 처벌을 받게 되는지요?

답 공무원의 채용·승진 등 인사 관련 직무는 부정청탁금지법 제5조제1항제3호에 규정된 부정청탁 대상 직무에 해당합니다.

지방공무원법, 지방공무원 임용령, 지방공무원 평정규칙 등의 법령을 위반하여 공직자 등의 인사에 개입하거나 영향을 미치도록 하는 행위는 부정청탁에 해당합니다.

질문의 경우 지방자치단체장 B는 해당 업무를 처리하는 평정권자C의 지휘·감독권자로서 직무를 수행하는 공직자 등에 해당하므로 부정청탁에 따라 직무를 수행한 경우에 해당하여 형사처벌 대상입니다.

부정청탁의 상대방인 '직무를 수행하는 공직자등'에는 업무를 직접 처리하는 공직자 등 외에 결재선상에 있는 과장, 국장 등과 결재선상에 있지 않지만 지휘감독권이 있는 기관장 등을 포함합니다.

지방자치단체장 B의 지시는 제3자를 위한 부정청탁의 성격도 가지므로 평정권자 C는 거절하는 의사를 명확히 표시해야 하고, 제3자를 위한 부정청탁임을 알면서 지시에 따른 경우 부정청탁에 따른 직무수행으로 형사처벌 대상입니다.

그러나 공무원 A는 이해당사자로서 직접 자신을 위하여 부정청탁을 하였으므로 과태료 부과 대상에서 제외되나, 부정청탁금지법 제5조 위반으로 징계대상에 해당합니다.

4. 부정청탁의 방법

4-1. 직접 청탁의 의미

① 누구든지 '직접 또는 제3자를 통하여' 직무를 수행하는 공직자등에게 하는 부정청탁이 금지됩니다. 다만, 직접 자신을 위하여 하는 부정청탁은 과태료 부과대상에서 제외되므로, 금지되는 행위와 과태료 부과대상 행위가 불일치합니다.

② 과태료 부과대상이 아닌 직접 자신을 위하여 하는 부정청탁과 과태료 부과대상인 제3자를 통한(위한) 부정청탁의 구분이 중요합니다.

③ 과태료 부과대상에서 제외되는 '직접 자신을 위하여 하는 부정청탁'이란 부정청탁행위에 따른 법적 효과(이익·불이익)가 직접 청탁행위자 자신에게 귀속되는 경우를 의미합니다.

자신에게 귀속되는 이익이나 불이익이 간접적이거나 사실적 반사적인 경우에는 제3자를 위한 청탁에 해당합니다.

● **이해당사자가 직접 공직자 등에게 부정청탁을 하는 것은 괜찮나요?**

문 이해당사자가 직접 공직자 등에게 부정청탁을 하는 것은 괜찮나요?

답 부정청탁금지법상 이해당사자가 직접 공직자 등에게 부정청탁을 하는 것은 금지되나(제5조제1항), 공공기관과 국민 간의 활발한 의사소통 기회 보장 등을 위해 입법정책적으로 과태료 부과대상에서는 제외하고 있습니다.

부정청탁금지법상 제3자를 통해 공직자 등에게 청탁하는 행위뿐 아니라, 본인이 직접 청탁하는 행위도 금지되나(제5조제1항), 입법정책적으로 공공기관과 국민 사이의 활발한 의사소통을 보장할 수 있도록 본인이 자신의 일에 대해 직접 부정청탁을 하는 경우에는 과태료 부과대상에서 제외됩니다.

한편, 이해당사자가 직접 자신을 위하여 하는 부정청탁을 받은 공직자 등이 그에 따라 직무를 수행하는 경우 형사처벌 대상으로 하여 공정한 직무수행을 담보하고 있습니다(제6조, 제22조제2항제1호).

참고로, 이해당사자가 직접 자신을 위하여 하는 부정청탁도 법에서 금지하는 행위이므로 징계 대상이 될 수 있고(제21조), 이해당사자가 공무원인 경우에는 공무원 행동강령 위반에 해당될 수 있습니다.

● 토지가 개발제한구역법령상 형질변경허가 요건을 갖추지 못했는데 공무원에게 청탁한 경우에 받게 되는 처벌은 무엇인가요?

問 개발제한구역 내에 토지를 소유하고 있는 A가 □□군청 담당공무원 B에게 토지 형질변경허가 신청을 하였는데, 해당 토지가 개발제한구역법령상 형질변경허가 요건을 갖추지 못했다는 것을 알면서도 B을 직접 찾아가 허가를 내 줄 것을 청탁한 경우에 B와 A는 부정청탁금지법상 어떠한 제재를 받나요?

答 A는 토지형질변경의 이해당사자로서, 직접 자신을 위하여 부정청탁을 하였으므로 과태료 부과대상에서 제외됩니다. 그러나 B는 거절·신고의무를 이행하지 않고 부정청탁에 따라 직무를 수행할 경우 형사처벌(2년 이하의 징역 또는 2천만원 이하의 벌금) 대상이며, 부정청탁금지법 제6조, 제22조제 2항제1호에 해당하여 징계대상에도 해당합니다.

개발제한구역법령상 토지형질변경허가 요건을 갖추지 못했음에도 법령을 위반하여 처리하도록 하는 행위는 부정청탁에 해당합니다(제5조제1항제1호).

과태료 부과대상에서 제외되는 '직접 자신을 위하여 하는 부정청탁'이란, 부정청탁행위에 따른 법적 효과가 직접 청탁행위자 자신에게 귀속되는 경우를 의미합니다.

4-2. 가족을 위한 부정청탁

① 제3자를 위한 청탁인지 여부는 부모 자녀 등 가족을 위한 부정청탁도 그에 따른 효과(이익 불이익)가 제3자인 직접 부모 자녀 등에게 귀속되므로 제3자를 위한 청탁에 해당합니다.

② 자녀를 위한 부정청탁도 자녀가 미성년자인지 성년자인지를 불문하고 제3자를 위한 청탁에 해당합니다.

● 아버지가 아들의 병역을 보충역으로 판정받도록 청탁한 경우에 어떤 제재를 받게 되나요?

문 아버지 B는 자신의 아들 A가 병역판정검사에서 4급 보충역을 받고 서울관내에서 사회복무요원으로 복무할 수 있기를 원했습니다. 이에 평소 친분이 있던 병무청 간부 D를 통하여 병역판정검사장의 군의관 C에게 자신의 아들이 병역판정검사에서 4급 보충역 판정을 받을 수 있도록 아들 A도 모르게 청탁한 경우에 부정청탁금지법에서 어떤 제재를 받게 되는지요?

답 병역판정검사(신체등위판정)관련 직무는 부정청탁금지법 제5조 제1항 제11호에 규정된 부정청탁 대상 직무에 해당합니다. 병역법령상 신체등위 판정기준을 위반하여 보충역으로 신체등위를 받을 수 있도록 청탁한 행위는 부정청탁에 해당합니다.

질문의 경우 아버지 B는 제3자인 자녀 A를 위하여 부정청탁을 하였으므로 2천만원 이하의 과태료 부과 대상입니다.

아울러 아버지 B의 청탁행위로 인한 효과(이익)가 자신이 아닌 제3자인 자녀 A에게 직접 귀속되므로 제3자를 위한 부정청탁에 해당합니다. 그리고 아버지 B가 자녀 A 모르게 청탁을 하였고 자녀 A가 아버지 B를 통하여 부정청탁을 한 사실이 없으므로 자녀 A는 제재대상이 아닙니다. 그러나 병무청 간부 D는 제3자인 A를 위하여 부정청탁을 하였고 공직자 등에 해당하여 제재가 가중되므로 3천만원 이하 과태료의 부과 대상이 됩니다.

군의관 C는 병무청 간부 D로부터 처음 부정청탁을 받은 경우 거절 의사를 명확히 표시하면 징계 및 벌칙 대상에서 제외됩니다. 그런데 만약, 군의관 C가 동일한 부정청탁을 다시 받은 경우에는 소속기관장에게 신고할 의무가 발생하고, 신고를 하지 않을 경우 징계대상에 해당합니다. 군의관 C가 병무청 간부 D의 부정청탁에 따라 4급 보충역 판정을 해준 경우에는 형사처벌 대상이 되어 2년 이하의 징역 또는 2천만원 이하의 벌금 처벌을 받게 됩니다.

● 노인장기요양법령상의 요건을 갖추지 못했는데, 공무원에게 청탁한 경우에는 어떤 제재를 받게 되나요?

문 B의 어머니 A가 장기요양인정 신청을 하였는데, 아들 B는 어머니 A가 노인장기요양법령상의 요건을 갖추지 못했다는 것을 알고 장기요양인정 담당 공무원 C에게 자신의 어머니 A를 장기요양보험 대상자로 선정될 수 있도록 해달라고 어머니 A도 모르게 청탁을 하였습니다. 이 경우 부정청탁금지법에서 어떤 제재를 받게 되는지요?

답 장기요양보험 대상자 선정 관련 직무는 부정청탁금지법 제5조제1항제1호 규정에 따라 부정청탁 대상 직무에 해당합니다.

질문의 경우를 보면 요건을 갖추지 못했음에도 불구하고 노인장기요양법령을 위반하여 장기요양 보험대상자로 선정하도록 하는 행위는 부정청탁에 해당합니다. 또 아들 B는 제3자인 어머니를 위하여 부정청탁을 하였으므로 2천만원 이하의 과태료 부과 대상입니다.

아들 B의 청탁행위로 인한 효과(이익)가 자신이 아닌 제3자인 어머니에게 직접 귀속되므로 제3자를 위한 부정청탁에 해당합니다. 청탁 동기 목적, 청탁의 수단이나 방법 등 구체적인 사정을 종합적으로 고려하여 사회상규에 위배되지 않는 행위 등 예외사유 해당 여부(제5조제2항제7호)에 대한 검토가 필요합니다.

4-3. 법인 소속 임직원의 업무 관련 부정청탁

4-3-1. 제3자를 위한 청탁인지 여부

① 실제 청탁행위를 할 수 없는 법인의 경우 소속 임직원이 업무에 관하여 한 부정청탁이 제3자를 위한 청탁인지 여부가 문제됩니다. 법인과 임직원은 별개의 독립된 권리의무 주체이므로 법인 소속 임직원(대표권 있는 자를 포함)의 청탁은 법인을 위한 것이며, 결국 그 효과도 법인에게 귀속되므로 제3자를 위한 청탁에 해당합니다.

② 대표권 있는 임직원의 대표권에 부정청탁행위까지 포함된다고 할 수 없고 종업원의 부정청탁행위를 법인의 행위로 보는 의제가 불가합니다. 범죄행위의 경우 법인의 기관인 임직원의 행위가 법인의 행위로 간주되지 않는 것이 판례의 입장입니다.

③ 법인 소속 임직원의 업무 관련 청탁을 직접 자신을 위하여 하는 부정청탁으로 보는 경우 법인은 언제나 제재대상에서 제외되어 입법취지가 몰각됩니다.

● 제3자를 위하여 청탁을 한 것으로 보아야 하는지? 아니면 직접 자신을 위하여 청탁을 한 것으로 보아야 하는지요?

問 ① 임직원이 회사(법인)를 위해 청탁을 하는 경우와 ② 부모가 자신의 아들이 병역판정검사에서 보충역 판정을 받을 수 있도록 청탁을 하는 경우에 제3자를 위하여 청탁을 한 것으로 보아야 하나요? 아니면 직접 자신을 위하여 청탁을 한 것으로 보아야 하나요?

答 ① 회사(법인)와 임직원은 별개의 독립된 권리·의무 주체이며, 회사(법인)소속 임직원의 업무관련 부정청탁의 법적 효과는 회사(법인)에 귀속되므로, 임직원이 회사(법인)를 위해 청탁을 하는 것은 '제3자를 위한 부정청탁'에 해당하고, ② 부모의 아들을 위한 부정청탁 역시 부정청탁의 법적 효과는 제 3자인 아들에게 귀속되므로, '제3자를 위한 부정청탁'에 해당합니다.

누구든지 '직접 또는 제3자를 통하여' 직무를 수행하는 공직자 등에게 하는 부정청탁이 금지되나(제5조제1항), 직접 자신을 위하여 하는 부정청탁은 과태료 부과대상에서 제외됩니다. 과태료 부과대상이 아닌 '직접 자신을 위하여 하는 부정청탁'과, 과태료 부과 대상인 '제3자를 통한(위한) 부정청탁'의 구별이 문제됩니다.

과태료 부과대상에서 제외되는 '직접 자신을 위하여 하는 부정청탁'이란, 부정청탁행위에 따른 법적 효과가 직접 청탁행위자 자신에게 귀속되는 경우를 의미합니다. 자녀를 위한 부정청탁의 경우에는 자녀가 성년인 미성년자인지 불문하고 무조건 제3자를 위한 청탁에 해당합니다.

4-3-2. 업무 관련 부정청탁을 한 임직원에 대한 과태료

① 부정청탁금지법 제24조(양벌규정)와 질서위반행위규제법 제11조의 관계가 문제됩니다. 부정청탁금지법 제24조에서 행위자인 종업원 외에 사업주인 법인도 형사처벌 및 과태료를 부과하도록 규정하고 있습니다.

② 법인 자체는 실제 위반행위를 할 수 없으므로 원칙적으로 법인에 대해 제재를 할 수 없지만, 법인의 업무에 관하여 위반행위를 한 임직원 외에 법인도 처벌한다는 양벌규정이 있는 경우 법인도 제재가 가능합니다.

③ 반면, 과태료에 관한 일반법인 질서위반행위규제법 제11조에서 종업원이 법인에게 부과된 법률상 의무를 위반한 경우 법인에게만 과태료를 부과하도록 규정하여 위반 행위를 한 종업원 개인도 제재를 할 수 있는지가 문제가 있습니다.

④ 종업원의 위반행위에 대해서는 질서위반행위규제법 제11조가 적용되지 않으므로 종업원은 개별 벌칙조항에 따라 과태료가 부과됩니다.

⑤ 질서위반행위규제법 제11조는 법인에게 부과된 법률상의 의무를 종업원이 위반한 경우에 적용되는데, 부정청탁 및 금품 등 제공 금지의무는 자연인인 종업원에게 부과된 의무입니다.

⑥ 부정청탁금지법 제5조제1항(부정청탁의 금지)과 제8조제5항(금품 등 수수의 금지)의 주체인 '누구든지'에 자연인(종업원)만 포함되고 법인(사업주)은 포함되지 않습니다. 또한, 부정청탁금지법 제24조의 양벌규정은 입법목적의 달성을 위해 행위자와 법인 모두를 처벌하는 특별규정입니다.

⑦ 결국, 법인 소속 임직원이 업무와 관련하여 과태료 부과

대상에 해당하는 부정청탁금지법 위반행위를 한 경우가 됩니다. 따라서, 종업원은 부정청탁 및 금품 등 제공 금지의무를 위반하였으므로 개별 벌칙 조항에 따라 과태료 부과 대상이 됩니다.

⑧ 법인은 양벌규정(부정청탁금지법 제24조)에 따라 종업원의 위반행위를 방지하기 위한 상당한 주의, 감독을 다하지 않은 이상 과태료 부과 대상이 됩니다.

● **건축법령에 위반된 건축허가를 청탁한 경우에 어떤 제재를 받게 되는지요?**

㉲ ○○건설회사(주)의 소속 직원 A가 건축법령을 위반하여 건축허가를 내줄 것을 구청 건축허가 담당 공무원 C에게 청탁한 경우에 부정청탁금지법에 의해 어떤 처벌을 받게 됩니까?

㉣ 건축 허가 관련 직무는 부정청탁금지법 제5조제1항제1호에 규정된 부정청탁 대상 직무에 해당합니다.

건축 관련 법령을 위반하여 건축허가를 내 줄 것을 요구하는 행위는 부정청탁에 해당합니다.

법인 소속 임직원의 업무 관련 부정청탁은 법인을 위한 것으로 그 효과가 법인에게 귀속되므로 제3자를 위한 부정청탁에 해당합니다.

질문의 경우 직원 A는 제3자인 법인을 위하여 부정청탁을 하였으므로 2천만원 이하의 과태료 부과 대상이 됩니다. 아울러 ○○건설(주)는 부정청탁금지법 제24조(양벌규정)에 따라 2천만원 이하의 과태료 부과 대상에 해당합니다. 다만, 종업원의 위반행위를 방지하기 위한 상당한 주의 감독 의무를 게을리하지 않은 경우 면책이 됩니다.

5. 부정청탁의 성립요건

5-1. 법령을 위반하여

5-1-1. 법령의 범위

① 부정청탁의 성립요건인 '법령을 위반하여'에서 법령에는 '법률, 대통령령, 국무총리령, 부령'을 포함합니다. 일반적으로 '법령'은 법률, 명령(대통령령, 총리령, 부령)을 의미하는 것으로 이해된다고 헌법재판소에서(2009.7.30. 2007헌바75) 결정하였습니다.

② 법령에는 부정청탁 대상직무와 직접 관련된 개별 법령 외에 국가공무원법, 지방공무원법, 형법 등의 일반 법령도 포함합니다. 또한, 각종 소송법, 행정심판법, 행정절차법, 비송사건절차법 등의 절차법도 포함합니다. 예를 들어 교통영향평가를 생략하고 건축허가를 내 주도록 청탁한 경우, 청문을 거치지 않고 각종 사업인가를 내 주도록 청탁한 경우 등 입니다.

③ 상위법령의 위임에 따라 또는 그에 근거하여 구체적인 기준을 고시, 훈령 등에서 정한 경우 고시 훈령 등에서 정하고 있는 기준의 위반은 곧 상위법령 위반 소지가 있습니다.

판례는 국세청장 훈령형식의 재산제세사무처리규정(86누484), 지방자치단체장의 액화석유가스 판매사업 허가기준 고시(2000두7933)등에 대해 상위법령의 내용을 보충하는 기능을 가지면서 그와 결합하여 대외적으로 구속력 있는 법규명령으로서 효력을 가지는 것으로 판시하였습니다.

다만, 행정조직내부를 규율하기 위한 것으로 사무처리준
칙에 불과한 경우는 법령에 포함되지 않지만, 사무처리준
칙 위반 자체가 상위법령 위반으로 연결될 수 있는 경우
라면 법령 위반에 해당합니다.
④ 비례원칙, 신의성실 원칙 등과 같은 일반 법원칙은 개별
법령의 해석 적용에 있어 기준이 될 수 있으나, 법령의
매개 없이 일반 법원칙이 바로 법령을 위반하였는지의 판
단기준이 된다고 보기는 어려움이 있습니다.

● **부정청탁의 성립요건인 '법령을 위반하여'의 의미는 어떻게 판단합니까?**

문 '법령을 위반하여' 행위를 하도록 요청한 경우에 부정한 청탁이 성립
하는 것이라면, 공직자 등에게 어떠한 행위를 부탁하면서 '법이 허
용하는 한도내에서', '법의 테두리 안에서', '재량이 허용하는 한도에
서' 또는 '법대로' 하여 달라고 하는 경우에는 부정청탁에 해당하지
않는 것인지요?

답 형식상 재량의 범위 내에서 처리해 줄 것을 부탁했다 하더라도 실질적
으로는 '법령을 위반해서라도' 또는 '법령에 따라 부여받은 권한을 벗어
나서'라도 처리해 달라는 의미의 청탁이었고, 이에 대해 청탁을 하는
자와 직무를 수행하는 공직자 등간에 내심의 의사가 합치하여 법령을
위반한 직무수행이 이루어졌다면 이는 부정청탁에 해당할 수 있습니다.
'법령을 위반하여'에서 '법령'에는 '법률, 대통령령, 국무총리령, 부령'이
포함되고, 부정청탁 대상 직무와 직접 관련된 개별 법령 외에 국가공무
원법, 지방공무원법, 형법 등의 일반 법령도 포함되며, 각종 소송법, 행
정심판법, 행정절차법, 비송사건절차법 등의 절차법도 포함됩니다.
상위법령의 위임에 따라 또는 그에 근거하여 구체적인 기준을 고시·훈
령 등에서 정한 경우 고시·훈령 등에서 정하고 있는 기준의 위반은 곧

상위법령 위반 소지가 있습니다. 다만, 행정조직 내부를 규율하기 위한 것으로 사무처리준칙에 불과한 경우는 법령에 포함되지 않지만, 사무처리준칙 위반 자체가 상위법령 위반으로 연결될 수 있는 경우라면 법령 위반에 해당합니다. 비례원칙, 신의성실의 원칙 등과 같은 일반 법원칙은 개별 법령의 해석·적용에 있어 기준이 될 수 있으나, 법령의 매개 없이 일반 법원칙이 바로 법령을 위반하였는지의 판단기준이 된다고 보기는 어렵습니다.

법령에 포함됨을 명시하고 있는 규칙은 지방자치단체장이 지방자치법 제23조에 따라 제정한 규칙을 의미합니다.

● 건설업체 직원이 담당공무원에게 민원을 빨리 처리해 달라고 부탁한 경우도 부정청탁에 해당하나요?

문 건설업체 직원 A가 구청 인·허가 담당자 B에게 '민원을 빨리 처리해 달라', 또는 '서둘러 허가해 달라'고 부탁했는데, 이런 부탁은 부정청탁에 해당하나요?

답 형식상 '서둘러 허가를 해 달라'는 부탁이 실질적으로는 '법령을 위반해서라도' 또는 '법령에 따라 부여받은 권한을 벗어나서라도' 처리해 달라는 의미의 청탁이었고, 이에 대해 청탁을 하는 자와 직무를 수행하는 공직자 등 간에 내심의 의사가 합치하여 법령을 위반한 직무수행(관계 법령상 허가요건을 갖추지 못했음에도 불구하고 건축허가를 해줌)이 이루어졌다면, 이는 부정청탁에 해당할 수 있습니다.

다만, 공공기관에 직무를 법정기한 안에 처리하여 줄 것을 신청, 요구하거나 그 진행상황, 조치결과 등에 대하여 확인 문의 등을 하는 행위에 해당할 경우에는 부정청탁금지법 제5조제2항제4호의 규정이 적용되지 않습니다.

● 인사담당 직원에게 아들의 채용을 부탁한 경우에 부정청탁금지법상 제재대상인가요?

문 공기업인 □□공사 마케팅팀 팀장 A가 친구 B로부터 '이번에 공사 신입사원 채용에 아들이 응시했으니, 대학성적이나 영어점수가 부족하여 채용기준에 미달하겠지만, 합격할 수 있게 잘 좀 봐 달라'는 부탁을 받고 인사담당 직원 C에게 A의 아들의 채용을 부탁한 경우 A와 B는 부정청탁금지법상 제재대상인가요?

답 A는 청탁을 받고 채용담당자 C에게 부탁을 하였으므로, '제3자를 위하여 다른 공직자 등에게 부정청탁을 한 공직자 등'에 해당하여 3천만원 이하의 과태료 부과대상(제5조제1항, 제23조제1항제1호)이며, 징계대상에도 해당합니다(동법 제21조).
B는 '제3자를 통하여 공직자등에게 부정청탁을 한 자'에 해당하여 1천만원 이하의 과태료 부과대상에 해당합니다(제5조제1항, 제23조제3항)
부정청탁의 요건을 보면 부정청탁금지법 제5조제1항 각호의 대상 직무에 해당하고, 법령을 위반하여 채용 등 공직자 등의 인사에 관하여 개입하거나, 영향을 미치도록 하는 행위는 부정청탁금지법 제5조제1항제3호의 부정청탁 대상 직무에 해당하며, 공공기관의 운영에 관한 법률, 공기업·준정부기관의 인사운영에 관한 지침 등의 법령을 위반하여 채용여부에 영향을 미치도록 하는 행위는 부정청탁에 해당할 수 있습니다.
다만, A는 마케팅팀 팀장으로서, 채용관련 업무의 결재선상에 있거나 채용 관련 업무담당자에 대한 지휘감독권이 있다고 볼 수 없으므로, 부정청탁의 상대방인 '직무를 수행하는 공직자 등'에 해당한다고 보기는 어렵습니다.

● 지역주민이 시청 소속 건축허가 담당공무원에게 증축허가를 부탁을 한 경우에 제재대상인가요?

문 지역주민 A가 □□시청 소속 건축허가 담당공무원 B에게 '이번에 어떻게든 증축허가를 꼭 받아야 하니, 잘 좀 알아봐 달라'는 부탁을 한 경우 B과 A는 부정청탁금지법상 제재대상인가요?

답 부탁의 의미가 실질적으로 '법령을 위반해서라도 증축허가가 나도록 처리해 달라'는 의미의 청탁이었고, 이에 대해 청탁을 하는 자와 직무를 수행하는 공직자 등 간에 내심의 의사가 합치하여 관계 법령상 증축허가 요건을 갖추지 못했음에도 불구하고 증축허가가 이루어졌다면, 이는 부정청탁에 해당할 수 있습니다.

A의 부탁이 부정청탁에 해당한다고 볼 경우, A는 직접 자신을 위하여 청탁한 경우로서 과태료 부과대상에서 제외됩니다.

B는 부정청탁금지법 제7조제1항 제2항에 의한 거절·신고의무 등을 이행할 경우에는 제재대상이 아니지만, 부정청탁에 따라 직무를 수행한 경우에는 형사처벌(2년 이하 징역 또는 2천만원 이하 벌금)대상이며, 부정청탁금지법 제6조, 제22조제2항제1호에 의해서 징계대상에도 해당합니다. 다만, '잘 좀 알아봐 달라'는 부탁의 의미가 증축허가 절차나 필요한 구비서류 등을 질의하는 취지일 경우, 법령을 위반하여 허가를 해달라는 것은 아니므로 부정청탁행위에 해당하지 않을 것입니다.

● 노조탄압행위와 관련된 내용의 방송을 막아달라는 청탁을 받고, 그 내용을 방송하지 않기로 결정한 경우에 부정청탁에 해당하나요?

문 1) 지상파 방송사 보도국장인 A는 대기업인 B주식회사 홍보팀장 C로부터 방송이 예정되어 있는 회사 사주의 노조탄압행위와 관련된 내용의 방송을 막아달라는 청탁을 받았고, 결국 그러한 내용을 방송하지 않기로 결정한 경우에 부정청탁금지법상 부정청탁에 해당하나요?

2) 공무원이 친분을 이용해 기자에게 특정 기사를 게재하지 말 것을 부탁하거나 취재한 기사를 삭제하여 달라고 부탁할 경우에 부정청탁금지법상 부정청탁에 해당하나요?

3) 언론사에 홍보성 기사 또는 자사 제품에 유리한 기사를 써달라고 부탁할 경우에 부정청탁금지법상 부정한 청탁에 해당하는지요?

답 방송을 막아달라는 요구내용, 특정 기사를 게재하지 말아 달라거나 삭제해 달라는 요구내용, 유리한 기사를 써달라는 요구내용은 부정청탁금지법 제5조 제1항 각호에 규정된 부정청탁 대상 직무에 해당한다고 보기는 어렵습니다. 다만, 방송을 막아달라는 등의 요구와 관련하여 금품 등 수수가 있을 경우에는 형법상 배임수증죄 등 별도 범죄 성립의 여지가 있습니다.

● 교사가 학부형으로부터 아들을 외국인학교에 입학시켜 달라는 청탁을 받고 입학시킨 경우에 어떠한 제재를 받나요?

문 ○○외국인학교 교사 A는, 학부형 B로부터 아들C(외국에서 6개월 거주)를 ○○외국인학교에 입학시켜 달라는 청탁을 받은 후, 같은 학교입학처장 D에게 C를 입학시켜줄 것을 부탁하였고, D가 C를 입학시킨 경우에 A, B, C, D는 부정청탁금지법상 어떠한 제재를 받나요?

답 ○○외국인학교 입학 등 업무는 부정청탁금지법 제6조제1항제10호의 부정청탁 대상 직무에 해당하며, 외국 거주 기간이 6개월 밖에 되지 않아 입학자격을 갖추지 못하였음에도 법령을 위반하여 처리하도록 하는 행위는 부정청탁에 해당할 수 있습니다.

B는 제3자(C)를 위하여 공직자 등에게 부정청탁을 한 자로서 2천만원 이하의 과태료 부과대상에 해당합니다(제5조제1항제10호, 제23조제2항).

C는 직접 또는 제3자를 통하여 부정청탁을 한 사실이 없으므로 제재대상이 아닙니다. 그러나 A는 제3자(B)를 위하여 부정청탁을 한 공직자 등에 해당하여 3천만원 이하의 과태료 부과대상에 해당합니다(제5조제1항, 제23조제1항제1호). D는 부정청탁에 따라 직무수행을 하였으므로, 형사처벌(2년 이하의 징역 또는 2천만원 이하의 벌금)대상이며, 징계대상에도 해당합니다(제21조).

입학처장 D와 교사 A는 공직자 등에 해당합니다(제2조제2호다목). 외국인학교 입학 등 업무는 부정청탁금지법 제5조제1항제10호의 부정청탁 대상 직무에 해당하며, 초·중등교육법 등 관계법령상 외국에서 거주한 기간이 총 3년 이상인 내국인이라는 입학자격을 갖추지 못하였음에도 법령을 위반하여 처리하도록 하는 행위는 부정청탁에 해당할 수 있습니다.

● 중앙부처 소속 국장이 지방자치단체에서 실시하는 채용시험에 자녀의 시험 점수를 높게 주어 합격시켜 달라는 청탁을 한 경우에 제재조치는 무엇입니까?

문 중앙부처 소속 국장 B의 자녀 A가 ○○지방자치단체에서 실시하는 변호사 자격 소지자 제한경쟁 채용시험에 응시하였습니다. 국장 B가 자녀 몰래 면접위원인 인사과장 C에게 면접시험 점수를 높게 주어 합격시켜 달라는 청탁을 하였고, 면접위원으로 참석한 인사과장 C가 면접시험 점수를 높게 주어 자녀 A가 합격한 경우에 어떤 제재를 받는지요?

답 공무원의 임용 등 인사 관련 직무는 부정청탁금지법 제5조제1항제3호 부정청탁 대상 직무에 해당합니다.

지방공무원법 등을 위반하여 인사에 개입하거나 영향을 미치도록 하는 행위는 부정청탁에 해당합니다.

'법령을 위반하여'는 대상직무와 직접 관련된 개별 법령 외에 국가공무원법, 지방공무원법, 형법 등의 일반 법령 위반도 포함합니다.

지방공무원법 제42조에는 '누구든지 시험 또는 임용에 관하여 고의로 방해하거나 부당한 영향을 미치는 행위를 하여서는 아니 된다.'라고 규정되어 있고, 또 제43조에는 '누구든지 임용시험·승진·임용, 그 밖에 인사기록에 관하여 거짓이나 부정하게 진술·기재·증명·채점 또는 보고를 하여서는 아니 된다.'라고 하였습니다. 더 나아가 공무원 행동강령 제9조제2항에서는 '공무원은 직위를 이용하여 다른 공무원의 임용·승진·전보 등 인사에 부당하게 개입해서는 아니 된다.'라고 규정되어 있습니다.

따라서 질문의 경우 국장 B는 자녀 A의 부탁이 없었지만 제3자 A를 위하여 부정청탁을 하였고, 공직자 등에 해당하여 제재가 가중되므로 3천만원 이하 과태료 부과 대상이 됩니다. 국장 B의 청탁행위로 인한 효과(이익)가 자신이 아닌 제3자인 자녀 A에게 직접 귀속되므로 제3자를 위한 부정청탁에 해당합니다.

과태료 부과 대상에서 제외되는 '직접 자신을 위하여 하는 부정청탁'이란 청탁행위로 인한 효과(이익, 불이익)가 직접 청탁행위자 자신에게 귀속되는 것을 의미하며, 청탁으로 자신에게 귀속되는 이익이 간접적이거나 사실적·반사적 이익 등에 불과한 경우에는 제3자를 위한 청탁에 해당합니다.

자녀 A는 직접 또는 제3자를 통하여 부정청탁을 한 사실이 없으므로 제재대상이 아닙니다. 그러나 인사과장 C는 국장 B의 부정청탁에 따라 면접 점수를 높게 주어 국장 B의 자녀 A를 채용하였으므로 형사처벌 대상(2년 이하 징역 또는 2천만원 이하 벌금)이 됩니다.

● 동료 교사에게 자녀의 점수를 올려 줄 것을 부탁하여 성적을 올려준 경
우에 부정청탁금지법에 어떤 처벌규정이 있습니까?

🈷 ○○고등학교 3학년에 재학 중인 A는 2학기 기말고사 수학시험에서
75점을 받았고, 해당 학교 국어교사였던 A의 아버지 B는 자녀 A
몰래 수학점수를 조금만 올리면 내신등급이 올라갈 것을 알고 동료
수학교사 C에게 수학점수를 올려 줄 것을 부탁하여 성적을 올려준
경우에 부정청탁금지법에 어떤 처벌규정이 있습니까?

🈷 학교 성적 관련 직무는 부정청탁금지법 제5조제1항제10호에 규정된 부
정청탁 대상 직무에 해당합니다.
학교 성적을 올려 달라는 청탁은 형법 제314조제1항(업무방해)을 위반
하게 하는 행위로서 부정청탁에 해당합니다.
'법령을 위반하여'는 대상직무와 직접 관련된 개별 법령 외에 형법 등의
일반 법령 위반도 포함됩니다.
성적을 올려 달라는 청탁은 타인으로 하여금 형법 상 업무방해죄를 범
하게 하는 경우에 해당하므로 사회상규에 위배되지 않는 행위로 보기
어렵습니다.
판례에서도 고등학교 교사로 재직 중인 아버지가 성적처리업무를 담당
하는 다른 교사에게 부탁하여 딸의 시험성적을 조작한 사례에서, 형법
상 교장의 내신성적 평가업무를 방해한 업무방해죄로 판시(울산지방법원
2014. 6. 13. 선고 2014고단899 판결)하였습니다.
질문의 경우 아버지 B는 제3자인 자녀를 위하여 부정청탁을 하였고 공
직자등에 해당하여 제재가 가중되므로 3천만원 이하의 과태료 부과 대
상이 됩니다.
아버지 B의 청탁행위로 인한 법률상 이익이나 효과가 자신이 아닌 제3
자인 자녀에게 직접 귀속되므로 제3자를 위한 부정청탁에 해당합니다.
과태료 부과 대상에서 제외되는 '직접 자신을 위하여 하는 부정청탁'이
란 청탁행위로 인한 효과(이익, 불이익)가 직접 청탁행위자 자신에게 귀

속되는 것을 의미하며, 청탁으로 자신에게 귀속되는 이익이 간접적이거나 사실적·반사적 이익 등에 불과한 경우에는 제3자를 위한 청탁에 해당합니다.

동료교사 C가 아버지 B의 부정청탁에 따라 자녀 A의 성적을 올려 주었으므로 형사처벌 대상(2년 이하의 징역 또는 2천만원 이하의 벌금)입니다. 그러나 자녀 A는 직접 또는 제3자를 통하여 부정청탁을 한 사실이 없으므로 제재 대상이 아닙니다.

● 오수처리용량에 미달함에도 불구하고 설치신고를 수리해 줄 것을 담당 공무원에게 청탁한 경우에 어떤 처벌을 받게 되는지요?

문 100㎡ 규모의 일반음식점을 운영하려는 A가 담당 공무원 C에게 5㎥/일 처리용량의 오수처리시설 설치신고를 한 후, 하수도법령에 따른 오수처리용량에 미달함에도 불구하고 자신의 친구 지방세 담당 공무원 B를 통하여 오수처리시설 설치신고를 수리해 줄 것을 담당 공무원 C에게 청탁한 경우에 부정청탁금지법에서는 어떤 처벌을 받게 되는지요?

답 하수도법령에 따른 오수처리시설 설치신고 관련 직무는 부정청탁금지법 제5조제1항제1호에서 규정하고 있는 부정청탁 대상 직무에 해당합니다. 하수도법령에 따른 오수처리시설 설치기준을 위반하여 처리하도록 하는 행위는 법령을 위반하는 부정청탁에 해당합니다. 하수도법 및 동법 시행령의 위임에 따라 제정된 '건축물의 용도별 오수 발생량 및 정화조 처리대상인원 산정방법(환경부고시 제2015-133호)'위반은 법령 위반에 해당합니다. 위 고시상 100㎡ 규모의 일반음식점의 경우 7㎥/일의 오수처리용량에 해당하는 오수처리시설을 설치해야 합니다.

질문의 경우 민원인 A는 오수처리시설 신고의 이해당사자로서, 제3자인 B를 통하여 부정청탁을 하였으므로 1천만원 이하 과태료 부과 대상이 됩니다. 그리고 친구 B는 제3자인 민원인 A를 위하여 부정청탁을 하였고, 공직자 등에 해당하여 제재가 가중되므로 3천만원 이하 과태료 부과 대상이 됩니다.

담당공무원 C가 친구 B로부터 처음 부정청탁을 받은 경우 거절 의사를 명확히 표시하면 징계 및 벌칙 대상에서 제외됩니다. 만약, 담당공무원 C가 동일한 부정청탁을 다시 받은 경우에는 소속기관장 등에게 신고할 의무가 발생하고, 신고를 하지 않을 경우 징계대상에 해당합니다. 반면, 담당공무원 C가 친구 B의 부정청탁에 따라 오수처리시설 설치신고를 수리해 준 경우 형사처벌 대상(2년 이하 징역 또는 2천만원 이하 벌금)이 됩니다.

5-1-2. '계약 관련 법령을 위반하여'의 의미

① 계약 당사자 선정 탈락과 관련한 부정청탁행위(제7호)의 경우 '계약 관련 법령을 위반하여'로 규정하여 법령의 분야를 한정하였습니다.

'계약 관련'이라는 수식어가 있는 이상 법령의 분야를 한정하여 해석할 필요가 있습니다.

② 국가계약법 등과 같이 계약만을 규율하기 위해 제정된 법령 외에 개별 법령에서 계약과 관련된 사항을 규정하고 있는 경우도 해당합니다. 나아가, 공무원의 경우 계약과 관련한 업무를 수행함에 있어 준수해야 하는 국가공무원법 등 일반법령 및 절차법도 포함합니다.

5-2. '정상적인 거래관행'의 의의 및 판단기준

① 다른 부정청탁행위와 달리 공공기관의 재화 용역 관련 부
   정청탁행위는 '정상적인 거래관행'을 판단 기준으로 제시
   하였습니다. 공공기관의 재화 용역의 거래와 관련하여 법
   령에서 구체적인 방법이 정해지지 않은 경우가 대부분이
   므로 이를 요건으로 규정하였습니다.
   '정상적인 거래관행'이란 부정청탁이 없었다면 이루어졌을
   통상적인 거래 조건을 의미합니다.

② 정상적인 거래관행을 벗어났는지 여부는 행위의 의도·목
   적, 재화 또는 용역의 특성, 당사자의 지위 및 관계, 다른
   사람이 받는 피해, 공공기관의 내부기준이나 사규 등을
   종합적으로 고려하여 판단합니다.

③ 특별한 사정없이 공공기관의 내부 기준, 사규 등을 위반
   하여 특정인에게 특혜를 부여하는 경우 등은 정상적인 거
   래관행에서 벗어난 행위에 해당합니다.

④ 판례는 행위의 의도와 목적, 효과와 영향, 거래의 상황,
   거래자의 지위의 정도 및 상대방이 받게 되는 불이익의
   내용과 정도 등을 고려하여 공정거래법상 정상적인 거래
   관행을 판단해야 한다고 판시하였습니다.

● 국립대학교병원에 입원순서를 변경하여 입원시켜준 경우에 담당과장은 어떤 처벌을 받게 됩니까?

문 A는 ○○국립대학교병원에 입원을 하기 위해 접수를 하려고 하였으나 접수순서가 너무 밀려 있어 자신의 친구이자 해당 병원 원무과장 C의 친구 B를 통해 먼저 입원을 할 수 있도록 부탁하였고, 원무과장 C는 접수 순서를 변경하여 대기자 A가 먼저 입원을 할 수 있도록 하였습니다. 이 경우 각각 어떤 처벌을 받게 됩니까?

답 국립대학교병원이 생산 관리하는 용역인 입원 관련 직무는 부정청탁금지법 제5조제1항제9호의 규정에 의해 부정청탁 대상 직무에 해당합니다.

국립대학교병원은 공직유관단체, 학교법인(학교) 소속기관으로 공공기관에 해당되는 경우가 있습니다.

공공기관의 내부 기준, 사규 등을 위반하여 특정인에게 특혜를 부여하는 행위는 정상적인 거래관행을 벗어난 부정청탁에 해당합니다.

정상적인 거래관행을 벗어났는지 여부는 행위의 의도·목적, 재화 또는 용역의 특성, 당사자의 지위 및 관계, 다른 사람이 받는 피해, 공공기관의 내부기준이나 사규 등을 종합적으로 고려하여 판단합니다.

질문의 경우 입원 순서는 특별한 사정이 없으면 접수 순서대로 하는 것이 정상적인 거래관행입니다. 따라서 대기자 A는 제3자인 친구 B를 통하여 부정청탁을 하였으므로 1천만원 이하의 과태료 부과 대상이 됩니다. 그리고 친구 B도 제3자인 대기자 A를 위하여 부정청탁을 하였으므로 2천만원 이하의 과태료 부과 대상이 됩니다.

원무과장 C는 B의 부정청탁에 따라 접수순서를 변경하여 해당 병원에 대기자 A가 우선하여 건강검진을 받을 수 있도록 하였으므로 형사처벌 대상(2년 이하의 징역 또는 2천만원 이하 벌금)입니다.

6.부정청탁 대상직무

6-1. 인·허가 등 처리 관련 부정청탁

인·허가 등 처리 관련 부정청탁이란 인가·허가 등 법령에서 일정한 요건을 정하여 놓고 직무관련자로부터 신청을 받아 처리하는 직무에 대해 법령을 위반하여 처리하도록 하는 행위를 부정청탁으로 봅니다. 인가·허가·면허·특허 등 법률상 열거된 행위 외에도 지정 등록 신고 등 열거된 직무에 준하는 직무도 포함합니다. 여기에 해당하는 대상직무의 유형 및 주요 사례를 살펴보겠습니다.

① 인가 : 당사자의 법률행위를 보충하여 그 법률적 효력을 완성시켜 주는 행정행위로서 도시개발법상 도시개발조합 설립인가, 고등교육법 사립대학 설립인가 등을 말합니다.

② 허가 : 법령에 의한 일반적 금지를 특정한 경우에 해제하여 개인의 자유를 적법하게 행사할 수 있도록 회복하여 주는 행위로서 건축법상 건축허가, 식품위생법상 단란주점 영업허가, 골재채취법상 골재채취허가, 도시공원 및 녹지 등에 관한 법률상 도시공원점용허가 등을 말합니다.

③ 면허 : 일반인에게 허용되지 않는 특수한 행위를 특정 사람에게만 허가하는 처분 내지 특정한 일을 할 수 있는 공식적인 자격을 행정기관이 허가하는 것으로 의료법상 의사·치과의사·한의사 등 면허, 공중위생관리법상 이·미용사 면허 등 개인의 자격을 부여하는 각종 면허, 여객자동차 운송사업면허, 공유수면매립면허 등 각종 사업면허 등을 말합니다.

④ 특허 : 특정인에 대하여 새로운 권리 능력 또는 포괄적인 법률관계를 설정하는 행정행위(실정법상 면허·허가 등)로서 특허기업의 특허, 공물사용권의 특허, 광업권·어업권, 약사법상 의약품에 관한 특허권, 관세법상 특허보세구역의 설치 운영에 관한 특허 등을 말합니다.

⑤ 승인 : 인가적 성질을 가지는 행위로 예컨대, 사립학교법에 의한 학교법인의 임원에 대한 감독청의 취임승인이 이에 해당하며, 건설·건축 부문에서의 개발관련 사업계획·실시계획 승인, 산업·경영 분야에서의 사업·공사계획 승인, 안전과 관련한 형식 승인 등이 이에 포함됩니다.

⑥ 검사 : 국민의 생명·신체의 보호, 시설물의 안전 확보를 위하여 법률에서 최소한의 기준을 정하고, 해당 시설물·기기 등이 그 기준에 적합한지를 검사하는 제도로서 품질·기기·시설물·수질 등 안전성 확보 검사, 개발사업 등에 따른 시설 준공후 검사 등을 말합니다.

⑦ 검정 : 교원자격 검정, 국가기술자격 검정, 체육지도자 자격검정 등과 같이 인적능력을 확인하는 경우를 위해 주로 규정하고 있습니다. 검정은 검사제도와 유사하고, 현행법상으로도 검사와 혼동되어 사용되는 경우가 많으며, 국어능력의 검정, 한국사능력의 검정, 교과서 검정, 자격 검정처럼 시설물이나 기기의 성능이 아닌 인적(人的)인 능력이나 인문학적인 사항을 확인하는 경우에는 검정이라고 표현하는 경우가 많습니다.

⑧ 시험 : 자재 등 물품 등의 적격시험, 농약 등 성분시험, 형식승인시험 기타 질병관리본부·국립환경과학원 등 각종

시험기관에 대한 시험의뢰 등을 의미합니다.
⑨ 인증 : 어떠한 문서나 행위가 정당한 절차로 이루어졌다
는 것을 공적기관이 증명하는 행위로서 인증은 크게 품
질·기술 등 인증, 기업·사업장 인증, 사업자 인증 등으로
나눌 수 있습니다.
⑩ 확인 : 특정 사실이나 법률관계의 존재여부에 관해 의문
이 있거나 다툼이 있는 경우, 공권적으로 판단하여 확정
하는 행위로서 당선인 결정, 교과서검인정, 소득금액의
결정무효등확인심판의 재결, 벤처기업 해당여부 확인 등
을 말합니다.

● **개발제한구역법령상 형질변경허가 요건을 갖추지 못한 토지를 담당공무원을 통하여 허가를 받을 수 있도록 청탁한 경우에 부정청탁금지법상 어떠한 제재를 받나요?**

問 개발제한구역 내에 토지를 소유하고 있는 A가 군청 담당 공무원 B에게 토지 형질변경허가 신청을 하였는데, 해당 토지가 개발제한구역법령상 형질변경허가 요건을 갖추지 못했다는 것을 알고 자신의 친구인 C에게 허가를 받을 수 있도록 도와 달라고 부탁하였습니다. 이에 토지소유자 A의 친구 D는 다시 자신의 친구인 □□군청 지방세 담당 공무원 E을 통하여 허가를 받을 수 있도록 청탁한 경우에 A,B,C,D는 부정청탁금지법상 어떠한 제재를 받나요?

答 개발제한구역법령상 토지형질변경허가 요건을 갖추지 못했음에도 법령을 위반하여 처리하도록 하는 행위는 부정청탁금지법 제5조제1항제1호에 규정된 부정청탁에 해당할 수 있습니다.
그러므로 A는 제3자(C)를 통하여 부정청탁을 하였으므로 1천만원 이하의 과태료 부과대상에 해당합니다(부정청탁금지법 제23조제3항). C는

제3자(A)를 위하여 부정청탁을 하였으므로 2천만원 이하의 과태료 부과대상에 해당합니다(제23조제 2항). E는 제3자(A)를 위하여 다른 공직자 등에게 부정청탁을 한 공직자 등에 해당하므로 3천만원 이하의 과태료 부과대상에 해당합니다(제23조제1항제1호).

B는 거절·신고의무 등을 이행할 경우에는 부정청탁금지법 제 7조제1항, 제2항에 해당하는 제재대상이 아니지만, 부정청탁에 따라 직무를 수행한 경우에는 형사처벌(2년 이하 징역 또는 2천만원 이하 벌금)대상이며, 징계대상에도 해당합니다(제23조).

부정청탁의 요건으로서 형질변경허가는 부정청탁금지법 제5조제1항제1호의 부정청탁 대상 직무에 해당하며, 개발제한구역법령상 토지형질변경 허가 요건을 갖추지 못했음에도 법령을 위반하여 처리하도록 하는 행위는 부정청탁에 해당할 수 있습니다. 여러 명이 순차적으로 특정 제3자를 위하여 부정청탁을 한 경우 모두 제3자를 위한 부정청탁자로서 과태료 부과대상입니다.

6-2. 행정처분 또는 형벌부과 감경·면제 관련 부정청탁

행정처분 또는 형벌부과 감경·면제 관련 부정청탁이란 인가 또는 허가의 취소·조세·부담금·과태료·과징금·이행강제금·범칙금·징계 등 각종 행정처분 또는 형벌부과에 관하여 법령을 위반하여 감경·면제하도록 하는 행위를 말합니다. 여기에 해당하는 대상직무의 유형 및 주요 사례를 살펴보겠습니다.

① 인가 또는 허가의 취소 : 부정청탁금지법 제5조제1항제1호의 인가 또는 허가를 취소하는 행위를 말합니다.

② 조세 : 국가나 지방자치단체가 재정수요의 충족이나 특수 정책의 실현을 위해 국민 주민에 대해 반대급부없이 강제로 징수하는 재화로서 국세는 소득세, 법인세, 부가가치

세, 특별소비세, 방위세, 관세 등을, 지방세는 취득세, 등록세, 면허세, 주민세, 재산세, 자동차세, 농지세, 담배판매세, 도시계획세 등을 말합니다.

③ 부담금 : 특정 공익사업과 이해관계 있는 자에게 그 사업비용의 전부나 일부를 충당하기 위해 부과되는 금전으로 특정 공익사업으로 이익을 받는 자가 부담하는 수익자부담금(하천법, 항만법), 특정 공익사업을 하도록 하는 원인을 제공한 자가 부담하는 원인자부담금(도로법, 하천법, 하수도법), 손괴자 부담금(도로법, 항만법) 등을 말합니다.

④ 과태료 : 행정상의 질서에 장애를 야기할 우려가 있는 의무위반에 대한 제재로 행정질서벌을 의미하며, 행정질서벌로서의 과태료(고압가스안전관리법상 과태료), 민사상 과태료는 징계벌로서의 과태료(변호사법) 등이 있습니다.

⑤ 과징금 : 행정법상 의무를 위반한 자에 대하여 해당 위반행위로 얻게 된 경제적 이익을 박탈하기 위해 부과되는 금전적 제재를 말합니다.

⑥ 이행강제금 : 대체적 비대체적 작위의무, 부작위의무, 수인의무의 불이행시 일정액수의 금전이 부과될 것임을 미리 계고함으로써 의무이행의 확보를 도모하는 강제수단으로 시설물 또는 건축물의 설치나 제거를 위한 강제금, 토지(시설) 이용 행위에 대한 강제금, 금융자산 처분에 대한 강제금 등이 있습니다.

⑦ 범칙금 : 일정한 위법행위의 범법자에게 납부하도록 하고 납부하면 처벌이 종료되는 특별한 과형절차(통고처분절차)로서 경범죄처벌법상 범칙금 제도, 도로교통법, 출입국

관리법상 범칙금 등이 있습니다.

⑧ 징계 : 민간 자격소지자에 대한 징계, 초·중고·대학 학생 및 보호소년에 대한 징계, 국가 위탁사무 기관의 직원에 대한 징계, 공공기관의 감독을 받는 일반 회사의 직원에 대한 징계 등을 말합니다.

● **의료법 위반으로 의사면허 자격정지처분을 받게 된 경우에 담당과장에게 처분을 감경해 달라며 부탁한 경우에 어떠한 제재를 받나요?**

㉮ ○○중앙부처 고위공무원 A는 자신의 친한 친구인 의사 B가 의료법 위반으로 의사면허 자격정지처분을 받게 될 것이라는 사실을 우연히 알게 되었습니다. 고위공무원 A는 □□중앙부처 의료자원정책과장 C에게 '감경 사유가 없지만 의사 B에 대한 처분을 감경해 달라'며 의사B 몰래 부탁한 경우에 A, B, C는 부정청탁금지법상 어떠한 제재를 받나요?

㉯ 의료법령상 감경 사유가 없음에도 불구하고 법령을 위반하여 감경 면제하도록 하는 행위는 부정청탁금지법 제5조제1항제2호에 규정된 부정청탁에 해당할 수 있습니다.

A는 제3자(B)를 위하여 부정청탁을 하였고, 높은 청렴성이 요구 되는 공직자 등에 해당하므로, 3천만원 이하 과태료 부과대상에 해당합니다(제23조제1항제1호).

B는 직접 또는 제3자를 통하여 부정청탁을 한 사실이 없으므로 제재대상이 아닙니다. 그러나 C는 거절·신고의무 등을 이행할 경우에는 부정청탁금지법 제7조제1항, 제2항에 규정된 제재대상이 아니지만, 부정청탁에 따라 처분을 감경해 준 경우에는 형사처벌(2년 이하 징역 또는 2천만원 이하 벌금)대상이며, 동법 제6조, 제22조제2항제1호에 의해 징계대상에도 해당합니다.

부정청탁의 요건으로서 처분 감경은 부정청탁금지법 제5조제1항제2호의 부정청탁 대상 직무에 해당하며, 의료법령상 감경사유가 없음에도 불구하고 법령을 위반하여 감경·면제하도록 하는 행위는 부정청탁에 해당할 수 있습니다.

6-3. 인사 개입 등 관련 부정청탁

인사 개입 등 관련 부정청탁이란 채용·승진·전보 등 공직자 등의 인사에 관하여 법령을 위반하여 개입하거나 영향을 미치도록 하는 행위를 말하며, 채용·승진·전보뿐만 아니라 징계·보직·임명·시험·전출·전입·평가 등 공직자 등의 인사와 관련된 모든 사항이 포함됩니다.

① 채용 : 공무원 등의 채용관련 응시자격, 채용절차, 후보자 추천, 채용권자 등을 규정하는 것을 의미합니다.

② 승진 : 승진임용 예정인원, 승진 자격, 근무평정, 특별승진 심사 절차 등을 규정하는 것을 의미합니다.

③ 전보 : 전보제한 사항, 전보절차, 배치기준, 인사교류, 파견, 겸직 제한 등을 규정하는 것을 의미합니다.

④ 징계 : 징계 사유, 절차, 직권 면직 요건, 징계권자, 소청 제도 등을 규정하는 것을 의미합니다.

⑤ 시험 : 임용과 승진 시험의 시험과목, 실시 방법, 시험 면제, 합격 결정 등을 규정하는 것을 의미합니다.

● 중앙부처 소속 국장이 지방자치단체에서 실시하는 채용시험에 아들의 면접시험 점수를 높여 달라고 청탁하여 합격한 경우에 부정청탁금지법상 어떠한 제재를 받나요?

문 중앙부처 소속 국장 A의 자녀 B가 □□지방자치단체에서 실시하는 변호사 자격소지자 제한경쟁 채용시험에 응시하였습니다. 국장 A는 자녀B 몰래 면접위원인 인사과장 C에게 면접시험 점수를 높게 주어 합격시켜 달라는 청탁을 하였고, 면접위원으로 참석한 인사과장 C는 면접시험 점수를 높게 주어 국장A의 자녀 B가 합격한 경우에 A,B,C 는 부정청탁금지법상 어떠한 제재를 받나요?

답 공직자 등이 인사에 개입하거나 영향을 미치도록 하는 행위는 부정청탁금지법 제5조제1항제3호에 규정된 부정청탁에 해당할 수 있습니다.
국장 A는 제3자(B)를 위하여 부정청탁을 하였고, 높은 청렴성이 요구되는 공직자 등에 해당하므로, 3천만원 이하 과태료 부과대상에 해당합니다(제5조제1항, 제23조제 1항제1호). 자녀 B는 직접 또는 제3자를 통하여 부정청탁을 한 사실이 없으므로 제재대상이 아닙니다.
인사과장 C는 국장 A의 부정청탁에 따라 면접 점수를 높게 주어 국장 A의 자녀 B를 채용하여 부정청탁에 따라 직무를 수행하였으므로 형사처벌(2년 이하 징역 또는 2천만원 이하 벌금)대상이며, 부정청탁금지법 제21조에 의해 징계대상에도 해당합니다.
부정청탁의 요건으로서 공직자 등의 인사에 개입하는 것은 부정청탁금지법 제5조제1항제3호의 부정청탁 대상 직무에 해당하며, 지방공무원법 등을 위반하여 공직자 등의 인사에 개입하거나 영향을 미치도록 하는 행위는 부정청탁에 해당할 수 있습니다. 부정청탁의 성립요건인 '법령을 위반하여'는 대상 직무와 직접 관련된 개별 법령 외에 국가공무원법, 지방공무원법, 형법 등의 일반 법령 위반도 포함합니다.

6-4. 공공기관의 의사결정 관여 직위 선정·탈락 관련 부정청탁

공공기관의 의사결정 관여 직위 선정·탈락 관련 부정청탁이란 법령을 위반하여 각종 심의·의결·조정 위원회의 위원, 공공기관이 주관하는 시험·선발 위원 등 공공기관의 의사결정에 관여하는 직위에 선정 또는 탈락되도록 하는 행위를 말합니다.

① 심의·의결·조정위원회는 심의·의결과 같은 의사결정에 관여하는 기능을 수행하는 위원회를 의미합니다.

중앙행정기관의 경우 정부위원회 및 중요정책 결정 등과 관련한 심의·의결 성격의 위원회를 두고 있는 경우가 많습니다.

지자체의 경우 법률에서 위임된 사무와 관련한 위원회, 공직유관단체의 경우에는 운영위원회(의결 등), 기금관리위원회, 위임·위탁기관의 경우 수탁사무에 대한 심의적 성격의 기구를 두고 있습니다.

각종 위원회를 정리하면 다음과 같습니다.

1) 중앙행정기관 : (대통령) 국가건축정책위원회, 국가우주위원회, 국가인적자원위원회, 지방자치발전위원회, 국가지식재산위원회, 통일준비위원회, 규제개혁위원회 등

(국무총리) 국제경기대회지원위원회, 6·25전쟁납북피해진상규명및납북피해자명예회복위원회, 장애인정책조정위원회, 녹색성장위원회 등

(중앙행정기관) 증권선물위원회, 방송통신심의위원회, 중앙건축위원회, 건강보험정책심의위원회, 문화재위원회, 국립공원

위원회, 무역조정지원위원회, 저작권 심의위원회 등

2) 지방자치단체 : 임대주택분쟁조정위원회, 시장정비사업심
   의위원회, 지방세심의위원회, 지역개발조정위원회, 학교폭
   력대책지역위원회, 지방건설기술심의위원회 등

3) 공직유관단체 : 가스안전기술심의위원회, 진료심사평가위원
   회, 국민연금 징수심사위원회, 석면피해판정위원회, 언론진
   흥기금 관리위원회, 중소기업진흥공단 운영위원회 등

4) 위임위탁기관 : 강기능식품 기능성 표시·광고 심의위원회,
   의약품광고심의위원회, 의료광고심의위원회 등

5) 조정 관련 위원회 : 언론중재위원회, 노동위원회, 환경분
   쟁조정위원회, 집합건물분쟁조정위원회, 콘텐츠분쟁조정위
   원회 등

② 방송법 상 시청자위원회의 경우 방송편성 및 프로그램 내
   용 등에 관해 의견제시 또는 시정요구 기능이 있습니다.

③ 학교 유치원운영위원회의 경우 학교헌장과 학칙의 제·개
   정, 학교의 예산안과 결산, 학교교육과정의 운영방법 등을
   심의하며, 학교발전기금의 조성·운용 및 사용에 관한 사항
   을 심의·의결하며, 학교 관련 위원회에는 조기진급·졸업·진
   학 평가위원회(초·중등교육법), 학교폭력대책자치위원회(학
   교폭력예방 및 대책에 관한 법률), 교원능력개발평가관리
   위원회(교원 등의 연수에 관한 규정), 학교교권보호위원회
   (교원예우에 관한 규정), 등록금심의위원회(고등교육법) 등
   이 있습니다.

④ 시험·선발 위원는 각종 국가자격시험 위원 또는 제5호의
   각종 공공기관의 수상·포상·우수기관·우수자 등의 선발위

원 선정 업무를 수행하며, 공무원 임용시험 위원, 개방형 직위 중앙선발위원회 위원, 국가기술자격시험위원, 공인회계사 변호사 행정사 등 시험위원, 시도장학생선발위원회 위원 등이 있습니다.

6-5. 수상·포상 등 선정·탈락 관련 부정청탁

수상·포상 등 선정·탈락 관련 부정청탁이란 공공기관이 주관하는 각종 수상·포상, 우수기관 선정 또는 우수자 선발에 관하여 법령을 위반하여 특정 개인·단체·법인이 선정 또는 탈락되도록 하는 행위를 말합니다.

수상·포상, 우수기관 선정뿐만 아니라 표창, 유공자 선정 등 각종 포상제도 및 선발제도가 모두 포함합니다.

① 포상 : 포상은 크게 산업분야, 체육·문화분야, 일반행정분야로 나눌 수 있는데, 각 부처별로 다양한 포상제도를 운영 중에 있으며, 지자체의 경우 주민 중 공로가 있는 시민에게 부여하는 상(시민상·군민상·구민상·의회상)이 많고, 농업·어업·축산 등 각 분야의 개인·단체 대상포상이 많으며, 교육 분야는 장학·선발이 많습니다.

② 선발 : 대부분이 장학관련 분야이고, 기업분야 우수자 선발·지원, 임업후계자 지원 등이 있습니다.

③ 수상 : 지자체 조례·규칙에서는 찾아볼 수 있으나, 법령에서 규정하고 있는 경우는 많지 않습니다. 전국과학전람규칙 (수상작품 시상), 올림픽기장령(올림픽기장 수여), 문화예술진흥법(대한민국 문화예술상 시상), 지역사회자력개발상규정(자력개발 의욕이 왕성하고 업적이 현저한 자 시

상), 국가유공자예우 및 지원에 관한 법률(보훈문화상 시상) 등이 있습니다.

④ 선정 : '선정'은 대부분 우수기업 등을 발굴·지원하는데 초점을 두고 운영하는 관계로 대부분 산업분야에 치중되어 있습니다.

6-6. 입찰·경매 등 직무상 비밀 누설 관련 부정청탁

① 입찰·경매 등 직무상 비밀 누설 관련 부정청탁이란 입찰·경매·개발·시험·특허·군사·과세 등에 관한 직무상 비밀을 법령을 위반하여 누설하도록 하는 행위를 말합니다.

비밀이란 일반적으로 알려져 있지 않는 것에 상당한 이익이 있는 사항으로서 실질적으로 비밀로서 보호할 가치가 있다고 인정되는 것을 의미합니다.

판례에서도 '형법 제127조의 직무상 비밀이란 반드시 법령에 의하여 비밀로 규정되었거나 비밀로 분류 명시된 사항에 한하지 아니하고 정치, 군사, 외교, 경제, 사회적 필요에 따라 비밀로 된 사항은 물론 정부나 공무소 또는 국민이 객관적, 일반적인 입장에서 외부에 알려지지 않는 것에 상당한 이익이 있는 사항도 포함하는 것이나, 동조에서 말하는 비밀이란 실질적으로 그것을 비밀로서 보호할 가치가 있다고 인정할 수 있는 것이어야 할 것이다(대법원 1996. 5. 10. 선고 95도780 판결)'.라고 판시하였습니다.

② 국가공무원법, 지방공무원법에서 공무원 등의 직무상 비밀 엄수의무를 부과하고 있습니다·

형법 제127조에서 공무원의 직무상 비밀누설죄를 규정하여 위반시 2년이하 징역, 금고 또는 5년 이하의 자격정지에 처합니다. 대법원에서도 '규격평가결과, 가격평가결과, 평가결과 종합 등과 평가위원회 위원의 성명 및 소속은 외부에 공개될 경우 입찰결과의 신뢰도와 공정성에 대한 불필요한 시비 발생, 입찰의 공정성 훼손 등의 우려가 있으므로 형법 제127조에서 규정하고 있는 직무상 비밀에 해당한다고 판단(대법원 2009. 6. 23. 선고 2009도544 판결)하였습니다.

③ 입찰 : 국가계약법과 지방계약법에서 입찰 관련 예정가격 누설 금지의무를 부과하고 있습니다.

④ 경매 : 국가기관이 법률에 의하여 하는 경매(공경매)와 사인들 사이에서 행해지는 경매(사경매)가 있습니다.
자산관리공사법 제25조제3항에서 한국자산관리공사 임직원과 경영관리위원회 위원의 직무상 비밀누설금지 의무를 부과하고 있습니다.

⑤ 개발 : 국토개발과 관련하여 비밀누설 금지의무를 부과하거나 각종 공사에 대해 '개발'의 경우 비밀누설 금지의무를 부과하고 있으며, 개발제한구역의 지정 및 관리에 관한 특별조치법상 금융정보 등의 제공, 관련 정보 누설 금지, 항만공사법상 비밀누설 금지 등이 이에 해당합니다.

⑥ 군사 : 군사와 관련된 각종 법령에서 군사상 비밀유지, 군사작전 보호 등의 기밀 유지의무를 부과하고 있으며, 국방·군사시설 사업에 관한 법률, 국방개혁에 관한 법률, 군사기지 및 군사 시설 보호법, 징발법 등에 이 규정이 있습니다.

⑦ 특허 : '특허'와 관련한 비밀유지 의무는 특허청의 실용신
안, 특허, 디자인보호, 발명진흥 등과 관련하여 비밀 유지
의무를 부과하고 있습니다.

⑧ 시험 : 각종 자격검정.국가기술자격 시험과 관련 비밀 유
지 의무를 부과하고 있으며, 한국산업인력공단법상 임직
원과 국가기술자격법에 따른 수탁기관의 임직원에 대한
비밀유지 의무 부과 등이 이에 해당합니다.

⑨ 과세 : 과세와 관련한 금융정보 보호 등 필요에 따라 비
밀누설금지 의무를 부과하고 있으며, 관세법, 국세기본법
등에서 비밀유지 의무 규정이 있습니다.

● **특허심사 업무를 담당하는 사무관에게 특허정보를 얻어 줄 것을 부탁한
경우에 부정청탁금지법상 어떠한 제재를 받나요?**

문 섬유 관련 개인사업을 하는 A는 경쟁업체에서 신소재 섬유 관련 특
허출원을 하였다는 소식을 듣고 해당 특허출원 사건에 대한 특허심
사 업무를 담당하는 부처 사무관 B의 친구인 변리사 C에게 관련 특
허정보를 얻어 줄 것을 부탁하였고, 변리사 C는 사무관 B에게 이를
부탁하였으나 사무관 B가 이를 거절한 경우에 A, B, C는 부정청탁
금지법상 어떠한 제재를 받나요?

답 특허법 등을 위반하여 특허출원 중인 발명에 관하여 직무상 알게 된 비
밀을 누설하도록 하는 행위는 부정청탁금지법상 부정청탁에 해당할 수
있습니다(제5조제1항제6호)

사무관 B는 변리사 C의 부정청탁을 받고 거절하는 의사를 명확히 표시
하였으므로, 징계 및 벌칙 대상에서 제외됩니다(제7조제1항).

A 는 제3자(변리사 C)를 통하여 부정청탁을 하였으므로 1천만원 이하
의 과태료 부과대상에 해당합니다(제5조제1항, 제23조제3항). 변리사

C는 제3자(A)를 위하여 부정청탁을 하였으므로 2천만원 이하의 과태료 부과대상에 해당합니다(제5조제1항, 제23조제3항).

부정청탁의 요건으로서 특허 등에 관한 비밀을 누설하도록 하는 것은 부정청탁금지법 제5조제1항제6호의 부정청탁 대상 직무에 해당하며, 특허법 등을 위반하여 특허출원 중인 발명에 관하여 직무상 알게 된 비밀을 누설하도록 하는 행위는 부정청탁에 해당할 수 있습니다.

6-7. 계약 당사자 선정·탈락 관련 부정청탁

① 계약 당사자 선정·탈락 관련 부정청탁이란 계약 관련 법령을 위반하여 특정 개인·단체·법인이 계약의 당사자로 선정 또는 탈락되도록 하는 행위를 말합니다. 다른 부정청탁행위 유형과 달리 '계약 관련 법령'으로 규정하여 법령의 분야를 한정하고 있습니다.

② 국가계약법, 지방계약법과 같은 계약에 관한 일반법뿐만 아니라 개별 법령에서 계약과 관련한 사항을 규정하고 있는 경우도 포함합니다. 방위사업법상 연구개발기관 선정 및 방산업체 지정에 관한 계약 및 계약의 특례에 관한 규정, 학교급식법시행령상 학교급식 업무 위탁계약방법규정, 자연재해 대책법상 재해복구 관련 업무 위탁계약방법규정 등이 이에 해당합니다.

● 공사를 분할하여 소액으로 쪼개는 방법으로 수의계약이 가능하도록 해서 건설사업자를 공사 계약당사자로 선정한 경우에 부정청탁금지법상 어떠한 제재를 받나요?

문 건설사업을 하고 있는 A는 □□국립대학교에서 시설 방수공사(공사금액 5천만원)가 확정된 사실을 알고, 해당 대학교 교수로 재직하고 있는 자신의 친구 B을 통해 계약 담당 직원 C에게 공사를 분할하여 공사금액을 2천만원 이하의 소액으로 쪼개는 방법으로 수의계약이 가능하도록 해서 건설사업자 A를 공사 계약 당사자로 선정해 줄 것을 청탁하여 건설사업자 A가 공사 계약 당사자로 선정된 경우에 A, B, C는 부정청탁금지법상 어떠한 제재를 받나요?

답 국가계약법령 등을 위반하여 공사 및 금액을 분할하여 특정인을 수의계약의 당사자로 선정하는 행위는 부정청탁금지법상 부정청탁에 해당할 수 있습니다(제5조 제1항제7호).

건설업자 A는 제3자(B)를 통하여 부정청탁을 하였으므로 1천만원 이하의 과태료 부과대상에 해당합니다(제5조제1항, 제23조제3항).

친구인 B는 제3자(A)를 위하여 부정청탁을 한 공직자 등에 해당하여 3천만원 이하의 과태료 부과대상에 해당합니다(제5조제1항, 제23조제1항제1호).

계약 담당 직원인 C는 친구 B의 부정청탁에 따라 건설사업자 A를 공사 계약 당사자로 선정하였으므로, 형사처벌(2년 이하 징역 또는 2천만원 이하 벌금)대상이며(동법 제6조, 제22조제 2항제1호), 징계대상에도 해당합니다(제21조).

부정청탁의 요건으로서 계약 당사자 선정 등은 부정청탁금지법 제5조제1항제7호의 부정청탁 대상 직무에 해당하며, 국가 계약법령 등을 위반하여 공사 및 금액을 분할하여 특정인을 수의계약의 당사자로 선정하는 행위는 부정청탁에 해당할 수 있습니다.

6-8. 보조금·장려금 등 배정·지원 개입 등 관련 부정청탁

보조금·장려금 등 배정·지원 개입 등 관련 부정청탁이란 보조금·장려금·출연금·출자금·교부금·기금 등의 업무에 관하여 법령을 위반하여 특정 개인·단체·법인에 배정·지원하거나 투자·예치·대여·출연·출자하도록 개입하거나, 영향을 미치도록 하는 행위를 말합니다.

① 보조금 : 국고보조금은 보조금의 관리에 관한 법률에, 지방보조금은 지방재정법에 근거를 두고 있습니다. 민간이전(보조금)의 종류는 민간경상보조, 사회단체보조, 민간자본보조, 사회복지보조 등이 있습니다.

② 장려금 : 취업·고용 장려금, 연구·개발 장려금, 정책적 장려를 위한 장려금으로 나눌 수 있습니다. 고용보험법상 재취업촉진 활동장려금, 과학기술인공제회법상 과학기술발전장려금, 군인사법상 우수인력확보를 위한 장려금이 이에 해당합니다. 지자체의 경우에는 화장 장려금, 장례식장 운영장려금, 취업장려금, 출산장려금 등이 있습니다.

③ 출연·출자금 : 국가재정법, 지방재정법, 공공기관의 운영에 관한 법률 및 지방자치단체 출자·출연기관의 운영에 관한 법률 등에 근거를 두고 있습니다. 한국국제교류재단법, 산업기술단지 지원에 관한 특례법, 한국농어촌공사 및 농지관리기금법 등이 이에 해당합니다.

④ 교부금 : 지방교부세는 국가가 지방교부세법에 따라 지방자치단체의 행정 운영에 필요한 재정지원을 위하여 지급하는 교부금을 말합니다. 지방교부세에는 보통교부세와 특별교부세, 부동산교부세, 소방안전교부세가 있습니다. 보통교

부세는 매년 기준 재정 수입이 기준 재정수요에 미달하는 지방자치 단체에 그 미달액을 기초로 교부합니다.

지방교육재정교부금은 초.중등 교육의 재정지원을 위해 지방교육재정교부금법의 규정에 의하여 지급하는 교부금을 말합니다. 그 외 특정한 행정목적을 위해 지급하는 것으로 국세기본법에 따른 납세지도 담당 단체에 교부금 지급 등이 있습니다.

⑤ 기금 : 기금은 특정목적 및 시책추진을 위해 특정자금을 운용할 필요가 있는 경우에 설치합니다.

● **보조금 지급대상이 아님에도 보조금을 받게 해 달라고 청탁하여, 보조금을 지급받은 경우에 어떠한 제재를 받나요?**

문 어린이집을 운영하고 있는 A가 □□지방자치단체 지방의회 의원 B를 통해 해당 지방자치단체 보조금 업무 담당자 C에게 보조금 지급 대상이 아님에도 보조금을 받게 해 달라고 청탁하여, 보조금을 지급받은 경우에 A,B,C는 부정청탁금지법상 어떠한 제재를 받나요?

답 보조금법령 등을 위반하여 보조금 지급 대상이 아님에도 보조금 지급을 받게 해 달라는 청탁은 부정청탁금지법상 부정청탁에 해당할 수 있습니다(제6조제1항제8호).

A는 제3자(B)를 통하여 부정청탁을 하였으므로 1천만원 이하의 과태료 부과대상에 해당합니다(제23조제3항).

지방의회 의원 B는 제3자(A)를 위하여 부정청탁을 하였고, 높은 청렴성이 요구되는 공직자 등에 해당하므로, 3천만원 이하의 과태료 부과대상에 해당합니다(제5조제1항, 제23조제 1항제1호).

지방자치단체 보조금 업무 담당자 C는 B의 부정청탁에 따라 지급 대상자가 아닌 A에게 보조금을 지급하였으므로, 형사처벌(2년 이하 징역 또는 2천만원 이하 벌금)대상이며, 부정청탁금지법 제21조에 의해 징계대상에도 해당합니다.

부정청탁의 요건으로서 보조금 지원 등은 부정청탁금지법 제5조제1항제8호의 부정청탁 대상 직무에 해당하며, 보조금 법령 등을 위반하여 보조금 지급 대상이 아님에도 보조금 지급을 받게 해 달라는 청탁은 부정청탁에 해당할 수 있습니다.

지방의회 의원 B는 선출직 공직자에 해당하나, 특정 개인의 특혜를 목적으로 하고 있어 공익적 목적의 고충민원 전달행위로 보기 어렸습니다(제5조제2항 제3호에 해당하지 않음).

또한, B가 전달한 사항이 '국민의 권리를 침해하거나 국민에게 불편 또는 부담을 주는 사항에 관한 고충민원'으로 보기도 어렸습니다.

6-9. 공공기관의 재화·용역·매각·교환 등 관련 부정청탁

공공기관의 재화·용역·매각·교환 등 관련 부정청탁이란 공공기관이 생산·공급·관리하는 재화 및 용역을 특정 개인·단체·법인에게 법령에서 정하는 가격 또는 정상적인 거래관행에서 벗어나 매각·교환·사용·수익·점유하도록 하는 행위를 말합니다. 다른 부정청탁행위와 달리 공공기관의 재화 용역 관련 부정청탁행위는 '정상적인 거래관행'을 판단 기준으로 제시합니다. 특별한 사정없이 공공기관의 내부 기준, 사규 등을 위반하여 특정인에게 특혜를 부여하는 경우 등은 정상적인 거래 관행에서 벗어난 행위에 해당합니다.

① 매각 : 정부재산 매각과 관련한 내용이 가장 많고, 간척지·공적자금 등 정부사업 과정에서 발생된 재산 매각, 기타 장기 보관 물품에 대한 매각 등이 있습니다. 국유재산법상 국유 일반재산의 매각, 국민연금법상 체납처분에 따른 재산 매각, 공익신탁법상 장기간 보관 공탁물품 매각 등이 이에 해당합니다.

② 교환 : 행정목적 수행을 위한 범위 내에서 일반재산인 토지, 건물 기타 토지의 정착물 교환에 관한 사항을 규정합니다. 국유재산법상 토지·건물 등의 정착물, 동산 교환, 공익신탁법상 신탁재산의 교환, 소하천정비법상 폐천부지 등의 교환 등이 이에 해당합니다.

③ 사용 : 국·공유재산 사용, 행정목적 실현을 위한 토지 등의 수용 및 사용, 기타 주파수 공동사용 등을 말합니다.

④ 수익 : 법률로 설립한 공제회·재단·연구원·단체·시설 등의 수익사업, 선수권대회나 국제대회 등과 관련한 휘장 등

수익사업, 국·공유재산 사용·수익 등을 말합니다.

⑤ 점유 : 무단점유 금지, 무단점유시 무단점용료·변상금 부과 등을 말합니다.

● **국립대학교병원에서 입원순서를 변경해 부탁하였고 원무과장은 접수 순서를 변경하여, 먼저 입원을 할 수 있도록 한 경우에 부정청탁금지법상 어떠한 제재를 받나요?**

문 A는 ○○국립대학교병원에서 입원을 하기 위해 신청 접수를 하려고 하였으나, 접수순서가 너무 밀려 있어 자신의 친구이자 해당 병원 원무과장 B의 친구 C를 통해 먼저 입원을 할 수 있도록 부탁하였고, 원무과장 B는 접수 순서를 변경하여, 대기자 A가 먼저 입원을 할 수 있도록 한 경우에 A, B, C는 부정청탁금지법상 어떠한 제재를 받나요?

답 입원순서를 접수 순서대로 하지 않고 특정인에게 특혜를 부여하여 먼저 입원시키는 행위는 정상적인 거래관행을 벗어난 부정청탁금지법상 부정청탁에 해당할 수 있습니다(제5조제1항제9호)

A는 제3자(C)를 통하여 부정청탁을 하였으므로 1천만원 이하의 과태료 부과대상에 해당합니다(제5조제1항, 제23조제 3항). 친구 C는 제3자(A)를 위하여 부정청탁을 하였으므로 2천만원 이하의 과태료 부과대상에 해당합니다.

원무과장 B는 C의 부정청탁에 따라 접수 순서를 변경하여 해당 병원에 대기자A가 우선하여 입원을 할 수 있도록 하였으므로 형사처벌(2년 이하 징역 또는 2천만원 이하 벌금)대상이며, 부정청탁금지법 제21조에 의해 징계대상에도 해당합니다.

부정청탁의 요건으로서 국립대학교 병원은 학교법인(학교) 소속기관으로 부정청탁금지법상 공공기관에 해당하며, 입원 순서를 접수 순서대로 하지 않고, 특정인에게 특혜를 부여하여 먼저 입원시키는 행위는 정상적인 거래관행을 벗어난 부정청탁에 해당할 수 있습니다(제5조제1항제9호).

6-10. 학교의 입학·성적 등 처리 관련 부정청탁

학교의 입학·성적 등 처리 관련 부정청탁이란 각급 학교의 입학·성적·수행평가 등의 업무에 관하여 법령을 위반하여 처리·조작하도록 하는 행위를 말합니다. 각급 학교는 초·중등교육법, 고등교육법, 유아교육법 및 그 밖의 사립학교법 등 다른 법령에 따라 설치된 각급 학교를 의미합니다.

① 입학 : 법령에 정한 입학자격, 입학정원, 일반전형 및 특별전형 등 학생선발 방법 등에 관한 업무뿐만 아니라 편입학, 전입학, 재입학 및 소외·취약계층 입학 우대 등의 업무도 포함합니다. 입학자격이 없는 자를 입학시키거나 학생선발에 있어서 법령을 위반하여 입학·편입학·전입학 시키거나 선발, 선정하도록 하는 행위를 의미합니다.

② 성적·수행평가 : 성적·수행평가 조작, 진급·수료·졸업 등 기준 미달자에 대해 법령을 위반하여 처리하도록 하는 행위를 말합니다. 교육공무원법, 사립학교법 등에 채용 제한사항으로 시험문제 유출 및 성적조작 등 학생성적 관련 비위행위 규정이 존재합니다. 한편, 학교 성적을 조작해 달라는 청탁은 형법 제314조제1항의 업무방해죄에 해당될 수 있습니다.

법원에서 고등학교 교사로 재직 중인 아버지가 성적처리 업무를 담당하는 다른 교사에게 부탁하여 딸의 시험성적을 조작한 사례에서, 형법상 교장의 내신성적 평가업무를 방해한 업무방해죄로 판시(울산지방법원 2014. 6. 13. 선고 2014고단899 판결)한 사례가 있습니다.

● 동료 교사에게 아들의 점수를 올려 줄 것을 부탁하여 성적을 올려 준 경우에 부정청탁금지법상 어떠한 제재를 받나요?

문 □□고등학교 3학년에 재학 중인 B는 2학기 기말고사 수학시험에서 70점을 받았고, 해당 학교 국어교사였던 B의 아버지 A는 자녀 B가 모르게 수학점수를 조금만 올리면 내신등급이 올라갈 것을 알고, 동료 수학교사 C에게 수학점수를 올려 줄 것을 부탁함에 따라 성적을 올려 준 경우에 A, B, C는 부정청탁금지법상 어떠한 제재를 받나요?

답 학교 성적을 올려 달라는 청탁은 형법 제314조제1항(업무방해)을 위반하게 하는 행위로서 부정청탁금지법상 부정청탁에 해당할 수 있습니다(제5조제1항제10호).

A는 제3자(B)를 위하여 부정청탁을 하였고, 공직자 등에 해당하여 제재가 가중되므로, 3천만원 이하의 과태료 부과대상에 해당합니다(제5조제1항,제23조제1항제1호). 자녀 B는 직접 또는 제3자를 통하여 부정청탁을 한 사실이 없으므로 제재대상이 아닙니다. 수학교사 C는 A의 부정청탁에 따라 자녀 B의 성적을 올려주었으므로 형사처벌(2년 이하 징역 또는 2천만원 이하 벌금)대상이며, 부정청탁금지법 제21조에 의해 징계대상에도 해당합니다.

부정청탁의 요건으로서 각급 학교의 성적 처리 등은 부정청탁금지법 제5조제1항제10호의 부정청탁 대상 직무에 해당하며, 학교 성적을 올려 달라는 청탁은 형법 제314조제1항(업무방해)을 위반하게 하는 행위로서 부정청탁에 해당할 수 있습니다. 부정청탁의 성립요건인 '법령을 위반하여'는 대상직무와 직접 관련된 개별 법령 외에 형법 등의 일반 법령위반도 포함하며, 성적을 올려 달라는 청탁은 타인으로 하여금 형법상 업무방해죄를 범하게 하는 경우에 해당하므로 사회상규에 위배되지 않는 행위로 보기 어렵습니다.

6-11. 징병검사·부대배속 등 처리 관련 부정청탁

징병검사·부대배속 등 처리 관련 부정청탁이란 징병검사, 부대 배속, 보직 부여 등 병역 관련 업무에 관하여 법령을 위반하여 처리하도록 하는 행위를 말합니다.

① 병역판정검사 : 병역법, 동법 시행령 및 시행규칙에 따른 징병검사의 판정기준, 병역면제, 징병검사·입영기일 연기 등을 말합니다.

② 부대배속 : 병역법, 동법 시행령 및 시행규칙에 따른 현역병 입영, 상근 예비역, 승선근무예비역, 국제협력봉사요원, 예술·체육요원, 공중보건의사, 산업기능요원 편입 등을 말합니다.

③ 보직부여 : 군인사법에 따른 장교의 보직 및 해임, 병역법상 병력동원 소집의 후순위 조정 등을 말합니다.

● 아버지는 자신의 아들이 보충역 판정을 받을 수 있도록 군의관에게 청탁한 경우에 부정청탁금지법상 어떠한 제재를 받나요?

문 아버지 A는 자신의 아들 B가 병역 판정검사에서 4급 보충역을 받고, 서울 관내에서 사회복무요원으로 복무할 수 있도록 하기 위해, 평소 잘 알고 지내던 병무청 홍보담당 간부 C를 통하여 병역 판정검사장의 군의관 D에게 아들 B가 병역 판정검사에서 4급 보충역 판정을 받을 수 있도록 아들 B가 모르게 청탁한 경우 A, B, C, D는 부정청탁금지법상 어떠한 제재를 받나요?

답 병역법령상 신체등위 판정기준을 위반하여 보충역으로 신체등위를 받을 수 있도록 청탁한 행위는 부정청탁금지법상 부정청탁에 해당할 수 있습니다(제5조제1항제11호).

아버지 A는 제3자(B)를 위하여 부정청탁을 하였으므로, 2천만원 이하의 과태료 부과대상에 해당합니다(제23조제2항). 자녀 B는 직접 또는 제3자를 통하여 부정청탁을 한 사실이 없으므로 제재대상이 아닙니다.

병무청 홍보담당 간부 C는 제3자(A)를 위하여 부정청탁을 한 공직자 등에 해당하여 3천만원이하의 과태료 부과대상에 해당합니다(제23조제1항제1호).

군의관 D는 거절·신고의무 등을 이행할 경우에는 부정청탁금지법상 제재대상이 아니지만, 부정청탁에 따라 4급 보충역 판정을 해 준 경우에는 형사처벌(2년 이하 징역 또는 2천만원 이하 벌금)대상이며, 부정청탁금지법 제21조에 의해 징계대상에도 해당합니다.

부정청탁의 요건으로서 징병검사 등 병역 관련 업무 등은 부정청탁금지법 제5조제1항제11호의 부정청탁 대상 직무에 해당하며, 병역법령상 신체등위 판정기준을 위반하여 보충역으로 신체등위를 받을 수 있도록 청탁한 행위는 부정청탁에 해당할 수 있습니다.

6-12. 각종 평가·판정 결과 조작 등 관련 부정청탁

각종 평가·판정 결과 조작 등 관련 부정청탁이란 공공기관이 실시하는 각종 평가·판정 업무에 관하여 법령을 위반하여 평가 또는 판정하게 하거나 결과를 조작하도록 하는 행위를 말합니다.

① 평가 : 민간부문을 대상으로 한 평가, 공공기관 대상 평가, 자산가치 평가 등을 말합니다. 민간부문 대상 평가는 평가를 통해 시장질서 형성, 민간 영역에 대한 국가 지원, 배상·보상 관련 평가, 등급 부여 평가 등이 있습니다. 공공부문 대상 평가는 국가가 지원하는 사업 등의 효과성 검증, 지원 수준 결정 등을 목적으로 행해지는 경우가 다수입니다.

고등교육법상 전문대학원 평가, 산재보험보상법상 산재보험 의료기관 평가, 과학기술기본법상 국가연구개발사업에 대한 평가, 개발이익 환수에 관한 법률상 지가 산정평가 등이 이에 해당합니다.

② 판정 : 등급기준의 충족여부에 대한 판정, 각종 시험·검사의 합격여부 판정, 기타 행정적 차원의 업무 수행을 위한 판정으로 나뉩니다. 노인장기요양보험법상 장기요양등급 판정, 자동차관리법상 자동차 검사결과 적합여부 판정, 도로법상 매수대상토지의 판정, 감사원법상 변상책임의 판정 등이 이에 해당합니다.

6-13. 행정지도·단속·감사 결과 조작·묵인 관련 부정청탁

행정지도·단속·감사 결과 조작·묵인 관련 부정청탁이란 법령을 위반하여 행정지도·단속·감사·조사 대상에서 특정 개인·단체·법인이 선정·배제되도록 하거나, 행정지도·단속·감사·조사의 결과를 조작하거나 또는 그 위법사항을 묵인하게 하는 행위를 말합니다.

① 행정지도 : 행정기관이 그 소관사무의 범위 안에서 일정한 행정목적을 실현하기 위하여 특정인에게 일정한 행위를 하거나 하지 아니하도록 지도·권고·조언 등을 하는 행정작용(행정절차법 제2조제3호)을 말합니다.
건축법상 위법건축물 관리실태 등 지도·점검, 먹는물관리법 상 먹는물 수질관리 지도, 식품위생법상 식품위생 취급기준 이행 및 조리사·영양사 준수사항 이행지도 등이 이에 해당합니다.

② 단속 : 풍속영업, 식품·위생, 환경, 도로교통 분야에서의 단속 등을 말하며, 도로교통법에 따른 교통단속, 건축법상 건축중인 건축물의 위법시공 단속, 무허가·미신고 건축물 단속, 게임산업진흥에 관한 법률상 등급미분류 게임물·등급거부 게임물 등의 수거·폐기·삭제 등이 이에 해당합니다.

③ 조사 : 법령 준수 또는 위반행위의 확인, 정책결정이나 직무수행에 필요한 정보나 자료의 수집, 법령상 의무이행의 확보를 위한 조사 등을 말하며, 행정조사기본법에 따른 행정조사, 국세기본법상 세무조사, 성매매방지 및 피해자 보호 등에 관한 법률상 성매매 실태조사 등이 이에 해당합니다.

④ 감사 : 국회·감사원·행정기관 등의 감사 등을 의미하며,

감사원법상 회계검사 및 직무감찰, 국정감사 및 조사에
관한 법률상 감사, 그 외 행정기관 자체 감사 등이 이에
해당합니다.

● **파출소 순경이 관할 지역 내 음주운전 단속을 하던 중 운전자가 적발
사실을 제발 눈감아 달라고 부탁하여, 이를 묵인한 경우에 부정청탁금
지법상 어떠한 제재를 받나요?**

문 □□파출소 순경 A는 관할 지역 내 음주운전 단속을 하다가, 운전
중이던 B에 대해 호흡기 측정을 하자 운전면허 정지 수치인 0.08%
로 측정되었는데, 최근 10년 내 2회의 음주운전 전력이 있는 B는
운전면허가 정지·취소되면 가족의 생계를 유지할 수 없으니, 적발
사실을 제발 눈감아 달라고 부탁했고, A는 이를 묵인한 경우에 A와
B는 부정청탁금지법상 어떠한 제재를 받나요?

답 도로교통법령을 위반하여 음주운전 단속 결과에 따른 적발 사실을 묵인
해 달라는 청탁은 부정청탁금지법상 부정청탁에 해당할 수 있습니다(제
5조제1항제13호).

운전자 B는 운전면허 관련 행정처분의 이해당사자로서 위법사항을 묵인
하게 하는 행위로 인한 법적 효과가 B에게 직접 귀속되므로 직접 자신
을 위하여 부정청탁에 해당하여 제재 대상에서 제외됩니다. 순경 A는 B
의 부정청탁에 따라 적발 사실을 묵인해 주었으므로, 형사처벌(2년 이
하의 징역 또는 2천만원 이하의 벌금)대상이며, 부정청탁금지법 제21조
에 의해 징계대상에도 해당합니다.

부정청탁의 요건으로서 단속 결과 묵인 등은 부정청탁금지법제5조제1항
제13호의 부정청탁 대상 직무에 해당하며, 도로교통법령을 위반하여 음
주운전 단속 결과에 따른 적발 사실을 묵인해 달라는 청탁은 부정청탁
에 해당할 수 있습니다.

6-14. 수사·재판·심판 등 처리 관련 부정청탁

수사·재판·심판 등 처리 관련 부정청탁이란 사건의 수사·재판·심판·결정·조정·중재·화해 또는 이에 준하는 업무를 법령을 위반하여 처리하도록 하는 행위를 말합니다.

① 수사 : 기관의 수사 개시부터 수사 종료에 해당하는 종결 처분까지의 모든 과정에서의 처분들을 포함합니다. 수사 과정에서의 각종 강제처분(체포·구속·압수·수색·검증 등) 뿐만 아니라 공소제기 또는 불기소처분 등 수사종결처분 의 경우도 포함합니다.

② 재판 : 각급 법원(대법원, 고등법원, 지방법원, 특허법원, 가정법원, 행정법원)의 재판, 군사법원의 재판 및 국민참 여재판을 포함합니다. 재판을 담당하는 대법관, 판사, 군 판사뿐만 아니라 재판에 관련된 업무를 수행하는 재판연 구관, 법원직원, 배심원의 직무를 포함합니다.

③ 심판 : '심판'은 행정심판과 특별행정심판으로 구분, 특별 행정심판에는 조세 심판·특허심판·소청제도 등을 말합니다.

④ 결정 : 수사 재판 심판 등과 관련되거나 이와 유사한 준 사법적인 각종 결정을 의미하며, 민사집행법에 의한 경매 개시결정, 형의 집행 및 수용자의 처우에 관한 법률에 의 한 가석방 적격결정 등이 이에 해당합니다.

⑤ 조정·중재 : 분쟁 당사자 사이에 제3자가 중개하여 화해에 이르도록 함으로써 분쟁의 해결을 도모하는 제도를 말하 며, 민사조정법에 의한 민사조정, 건설산업기본법에 의한 건설분쟁조정위원회의 조정, 언론중재법에 의한 언론중재 위원회의 조정 중재, 범죄피해자보호법에 의한 형사조정

등이 이에 해당합니다.

⑥ 화해 : 소송에 갈음하는 분쟁해결제도로 당사자가 서로 양
보하여 당사자 간의 분쟁을 종지할 것을 약정함으로 성립
되는 계약을 말하며, 민사소송법상 제소전 화해, 중재법상
중재절차 진행 중 당사자의 화해, 공익신고자 보호법상 공
익신고 보호조치 관련 화해 등이 이에 해당합니다.

7. 부정청탁의 예외사유

7-1. 개요

① 부정청탁금지법 제5조제1항은 14가지 대상 직무와 관련하여 법령을 위반하여 처리하도록 하는 등의 금지되는 부정청탁행위를 구체적으로 열거하였으며, 제2항에서는 부정청탁금지법이 적용되지 아니하는 7가지 경우를 열거하였습니다. 그러므로 제2항 각호의 요건을 구비하는 경우 최종적으로 금지되는 부정청탁행위에 해당하지 않습니다.

② 부정청탁금지법 제5조제1항(금지규정)과 제2항(법 적용제외 규정)의 관계가 문제되는데, 이는 예외사유의 범위를 어떻게 해석하는지 문제와 관련됩니다. '제1항에도 불구하고'라는 문언상 제2항은 제1항과의 연관성을 부정할 수 없으므로, 예외사유의 범위를 합리적으로 해석할 필요가 있습니다.

7-2. 법령·기준에서 정한 절차·방법에 따라 요구하는 행위

① 법령·기준에서 정한 절차·방법에 따라 요구하는 행위란 이미 제도화되어 있고 국민과 공공기관이 법령·기준에서 정한 절차에 따라 의사소통을 하는 대표적인 방법을 명문화한 것입니다.

② 공공기관은 내부 기준으로 공직자 등과 민원인의 의사소통 채널 또는 시스템 구축이 가능합니다. 공직자 등이 민원인과의 상담을 기피하는 등 공공기관과의 의사소통이 위축될 우려에 대비한 것입니다. 지정된 민원실 등 투명한

물리적 장소의 제공과 면담일시와 면담내용 등의 기록·관리를 통한 투명한 면담 시스템 구축이 필요합니다.

③ 제1호의 예외사유가 형식적 요건(법령·기준에서 정한 절차 방법) 외에 실질적 요건(적법한 내용)도 구비할 것을 요구하는지 문제됩니다. 즉, 형식적 요건(법령 기준에서 정한 절차 방법)을 구비한 경우 제1항 각호에서 금지하고 있는 부정청탁도 할 수 있는지의 문제입니다.

법령 기준에서 정한 절차 방법(형식적 요건)에 따르는 경우 명문으로 규정한 '권리침해의 구제·해결, 그와 관련된 법령·기준의 제정·개정·폐지' 외에 제1항에서 금지하고 있는 부정청탁도 요구할 수 있는지가 문제됩니다.

④ 형식적 요건을 구비한 경우 요구 내용이 부정청탁을 포함하여 적법하지 않더라도 예외사유에 해당합니다.

권리침해의 구제·해결 요구, 법령·기준의 제정·개정·폐지를 제안 건의하는 '등'으로 규정하여 내용을 한정하고 있지 않습니다. 형식적 요건 외에 실질적 요건까지 요구하면 제1항의 예외사유로서의 기능이 약화되고 공공기관과의 의사소통이 위축될 우려가 있습니다.

⑤ 기존 법령이 충분한 권익보호를 하지 못한다고 느끼는 민원인의 입장에서는 법령을 위반하는 내용을 요구할 기회를 부여할 필요가 있으나, 다만, 법령을 위반한 내용을 법령·기준에서 정한 절차·방법에 따라 요구한 후 이와 별도로 법령·기준에서 정한 절차·방법에 따르지 않고 당초 요구 내용을 다시 요구하는 경우 부정청탁에 해당합니다.

● 일반국민이 국회의원에게 입법을 제안·건의하는 행위는 부정청탁금지법상 부정청탁에 해당하나요?

문 일반국민 A가 국회의원 B에 대해 입법(법률 제정·개정)을 제안·건의하는 행위는 부정청탁금지법상 부정청탁에 해당하나요?

답 일반국민 A가 국회의원 B에 대해 법률의 제정·개정을 제안·건의하는 행위는 부정청탁금지법 제5조제1항 제1호부터 제14호까지 열거된 부정청탁의 대상 직무로 보기 어려워 부정청탁에 해당하지 않습니다.
한편 일반국민 A가 국회의원 B에 대해 법률의 제정·개정을 제안·건의하는 행위가 청원법, 민원사무 처리에 관한 법률, 행정절차법, 국회법 및 그 밖의 다른 법령·기준에서 정하는 절차 방법에 따라 권리침해의 구제·해결과 관련된 법령 기준의 제정·개정·폐지를 제안 건의하는 등, 특정한 행위를 요구하는 행위라면 부정청탁으로 보지 않습니다(제5조제2항제1호).

7-3. 공개적으로 특정한 행위를 요구하는 행위

① 부정청탁은 밀행성(密行性)이 전제되므로, 밀행적 요구가 아니라 '공개적으로' 요구하는 행위는 부정청탁의 예외사유로 규정하고 있습니다. 특정한 행위의 요구자체를 공개적으로 하는 경우를 의미(행위 상황의 공개성 확보)합니다.

② 공개적으로 요구하는 경우 그 내용이 공개되므로 요구를 하는 자와 공직자 등 모두에게 자율적인 통제장치로 작용합니다. 불특정 다수인에 의해 통제되고 다양한 의견이 제시될 수 있어 합리적인 결론 도출도 가능합니다.

③ '공개적으로'는 요구하는 내용을 불특정 다수인이 인식할 수 있는 상태에 두는 것을 의미합니다. 공개된 장소에서

의 피켓 시위 또는 TV 신문 등의 언론매체를 통한 요구는 공개적인 요구에 해당합니다.

④ 형식적 요건('공개적으로' 요구)을 갖춘 이상 요구하는 내용과 관계없이 예외사유에 해당합니다. 제2호의 예외사유는 형식적 요건에 대해서만 규정하고 있을 뿐, 실질적 요건(내용)에 대해서는 특별히 규정하지 않습니다.

● 민원인이 건축허가를 내 달라고 피켓팅 시위를 한 경우에 부정청탁금지법상 제재대상인가요?

問 민원인 A가 건축법령에 따른 허가요건을 갖추지 못해 불허가 통지를 받자, □□구청 민원실 앞에서 건축허가를 내 달라고 피켓팅 시위를 한 경우에 부정청탁금지법상 제재대상인가요?

答 공개적으로 공직자 등에게 특정한 행위를 요구하는 행위는 부정청탁의 예외사유에 해당하므로 A의 행위는 부정청탁금지법상 제재대상이 아닙니다(제5조제2항제2호).

'공개적으로'는 물리적·장소적 개념이라기보다, 청탁의 내용을 불특정 다수인이 인식할 수 있는 상태에 두는 것을 의미합니다. 공개된 장소에서의 피켓 시위 또는 TV·신문 등의 언론매체를 통한 요구는 공개적인 요구에 해당합니다.

7-4. 공익적 목적의 고충민원 전달행위

공익적 목적의 고충민원 전달행위는 주체(선출직 공직자, 정당, 시민단체 등), 목적(공익적 목적), 행위 대상(고충민원 등), 행위(전달)의 제한을 받는 예외사유에 해당합니다.

① 주체 : 예외사유의 주체로 '선출직 공직자, 정당, 시민단체 등'으로 규정하고 있어, '등'에 포함될 수 있는 주체의 범위가 문제됩니다. 다른 예외사유와 달리 주체를 규정한 입법취지 및 예시된 주체의 기능 성격 등을 고려하여 범위의 설정이 필요합니다. '등'에는 예시한 '선출직 공직자, 정당, 시민단체'에 준하는 공익성을 추구하고 국민의 의견을 수렴할 수 있는 단체에 한정합니다. 그 외 단체나 개인 등은 다른 예외 사유(법령 기준에서 정하는 절차 방법에 따른 요구, 공개적으로 요구, 사회상규 등)의 적용이 가능합니다.

각종 협회 등의 직능단체나 이익단체, 공인된 학회 등이 주체에 포함될 수 있습니다. 목적(공익적 목적), 행위(전달행위) 등의 요건 상 제한이 있으므로, 시민 단체의 범위를 지나치게 엄격하게 해석할 필요는 없으나, 다만, 해당 단체에 대해 대표성을 갖는 자가 대표해서 전달해야 하고 그 소속 직원 회원 등이 개인적으로 전달하는 경우는 제외됩니다.

② 목적 : 국가, 사회 일반 다수인의 이익에 관한 것뿐만 아니라 특정한 사회 집단이나 그 구성원 전체의 이익에 관한 것도 포함합니다. 공익적 목적이 주된 목적이면 족하고 오로지 공익적 목적일 필요는 없습니다. 특정 제3자의

고충민원이라도 다수의 이익과 관련되거나 될 수 있는 경
우 공익적 목적에 해당될 수 있습니다.

③ 대상 : 전달의 대상이 되는 고충민원은 국민의 권리를 침
해하거나 국민에게 불편 또는 부담을 주는 사항에 관한
민원 등을 의미합니다. 그 외 법령 기준의 제정 개정 폐
지 또는 정책 사업 제도 및 그 운영 등의 개선에 관하여
제안 건의하는 것도 포함합니다.

④ 행위 : 받은 것을 그대로 전달하는 것이 원칙이지만, 전체
적인 의미나 본질적인 내용의 변경 없이 보충하여 전달하
는 것도 포함합니다. 전달 보충을 넘어 내용을 본질적으
로 변경하는 경우는 전달이 아니라 새로운 청탁에 해당합
니다.

● 국회의원을 통해 구청의 업무담당자에게 영업정지기간 감면 민원을 전
달한 경우에 부정청탁금지법상 제재대상인가요?

문 음식점을 운영하는 자영업자 A씨는 식품위생법 등을 위반하여 영업
정지처분을 받게 되자, 감면사유가 없음에도 불구하고 지역구 국회
의원 B를 통해 구청의 영업정지 업무담당자 C에게 영업정지기간 감
면 민원을 전달한 경우에 부정청탁금지법상 제재대상인가요?

답 영업정지처분에 관하여 법령을 위반하여 감면해달라는 청탁은 부정청탁
금지법상 부정청탁에 해당될 수 있습니다(제 5조제1항제2호).
국회의원 B는 제3자(A)를 위하여 공직자 등(구청 담당자)에게 부정청
탁을 한 공직자 등에 해당되므로, 3천만원 이하 과태료 부과대상이며,
부정청탁금지법 제21조에 의해 징계대상에도 해당합니다. 자영업자 A는
제3자(국회의원)를 통하여 공직자 등)구청 담당자O에게 부정청탁을 한
자에 해당되므로, 1천만원 이하 과태료 부과 대상에 해당합니다(제23조

제3항).

구청의 영업정지 업무 담당자 C는 거절·신고의무 등을 이행할 경우에는 부정청탁금지법 제7조제1항, 제2항을 적용하여 제재대상이 아니지만, 부정청탁에 따라 직무를 수행한 경우에는 형사처벌(2년 이하 징역 또는 2천만원 이하 벌금)대상이며, 부정청탁금지법 제21조에 의해 징계대상에도 해당합니다.

국회의원 B는 선출직 공직자로서 제3자 A의 고충민원을 전달한 것이나, 공익적 목적 보다는 특정인의 개별적 이익을 목적으로 하고 있어 공익적 목적의 고충민원 전달행위로 보기 어렵습니다(제5조제2항제3호에 해당하지 않음).

● **시민단체 등에 부정청탁금지법으로 정한 법정단체가 포함되나요?**

문 부정청탁의 예외사유 중 하나인 부정청탁금지법 제5조제2항제3호의 시민단체 등에 법으로 정한 법정단체(예를 들어 대한변호사협회 한국공인회계사회 등)가 포함되나요?

답 대한변호사협회, 한국공인회계사회 등 법정단체도 부정청탁금지법 제5조제2항제3호의 '선출직 공직자, 정당, 시민단체 등'에 포함될 수 있습니다.

선출직 공직자, 정당, 시민단체 등이 공익적인 목적으로 제3자의 고충민원을 전달하거나 법령·기준의 제정·개정·폐지 또는 정책·사업·제도 및 그 운영 등의 개선에 관하여 제안·건의하는 행위는 부정청탁의 예외사유로서 제재대상이 아닙니다(제5조제2항제3호).

선출직 공직자, 정당, 시민단체에 준하는 공익성을 추구하고 국민의 의견을 수렴할 수 있는 각종 협회 등 직능단체, 이익단체, 공인된 학회 등은 위 예외사유에 포함될 수 있습니다.

● 국회의원을 통하여 법 시행 이전에 블랙박스를 부착한 사업자들도 동일하게 재정지원을 받을 수 있도록 담당국장에게 전달하였습니다. 이러한 경우에도 부정청탁에 해당하는지요?

문 택시에 블랙박스(전자식 운행기록장치) 장착과 관련하여 재정을 지원하는 교통안전법 개정안이 시행되었으나, 개정법 시행 이전에 블랙박스를 부착한 택시에 대해서는 재정지원이 되지 않고 있으나, 이에 개정법이 시행되기 이전에 정부 정책에 따라 블랙박스를 부착한 택시 운전자 A는 국토교통위원회 소속 국회의원 B를 통하여 법 시행 이전에 블랙박스를 부착한 사업자들도 동일하게 재정지원을 받을 수 있도록 국토교통부 담당국장에게 전달하였습니다. 이러한 경우에도 부정청탁에 해당하는지요?

답 공익적 목적으로 제3자의 고충민원 전달한 행위로서 부정청탁금지법 제5조제2항제3호에 규정된 부정청탁 예외사유에 해당합니다.

● 지방의회 의원을 통해 보조금 업무 담당자에게 보조금을 받게 해 달라고 청탁하여 보조금을 지급받은 경우에 부정청탁금지법에 의해 처벌받게 되는지요?

문 어린이집을 운영하고 있는 A가 ○○지방자치단체 지방의회 의원 B를 통해 해당 지방자치단체 보조금 업무 담당자 C에게 보조금 지급대상이 아님에도 보조금을 받게 해 달라고 청탁하여 보조금을 지급받은 경우에 부정청탁금지법에 의해 처벌받게 되는지요?

답 보조금의 배정·지원 관련 직무는 부정청탁금지법 제5조제1항제8호에 규정된 부정청탁 대상 직무에 해당합니다.
보조금법령 등을 위반하여 보조금 지급대상이 아님에도 보조금 지급을 받게 해 달라는 청탁은 부정청탁에 해당합니다.
질문의 경우 선출직 공직자인 지방의회의원 B가 제3자 A의 고충민원을 전달하였으므로 주체, 대상, 행위 요건을 구비하고 있으나, 다만, 법령을 위반하여 보조금을 지급받을 수 있도록 요구하는 행위는 특정인의 특혜를 목적으로 하는 것이므로 공익적 목적으로 보기는 어렵습니다.

7-5. 기타 법정기한 내 처리요구 등

① 법정기한 내 처리 요구 또는 진행상황 조치결과 등에 대해 확인 문의하는 행위도 예외규정에 해당합니다.

② 직무 또는 법률관계에 관한 확인·증명, 질의 상담형식을 통한 직무에 관한 법령 제도 절차 등의 설명 해석 요구도 예외로 명시하고 있습니다.

● 민원인이 자신의 친구인 공무원을 통해 진행상황에 대해 알아봐 달라고 부탁한 경우에 부정청탁금지법상 제재대상인가요?

문 민원인 A는 건물을 증축하기 위해 ○○구청에 증축 허가를 신청하였고, 자신의 친구인 ○○구청에 근무하고 있는 공무원 B를 통해 진행상황에 대해 알아봐 달라고 부탁한 경우에 부정청탁금지법상 제재대상인가요?

답 진행상황에 대한 확인·문의 행위는 부정청탁의 예외사유에 해당하므로, 부정청탁금지법 제5조제2항제4호의 제재대상이 아닙니다.
건축법령상의 건물 증축허가 관련 직무는 부정청탁금지법상 부정청탁 대상 직무에 해당하나(제5조제1항제1호), 증축허가 관련 업무의 진행상황에 대한 확인·문의를 한 것은 부정청탁의 예외사유에 해당합니다(제5조제2항제4호).

7-6. 사회상규에 위배되지 않는 행위

① 15가지 부정청탁 행위유형에 해당하더라도 법질서 전체와의 관계에서 정당시되는 행위는 제재대상에서 제외됩니다. 복잡 다양하게 변화하는 사회에서 사회상규상 허용되는 모든 상황을 법률에 구체적으로 열거하는 것은 입법기술상 불가능합니다. 어느 정도의 망라적인 의미를 가지는 내용으로 입법하는 것이 불가피하여 불확정개념을 사용하고 있습니다.

② '사회상규에 위배되지 않는 행위'는 법질서 전체의 정신이나 배후에 놓여 있는 사회윤리 내지 사회통념에 비추어 용인될 수 있는 행위를 말합니다.
'사회상규'는 포괄적 위법성 조각사유를 규정한 형법 제20조, 언론중재법 제5조 등에서도 이미 사용되고 있습니다.

③ 청탁 동기·목적, 청탁 내용, 공직자 등의 직무수행의 공정성, 청탁 수단이나 방법 등 내용과 형식을 종합적으로 고려하여 결정합니다.

④ 대법원에서도 '어떠한 행위가 사회상규에 위배되지 아니하는 정당한 행위로서 위법성이 조각되는 것인지는 구체적인 사정 아래서 합목적적, 합리적으로 고찰하여 개별적으로 판단되어야 하므로, 이와 같은 정당행위를 인정하려면 첫째 그 행위의 동기나 목적의 정당성, 둘째 행위의 수단이나 방법의 상당성, 셋째 보호이익과 침해이익과의 법익균형성, 넷째 긴급성, 다섯째 그 행위 외에 다른 수단이나 방법이 없다는 보충성 등의 요건을 갖추어야 한다.'(대법원 2003. 9. 26. 선고 2003도 3000 판결 등)라고 판시하였습니다.

● '사회상규'의 의미가 불명확하여 죄형법정주의의 명확성원칙에 위배되는 것은 아닌가요?

문 부정청탁금지법 제5조제2항제7호의 '사회상규'의 의미가 불명확하여 죄형법정주의의 명확성원칙에 위배되는 것은 아닌가요?

답 죄형법정주의의 명확성원칙에 위배되지 않습니다. 대법원 판례에 따르면 사회상규는 사회윤리 내지 사회통념에 비추어 용인될 수 있는 행위를 말하며, 그 개념과 판단 기준은 이미 여러 판례를 통해 확립되어 있으므로 적용과정에서 불명확성 문제는 없다고 봅니다.

대법원은 일관되게 형법 제20조의 '사회상규에 위배되지 아니하는 행위'라 함은 법질서 전체의 정신이나 그 배후에 놓여 있는 사회윤리 내지 사회통념에 비추어 용인될 수 있는 행위를 말하고, 어떠한 행위가 사회상규에 위배되지 아니하는 정당한 행위로서 위법성이 조각되는지 여부는 구체적 사정 아래 합목적적, 합리적으로 고찰하여 개별적으로 판단하여야 한다고 판시(대법원 2004. 6. 10. 선고 2001도5380 판결 등 참조)하였습니다.

헌법재판소는 부정청탁금지법에 대한 헌법소원 사건에서 "부정청탁금지조항의 사회상규도 위 대법원 판결과 달리 해석할 아무런 이유가 없다. 복잡한 사회현상의 변화에 따라 사회상규상 허용되는 모든 상황을 법률에 구체적으로 열거하는 것은 입법기술상 불가능에 가깝다는 점을 감안하면, 부정청탁에 해당하는 행위유형을 열거하고 예외적으로 허용되는 청탁 유형의 하나로 '사회상규에 위배되지 아니하는 것으로 인정되는 행위'를 규정한 것은 입법 기술상 부득이한 측면이 있다."고 결정하였습니다(헌법재판소 2016. 7. 28. 선고 2015헌마236·412·662·673병합 결정).

또한 헌법재판소는 위 헌법소원 사건에서 "부정청탁금지조항에 규정된 '부정청탁', '법령', '사회상규'라는 용어가 다소 포괄적이고 추상적이어서 어느 정도 가치 판단이 필요한 일반개념이지만, 부정청탁금지조항의 입법배경 및 입법취지와 관련 조항 등을 고려한 법관의 보충적 해석으로 충분히 그 의미 내용을 확인할 수 있다."고 결정하였습니다.

8. 부정청탁에 따른 직무수행 금지

① 부정청탁을 받은 공직자 등은 그에 따른 직무수행이 금지
   되고 부정청탁에 따라 직무를 수행한 공직자 등은 형사처
   벌 대상이 됩니다.

② '직무를 수행하는 공직자 등'의 범위에 포함되는 공직자
   등(해당 업무를 직접 처리하는 공직자 등, 결재선상에 있
   는 과장·국장 등, 결재선상에 있지 않지만 지휘감독권이
   있는 기관장 등 포함) 모두가 대상이 됩니다.
   내부 위임전결규정에 따라 전결권을 위임한 경우에도 전
   결권을 위임한 공직자 등(예 : 기관장)도 포함됩니다. 내
   부 규정에 따라 전결권이 위임된 경우에도 대외적 명의는
   기관장이고 외부에서는 이를 알 수도 없으며, 전결권을
   위임하였다는 이유로 부정청탁을 받은 경우 거절 및 신고
   의무를 면제하는 것은 입법취지에 부합되지 않습니다.

③ 결재선상에 있는 상급 공직자 등이나 결재선상에 있지 않
   지만 지휘감독권이 있는 상급 공직자 등이 부정청탁을 받
   고 하급자에게 지시 등을 통하여 사무를 처리한 경우와
   상급 공직자 등은 직무를 수행하는 공직자 등이므로, 부
   정청탁에 따라 직무를 수행한 경우에 해당하여 형사처벌
   대상이 됩니다.
   상급자의 지시는 제3자를 위한 부정청탁의 성격도 가지므
   로 하급자는 거절하는 의사를 명확히 표시해야 하고, 제3
   자를 위한 부정청탁임을 알면서 지시에 따른 경우 부정청
   탁에 따른 직무수행으로 형사처벌 대상이 됩니다.

④ 부정청탁을 받은 하급 공직자 등이 부정청탁에 따라 직무
   를 수행하는 사실을 결재권자가 전혀 알지 못한 경우 고
   의가 없어 형사처벌을 할 수 없습니다. 부정청탁금지법에
   는 과실범에 대한 처벌 규정이 없어 과실범으로 처벌도
   불가합니다.

⑤ 한편, 직접 자신을 위하여 부정청탁을 한 자는 제재대상
   에서 제외되나, 그에 따라 직무를 수행한 공직자 등은 형
   사처벌의 대상이 됩니다. 이는 부정청탁을 받은 공직자
   등의 공정한 직무수행을 담보하기 위해서 입니다. 직접
   자신을 위하여 부정청탁을 한 자가 공직자 등인 경우에는
   부정청탁금지법 제21조에 따라 의무적 징계대상에 해당
   합니다.

9. 부정청탁의 처리

9-1. 부정청탁에 대한 거절의무

① 대부분의 공직자 등은 부정청탁을 받은 경우 이를 거절해야 한다는 것을 잘 알고 있음에도 청탁의 속성상 쉽게 거절하지 못하고 있습니다. 부정청탁의 대부분이 공직자 등이 익히 잘 알고 있는 사람으로부터 받는 것이어서 처음부터 거절하는 것이 용이하지 않습니다. 인간관계의 단절이나 직 간접적인 불이익을 받을 가능성이 있다고 공직자 등이 인식하게 되는 경우 거절이 사실상 어렵습니다.

② 부정청탁금지법 제7조제1항에는 공직자 등이 최초 부정청탁을 받았을 경우 거절하는 의사를 명확히 표시하도록 규정하여 거절의무를 부과하고 있습니다. 인간관계의 단절이나 직·간접적인 불이익을 받을 가능성에 대한 고민 없이 거절할 수 있는 근거를 마련하고 있습니다.

● 토지가 개발제한구역법령상 형질변경허가 요건을 갖추지 못해서 담당공무원를 통하여 허가를 받을 수 있도록 청탁했을 때는 부정청탁금지법상 어떠한 제재를 받나요?

▣ 개발제한구역 내에 토지를 소유하고 있는 A는 □□군청 담당 공무원 B에게 토지 형질변경허가 신청을 하였는데, 해당 토지가 개발제한구역법령상 형질변경허가 요건을 갖추지 못했다는 것을 알고 자신의 친구인 □□군청 문화재 담당 공무원 C를 통하여 허가를 받을 수 있도록 청탁하였으나, D가 거절하자 다시 □□군청 지방세 담당 공무원 E를 통하여 허가를 받을 수 있도록 청탁하였고, 이에 D가 소속기관장에게 서면으로 신고한 경우에 A, B, C, D, E는 부정청

탁금지법상 어떠한 제재를 받나요?

답 토지소유자 A는 제3자(C, E)를 통하여 부정청탁을 하였으므로, 1천만원 이하의 과태료 부과대상에 해당합니다(제5조제1항, 제23조제3항).

문화재 담당 공무원 C외 지방세 담당 공무원 E는 제3자(A)를 위하여 부정청탁을 한 공직자 등에 해당하여 각각 3천만원 이하의 과태료 부과대상이며, 부정청탁금지법 제21조 규정에 의해 징계대상에도 해당합니다.

D는 문화재 담당 공무원 C의 최초 부정청탁을 받고 거절의사를 명확히 표시하였고, 지방세 담당 공무원 E가 재차 부정청탁을 하자 C의 부정청탁과 E의 부정청탁이 동일한 내용이라고 판단하여 소속 기관장에게 서면으로 신고하였으므로, 부정청탁금지법상 제재대상에 해당하지 않습니다.

인·허가는 부정청탁금지법 제5조제1항제1호의 부정청탁 대상직무에 해당하며, 개발제한구역 법령상 토지형질변경허가 요건을 갖추지 못했음에도 법령을 위반하여 처리하도록 하는 행위는 부정청탁에 해당합니다.

9-2. 부정청탁의 신고

9-2-1. 신고의무가 발생하는 동일한 부정청탁

① 공직자 등이 '최초' 부정청탁을 받은 경우 부정청탁임을 알리고 이를 거절하는 의사를 명확히 표시해야 할 의무가 있습니다. 그럼에도 불구하고 '동일한 부정청탁'을 다시 받은 경우에는 소속기관의 장에게 신고해야 할 의무 발생합니다. 신고절차를 따를 경우 사후에 발생할 수 있는 책임으로부터 선량한 공직자 등을 보호하기 위한 취지입니다.

② 동일한 부정청탁인지는 '신고의무가 부과되는 공직자 등을 기준'으로 부정청탁 내용의 본질적 동일성 여부로 판단합니다. 이는 선량한 공직자 등을 보호하기 위해 신고절차를 마련한 취지에 따라 동일한 부정청탁의 범위를 공직자 등의 입장에서 설정한 것입니다.

③ 이해당사자가 동일한 내용으로 부정청탁을 직접 1회 한 후 제3자를 통하여 1회한 경우, 2회 모두 제3자를 통하여 한 경우 모두 신고의무가 발생하는 동일한 부정청탁에 해당합니다.

④ 여러 명의 법인 소속 임직원이 업무와 관련하여 동일한 내용으로 부정청탁을 한 경우 신고의무가 발생하는 동일한 부정청탁에 해당합니다.

● 건축법령상 허가요건을 갖추지 못하였음에도 담당공무원이 거절하자, 다시 같은 내용의 청탁을 담당공무원 경우에 부정청탁금지법상 어떠한 제재를 받나요?

문 A건설(주) 소속 직원 B가 □□구청에 건축허가를 신청한 후 건축법령상 허가요건을 갖추지 못하였음에도 담당공무원 甲에게 건축허가를 내줄 것을 부탁하였으나, 담당공무원 甲은 이를 거절하였습니다. 이에 A건설(주)소속 직원 C가 다시 같은 내용의 청탁을 담당공무원 甲에게 한 경우에 甲, A, B, C는 부정청탁금지법상 어떠한 제재를 받나요?

답 B와 C는 제3자(법인)를 위하여 부정청탁을 하였으므로 각각 2천만원 이하의 과태료 부과대상에 해당합니다(제5조제1항, 제23조제2항).

A건설은 직원 B와 C가 업무에 관하여 위반행위를 하였으므로 양벌규정에 따라 과태료 부과대상에 해당하나, 직원의 위반행위를 방지하기 위한 상당한 주의·감독 의무를 게을리 하지 않은 경우 면책될 수 있습니다(제24조).

甲은 직원 B가 최초로 한 부정청탁에 대해 거절하는 의사를 표시하여 법상 의무를 이행하였으나(제7조제 1항), 직원 C로부터 거절의사를 표시한 부정청탁과 동일한 부정청탁을 다시 받았으므로 소속기관장에게 신고해야 하고(제7조제2항), 신고를 하지 않은 경우 징계대상에 해당합니다(제21조). 만약 부정청탁에 따라 건축허가를 해 줄 경우 형사처벌(2년 이하 징역 또는 2천만원 이하 벌금)대상에 해당합니다(제6조, 제22조제2항제1호).

부정청탁의 요건으로서 건축허가는 부정청탁금지법 제5조제1항제1호의 부정청탁 대상 직무에 해당하며, 건축법령상 요건을 구비하지 못하여 건축허가를 받을 수 없음에도 법령을 위반하여 처리하도록 하는 행위는 부정청탁에 해당할 수 있습니다. 동일한 부정청탁인지는 신고의무가 부과되는 '공직자 등을 기준'으로 부정청탁 내용의 본질적 동일성 여부로 판단합니다.

甲은 같은 A회사 소속 임직원 B, C로부터 내용이나 사실관계에 본질적 변화가 없는 청탁을 받았으므로 동일한 부정청탁에 해당합니다.

● 토지가 개발제한구역법령상 형질변경허가 요건을 갖추지 못한 것을 담당 공무원에게 허가를 받을 수 있도록 청탁하였으나 거절하자, 다른 공무원을 통하여 허가를 받을 수 있도록 청탁한 경우에 이런 행위가 부정청탁에 해당하는지요?

문 개발제한구역 내에 토지를 소유하고 있는 A가 ○○군청 담당공무원 C에게 토지형질변경허가 신청을 하였는데, 해당 토지가 개발제한구역법령상 형질변경허가 요건을 갖추지 못했다는 것을 알고 자신의 친구인 ○○군청 문화재 담당공무원 B를 통하여 허가를 받을 수 있도록 청탁하였으나 C가 거절하자, 다시 ○○군청 지방세 담당공무원 D를 통하여 허가를 받을 수 있도록 청탁한 경우에 이러한 행위가 부정청탁에 해당하는지요?

답 개발제한구역법령상의 토지형질변경허가 관련 직무는 부정청탁금지법 제5조제1항제1호에서 규정하고 있는 부정청탁 대상 직무에 해당합니다. 아울러 개발제한구역법령상 형질변경허가 요건을 갖추지 못했음에도 법령을 위반하여 처리하도록 하는 행위는 부정청탁에 해당합니다.

질문의 경우 토지소유자 A는 토지형질변경의 이해당사자로서, 제3자인 B를 통하여 부정청탁을 하였으므로 1천만원 이하의 과태료 부과 대상이 됩니다. 이는 제3자를 통한 부정청탁을 금지함으로써 공직자 등의 공정한 직무수행을 담보하고 공적 의사결정의 투명성 확보하기 위한 조치입니다.

공무원 B와 D는 제3자 A를 위하여 부정청탁을 하였고 높은 청렴성이 요구되는 공직자 등에 해당하므로 제재가 가중되어 모두 3천만원 이하 과태료 부과 대상이 됩니다.

그러나 담당공무원 C는 B의 최초 부정청탁을 받고 거절하는 의사를 명확히 표시하였으므로 징계 및 벌칙 대상에서 제외됩니다. 담당공무원 C는 D로부터 동일한 부정청탁을 다시 받았으므로 신고를 해야 할 의무가 있고 신고를 하지 않으면 징계대상에 해당합니다.

담당공무원 C가 부정청탁에 따라 토지 형질변경허가를 내 준 경우 형사처벌 대상이 되어 2년 이하의 징역 또는 2천만원 이하의 벌금의 처분을 받게 됩니다.

● **건축법령을 위반하여 건축허가를 내줄 것을 구청 건축허가 담당공무원에게 청탁하자 거절하였고, 다시 같은 내용의 청탁을 다른 직원이 담당공무원에게 한 경우에 부정청탁에 해당하는지요?**

문 ○○건설회사(주)의 소속 직원 A가 건축법령을 위반하여 건축허가를 내줄 것을 구청 건축허가 담당 공무원 C에게 청탁하자 거절하였고, 그 다음 날 같은 회사 소속 직원 B가 다시 같은 내용의 청탁을 담당 공무원 C에게 한 경우에 부정청탁금지법에 규정된 부정청탁에 해당하는지요?

답 건축 허가 관련 직무는 부정청탁금지법 제5조제1항제1호에 규정하고 있는 부정청탁 대상 직무에 해당합니다.

건축 관련 법령을 위반하여 건축허가를 내 줄 것을 요구하는 행위는 부정청탁에 해당합니다. 건축 허가 담당 공무원 C는 최초 직원 A의 부정청탁에 대해 거절의사를 표시해야 할 의무 있습니다. 거절의사를 표시했음에도 불구하고 담당 공무원 C는 직원 B로부터 동일한 부정청탁을 다시 받았으므로 소속기관장에게 신고의무 발생하고 신고를 하지 않은 경우 징계처분 대상에 해당합니다.

질문의 경우 직원 A와 B는 제3자인 법인을 위하여 부정청탁을 하였으므로 각각 2천만원이하의 과태료 부과 대상이 됩니다.

법인 소속 임직원의 업무 관련 부정청탁은 법인을 위한 것으로 그 효과가 법인에게 귀속되므로 제3자를 위한 부정청탁에 해당합니다. ○○건설(주)는 부정청탁금지법 제24조의 양벌규정에 따라 2천만원 이하의 과태료 부과 대상에 해당합니다. 다만, 종업원의 위반행위를 방지하기 위한 상당한 주의 감독 의무를 게을리 하지 않은 경우 면책이 가능합니다.

9-2-2. 신고 방법

① 공직자 등이 동일한 부정청탁을 다시 받은 경우 소속기관
   장에게 서면(전자문서를 포함합니다)으로 신고자의 인적사
   항, 신고의 취지 이유 및 내용 등을 신고하야야 합니다.
② 신고는 소속기관 뿐만 아니라 감독기관·감사원·수사기관
   또는 국민권익위원회에도 가능합니다.
③ 허위 신고·무책임한 신고의 통제를 위해 신고내용을 입증할 수
   있는 증거를 확보한 경우 이를 함께 제출해야 합니다. 허위 기
   타 부정한 방법으로 신고한 경우 보호·보상 대상에서 제외되
   고, 타인으로 하여금 형사처분이나 징계처분을 받게 할 목적으
   로 허위사실을 신고하는 경우 형법상 무고죄 성립합니다.

9-3. 부정청탁을 받은 공직자 등에 대한 조치

9-3-1. 조치의 내용

① 부정청탁을 받은 공직자 등에 대해 일정한 조치를 함으로
   써 사전에 공정한 직무수행에 대한 의심을 차단할 필요가
   있습니다.
② '직무 참여 일시중지, 직무 대리자의 지정, 전보' 외에 부
   정청탁을 받은 공직자 등에 대해 직무 공동수행자의 지
   정, 사무분장의 변경 등을 할 수 있는 조치를 부정청탁금
   지법시행령에 규정하고 있습니다.
③ 법률에 규정된 조치 중 '직무 참여 일시중지, 직무 대리자
   의 지정'은 직무 배제정도가 일시적이나, '전보'는 직무에
   서 완전히 배제합니다.

9-3-2. 조치를 하지 않을 수 있는 예외

소속기관장은 필요한 경우에는 부정청탁을 받은 공직자 등에게 다음과 같은 경우에는 직무를 수행하게 할 수 있습니다. 다만, 소속기관의 담당관 또는 다른 공직자 등으로 하여금 그 공직자 등의 공정한 직무수행 여부를 주기적으로 확인·점검하도록 할 필요가 있습니다.

① 직무를 수행하는 공직자 등을 대체하기 지극히 어려운 경우

② 공직자 등의 직무수행에 미치는 영향이 크지 아니한 경우

③ 국가의 안전보장 및 경제발전 등 공익증진을 이유로 직무수행의 필요성이 더 큰 경우

9-4. 부정청탁의 내용 및 조치사항의 공개

9-4-1. 공개여부의 결정

① 소속기관장은 부정청탁 예방효과의 달성을 위해 부정청탁의 공개여부를 결정할 재량이 있습니다.

② 과태료 부과 또는 유죄판결 등을 받았는지 여부, 부정청탁예방 효과의 달성을 위해 공개할 필요가 있는지 등의 사항을 종합적으로 고려하여 결정해야 합니다.

9-4-2. 공개범위 및 공개방법

① 공개범위는 법률에서 부정청탁의 내용 및 조치사항만을 공개대상으로 명시하고 인적사항은 명시하지 않고 있습니다. 공개대상의 범위에 대해 대통령령에 공개범위를 위임하지 않아 시행령에서 인적사항을 공개대상으로 규정할 수는 없습니다.

그런데 변호사법은 공개범위를 시행령에 위임함에 따라 시행령에서 인적사항도 공개대상으로 규정하고 있습니다.
② 공개방법은 국민의 접근성과 부정청탁 예방효과의 강화를 위하여 해당 공공기관의 홈페이지 등에 공개합니다.

● 공공기관의 장이 부정청탁 내용과 조치사항을 공개할 경우에 개인의 명예나 사생활의 비밀을 침해하는 것은 아닌가요?

문 공공기관의 장이 해당 공공기관의 인터넷 홈페이지에 부정청탁 내용과 조치사항을 공개할 경우에 개인의 명예나 사생활의 비밀을 침해하는 것은 아닌가요?

답 인적사항은 공개되지 않는 점, 소속기관장이 구체적인 사정에 따라 공개 여부를 결정할 수 있는 점 등에 비추어 볼 때, 개인의 명예나 사생활 비밀 침해에 해당하지 않습니다.

소속기관장은 다른 법령에 위반되지 아니하는 범위에서 부정청탁의 내용 및 조치사항을 해당 공공기관의 인터넷 홈페이지 등에 공개할 수 있습니다(제7조제7항).

이는 공직자와 국민들에게 그 사실을 알림으로써 반복되는 부정청탁을 효과적으로 차단하기 위해서입니다. 다만, 일률적으로 공개 시 사생활 침해 등 부작용이 발생할 수 있으므로, 부정청탁의 내용, 공개 시 효과 등을 종합적으로 고려, 공개 여부를 공공기관장이 자율적으로 정할 수 있도록 규정하고 있습니다.

10. 위반행위에 대한 제재

10-1. 징계

① 공직자 등이 부정청탁금지법 또는 동법에 따른 명령을 위반한 경우 공공기관의 장은 필요적으로 징계처분을 해야 합니다. 이는 징계절차를 진행하여 징계기준에 따라 징계처분을 하여야 한다는 것을 의미합니다.

② '직접 자신을 위하여 하는 부정청탁'은 과태료 부과 대상에서 제외되나, 공직자 등이 한 경우 부정청탁금지법 제5조 위반이므로 징계대상에는 해당합니다.

10-2. 과태료 부과 또는 형사처벌

① 소속기관의 장이 과태료 재판 관할법원에 위반사실을 통보함에 따라 과태료 관할법원이 재판(결정)을 통하여 과태료를 부과합니다.

② 제3자를 통하여 부정청탁을 하거나 제3자를 위하여 부정청탁을 한 사람은 과태료 부과대상입니다. 제3자를 통하여 부정청탁을 한 경우에는 1천만원 이하 과태료 부과대상입니다.

제3자를 위하여 부정청탁을 한 경우 공직자 등이 아닌 자는 2천만원 이하, 공직자 등은 3천만원 이하 과태료 부과대상입니다. 자신을 위하여 직접 공직자 등에게 부정청탁을 하는 행위는 과태료 부과 대상에서 제외됩니다.

③ 부정청탁을 받고 그에 따라 직무를 수행한 공직자 등은 2년 이하 징역 또는 2천만원 이하 벌금 대상입니다. 직접

자신을 위하여 부정청탁을 한 자는 과태료 부과대상에서
제외되지만, 그에 따라 직무를 수행한 공직자 등은 형사
처벌 대상에 해당합니다.

제3장 금품 등의 수수 금지 등

제3장 금품 등의 수수 금지 등

1. 수수 금지 금품 등

1-1. 제재대상이 되는 수수 금지 금품 등

1-1-1. 1회 100만원 초과 또는 매 회계연도 300만원 초과의 경우

① 직무 관련여부 및 그 명목에 관계없이 동일인으로부터 1
회 100만원 초과 또는 매 회계연도 300만원을 초과하여
수수 시 형사처벌 대상이 됩니다.

형법상 뇌물은 직무관련성 및 대가성을 요건으로 하고 있
어서 그에 대한 입증이 어려워 규제의 사각지대가 발생하
므로, 뇌물죄와는 달리 입증부담이 완화되었습니다.

직무수행의 공정성에 의심을 받을 수 있는 접대문화의 근
절이라는 입법 목적의 달성을 위해 직무 관련여부를 불문
하고 금지합니다. 또한, 사회통념상 적지않은 금액인 100
만원을 초과하여 제공하는 것은 당장은 아니더라도 장래
적당한 시점에 활용하기 위한 잠재적인 직무 관련성을 내
포합니다.

② 1회 100만원의 기준은 청렴에 대한 국민의 기대수준, 공
개토론회 및 전문가 자문 등에서 제시된 다양한 의견, 공
직선거법의 입법례 등을 종합적으로 고려하여 합리적 기
준을 설정하였습니다.

공직선거법상 기부행위 금지의무를 위반하여 제공받은 금
품의 가액이 100만원을 초과하는지를 기준으로 삼아 형

사처벌과 과태료 부과대상을 구분하고 있습니다.

③ 일정한 금액을 기준으로 제재의 종류를 달리 정하거나, 제재를 가중하는 경우 금액기준과 근소한 범위 내에서는 죄질의 경중에 대한 의문이 불가피하게 발생합니다.

④ 특정경제범죄의 처벌 등에 관한 법률도 5억원을 기준으로 사기, 공갈, 횡령, 배임 등의 경우 형법보다 가중처벌합니다.

● 100만원을 기준으로 한 제재수준이 정당한지요?

문 100만원을 기준으로 101만원이면 형사처벌, 100만원이면 과태료가 부과되는데, 그 기준이 정당한가요?

답 100만원 기준은 청렴에 대한 국민의 기대수준을 반영하고, 공개토론회와 전문가 자문 등에서 제시된 다양한 의견 등을 종합적으로 검토하여 형사처벌 대상의 합리적 기준으로 설정한 것입니다. 또한 동일하게 100만원 초과 금품 제공을 형사처벌 대상으로 제시하고 있는 공직선거법 등 다른 입법례도 고려하여 기준을 설정하였습니다.

● 중앙부처로 전출을 가는 공무원에게 관련 업무로 잘 알고 지내던 감정평가사가 시가 150만원 상당의 손목시계를 선물로 준 경우에 어떤 제재를 받게 됩니까?

문 ○○지방자치단체 지적과에서 10년간 근무해 온 공무원 A는 기존 직무와 관련이 없는 중앙부처로 전출을 가게 되었습니다. 평소 지적 관련 업무로 잘 알고 지내던 감정평가사 B가 해외여행을 다녀오면서 손목시계를 샀다며 시가 150만원 상당의 손목시계를 선물로 준 경우에 부정청탁금지법에서 어떤 제재를 받게 됩니까?

답 질문의 경우 공무원 A는 감정평가사 B로부터 1회 100만원을 초과하는 손목시계를 선물로 받았으므로 형사처벌 대상이며, 3년 이하 징역 또는 3천만원 이하 벌금이 부과됩니다.
감정평가사 B는 1회 100만원을 초과하는 금품등을 제공하였으므로 형사처벌 대상으로 3년 이하 징역 또는 3천만원 이하 벌금 대상이 됩니다. 공무원 A와 감정평가사 B의 평소 관계 등을 고려할 때 사회상규에 따라 허용되는 금품 등으로 보기 어렵습니다.

● 중앙부처 과장이 고향에서 개인 병원을 운영하는 의사 친구로부터 150
만원을 받았고, 이 돈을 직원들 격려금으로 전액 사용한 경우에 어떠한
제재를 받나요?

問 건설 관련 중앙부처 과장인 甲은 고향에서 개인 병원을 운영하는 의
사 친구 A로부터 '직원들 격려를 위해 맛있는 것을 사 주라'는 명목
으로 150만원을 받았고, 甲은 실제 이 돈을 직원들.0 격려금으로
전액 사용한 경우(甲과 A는 아무런 직무 관련이 없음)에 甲과 A는
부정청탁금지법상 어떠한 제재를 받나요?

答 공직자 등인 甲은 의사 A로부터 1회 150만원을 수수하였으므로, 직무
관련 여부 및 기부·후원·증여 등 그 명목에 관계없이 형사처벌(3년 이하
의 징역 또는 3천만원 이하 벌금)대상에 해당하며(제8조제1항, 제22조
제1항제1호), 징계대상에도 해당합니다(제21조). 甲이 수수한 금품 등
을 어디에 사용했는지는 부정청탁금지법 위반 성립에 아무런 영향을 미
치지 않습니다.

A는 공직자 등인 甲에게 1회 150만원을 제공하였으므로, 형사처벌(3년
이하의 징역 또는 3천만원 이하 벌금)대상에 해당합니다(제8조제5항,
제22조제1항제3호).

공직자 등이 1회 100만원을 초과하는 금품 등을 수수한 이상, 직무 관련
여부 및 기부·후원·증여 등 그 명목에 관계없이 형사처벌 대상입니다(3년
이하 징역 또는 3천만원 이하 벌금)(제8조제1항, 제22조제1항제1호).

甲과 A가 단순한 지연·학연 등의 관계가 있다는 사정만으로 장기적·지속
적인 친분관계에 있다고 보기 어렵고, 장기적·지속적인 친분관계를 맺고
있더라도 甲이 질병·재난 등으로 어려운 처지에 있다고 보기 어려우므로,
제8조제3항제5호의 수수 금지 금품 등 예외사유에 해당하지 않습니다.

또한, A가 제공한 금액이 150만원 상당에 이르는 점, 공직자등의 금품
등 수수행위를 제재하여 공직자 등의 공정한 직무수행을 보장하려는 부
정청탁금지법상의 입법취지 등에 비추어 볼 때, 사회상규상 허용되는 금

품 등에 해당한다고 보기도 어려우므로, 제8조제3항제8호의 수수 금지 금품 등 예외사유에 해당하지 않습니다.

● **지방자치단체 총무과장이 상품권 등 모두 500만원 상당의 경품을 제 공받아 직원들에게 나누어 주었을 경우에 어떠한 제재를 받나요?**

문 □□지방자치단체 총무과장 甲은 □□지방자치단체의 체육대회를 개최하면서, 직원들에게 줄 경품이 필요하자, 지방자치단체와 금고계약을 맺고 있거나, 각종 기금을 위탁받아 운용하고 있는 관내 A금융기관 소속직원 B에게 협찬을 요구하여 휴대폰, 카메라, 전자레인지, 상품권 등 모두 500만원 상당의 경품을 제공받아 직원들에게 나누어 주었습니다. 甲, A, B는 부정청탁금지법상 어떠한 제재를 받나요?

답 甲은 1회 100만원을 초과하는 금품 등을 수수하였으므로, 직무 관련 여부 및 기부·후원·증여 등 그 명목에 관계없이 형사처벌(3년 이하 징역 또는 3천만원 이하 벌금)대상(제8조제1항, 제22조제1항제1호) 및 징계 대상에 해당합니다(제21조).

B는 공직자 등에게 150만원 상당의 경품을 제공하였으므로, 형사처벌 대상(3년 이하 징역 또는 3천만원 이하 벌금)에 해당합니다(제8조제5 항, 제22조제1항제3호).

A금융기관은 양벌규정에 따라 벌금 부과대상에 해당하나, 직원 B의 위 반행위를 방지하기 위한 상당한 주의, 감독을 게을리 하지 않았으면 면 책될 수 있습니다(제24조).

지방자치단체 총무과장 甲은 부정청탁금지법상 금품 등 수수 금지 규정 의 적용대상자인 공직자 등에 해당합니다(제2조제2호가목). 공직자 등 에 해당하는 총무과장 甲은 지방자치단체 체육대회를 위해 관내 금융기 관 소속 직원에게 협찬을 요구하고 금품등을 수수하였으므로, 부정청탁 금지법에 따른 제재대상이 된다고 할 것입니다(제8조제1항).

● 개인사업을 하는 친구가 공무원에게 결혼 선물로 110만원 상당의 냉장고를 사 준 경우에 어떤 제재를 받나요?

문 1) 개인사업을 하는 A(직무관련성이 없음을 전제)가 초등학교 때부터 친구인 공무원 甲에게 결혼 선물로 110만원 상당의 냉장고를 사 준 경우에 부정청탁금지법상 어떤 제재를 받나요?

2) 지방자치단체 지적과에서 10년간 근무해 온 공무원 乙은 기존직무와 관련이 없는 중앙부처로 전출을 가게 되었는데, 평소 지적관련 업무로 잘 알고 지내던 감정평가사 B가 해외여행을 다녀오면서 샀다면서 시가 150만원 상당의 손목시계를 선물로 준 경우에 부정청탁금지법상 어떤 제재를 받나요?

답 1) 공무원 甲은 직무 관련 여부 및 기부·후원·증여 등 그 명목에 관계없이 1회 100만원 초과하는 금품 등을 받았으므로, 형사처벌(3년 이하 징역 또는 3천만원 이하 벌금)대상 및 징계대상에 해당합니다.
A는 공무원 甲에게 1회 100만원을 초과하는 금품 등을 제공하였으므로, 형사처벌(3년 이하 징역 또는 3천만원 이하 벌금) 대상에 해당합니다. 다만, 甲과 A는 초등학교 때부터 친구로서 원래 친분관계가 있는 점, 직무관련성이 없는 점, 결혼 축하 목적으로 냉장고를 사 준 점, 직무수행의 공정성을 의심받을만한 상황이 아닌 점 등에 비추어 볼 때, 사회상규에 따라 수수가 허용되는 금품 등에 해당하는지 여부를 검토할 여지도 있습니다(제8조제3항제8호).

2) 공무원 乙은 B로부터 1회 100만원을 초과하는 손목시계를 선물로 받았으므로 직무 관련여부 및 기부·후원·증여 등 그 명목에 관계없이 형사처벌(3년 이하 징역 또는 3천만원 이하 벌금)대상 및 징계대상에 해당합니다.
감정평가사 B는 공무원 乙에게 1회 100만원을 초과하는 금품 등을 제공하였으므로, 형사처벌(3년 이하 징역 또는 3천만원 이하 벌금)대상에 해당합니다. 공무원 乙과 감정평가사 B의 평소 관계 등을 고려할 때, 150만원 상당의 시계가 사회상규에 따라 허용되는 금품 등에 해당한다고 보기는 어렵습니다(제8조제3항제8호에 해당하지 않음).

● 신문사 과장이 광고계약을 맺고 있는 기업체 대표에게 협찬을 요구하여 2천만원 상당의 협찬 받아 모두 직원들에게 경품으로 나누어 주었을 경우에 어떠한 제재를 받나요?

문 □□신문사 과장 甲은, 신문사 내부 체육대회를 개최하면서 직원들에게 나눠 줄 경품이 필요하자, 신문사와 광고계약을 맺고 있는 A기업체 B대표에게 협찬을 요구하였고, A로부터 2천만원 상당의 TV, 카메라, 전자레인지를 협찬 받아 모두 직원들에게 경품으로 나누어 주었습니다. 甲, A, B는 부정청탁금지법상 어떠한 제재를 받나요?

답 공직자 등에 해당하는 甲이 2천만원 상당의 금품 등을 요구 수수하였으므로, 직무 관련 여부 및 기부·후원·증여 등 그 명목에 관계없이 형사처벌(3년 이하의 징역 또는 3천만원 이하의 벌금)대상에 해당하며, 징계대상에도 해당합니다.

B는 공직자 등에게 2천만원 상당의 금품 등을 제공하였으므로, 형사처벌(3년 이하의 징역 또는 3천만원 이하의 벌금)대상에 해당합니다. A기업체는 양벌규정에 따라 벌금 부과대상에 해당합니다.

공직자 등에 해당하는 과장 甲은 신문사와 광고계약을 맺고 있는 A기업체 대표 B에게 금품 등 제공을 요구·수수하였으므로, 부정청탁금지법에 따른 제재대상이 된다고 할 것입니다(제8조제1항).

참고로, 법인의 대표자의 행위는 양벌규정의 면책 대상에서 제외된다는 것이 판례의 입장이므로, A기업체는 대표 B의 위반행위를 방지하기 위해 해당업무에 관하여 상당한 주의와 감독을 게을리 하지 않았다 하더라도 면책되기 어렵습니다(대법원 2011. 3. 24. 선고 2010도14817 판결 등 참조).

● 신문사 간부가 승진 축하 명목으로 150만원 상당의 선물을 받았는데, 이를 내부직원에게 경매처분 후 그 수입금을 불우이웃들에게 전달한 경우에 제재대상인가요?

문 모 신문사 소속 간부 甲은 취재를 맡고 있는 출입기관(□□대기업) 직원 A로부터 자신들의 승진 축하 명목으로 150만원 상당의 선물을 받았는데, 즉시 반환하거나 청탁방지담당관에게 신고하여야 함에도 내부직원에게 경매처분 후 그 수입금을 불우이웃들에게 전달한 경우에 부정청탁금지법상 제재대상인가요?

답 선물을 받은 후 해당 선물을 불우이웃돕기에 사용했다 하더라도, 부정청탁금지법상 제재대상에 해당한다는 점에는 영향을 미치지 않습니다. 따라서 공직자 등에 해당하는 甲은 150만원 상당의 금품 등을 받았으므로, 직무 관련 여부 및 기부·후원·증여 등 그 명목에 관계없이 형사처벌(3년 이하의 징역 또는3천만원 이하의 벌금)대상에 해당하며, 징계대상에도 해당합니다(제21조).

직원 A는 공직자 등에게 150만원 상당의 선물을 제공하였으므로, 형사처벌(3년 이하의 징역 또는 3천만원 이하의 벌금) 대상에 해당합니다.

A가 소속된 대기업은 양벌규정에 따라 벌금 부과대상에 해당하나, A의 위반행위를 방지하기 위한 상당한 주의, 감독을 게을리 하지 않았으면 면책될 수 있습니다(제24조).

신문사 간부 甲은 부정청탁금지법상 금품 등 수수 금지 규정의 적용대상자인 공직자 등에 해당합니다(제2조제2호라목).

150만원 상당의 승진 축하 선물은 제8조제3항제8호의 사회상규에 따라 수수가 허용되는 금품 등에 해당하기도 어렵습니다. 금품 등 제공 목적이 직무관련자에 대한 승진 축하 명목인 점, 금품 등 제공자가 출입기관 임직원등인 점, 언론사 간부와 특수한 사적 친분관계가 없는 점, 직무수행의 공정성을 의심받을 수 있는 상황이라는 점 등을 고려해야 합니다.

● 방송사 PD가 지방자치단체로부터 1천만원의 예산을 지원받아 해외 시찰을 다녀온 경우에 어떤 제재를 받나요?

문 방송사 PD 甲은 선진 환경 우수사례 실태에 대한 보도를 계획하던 중, □□지방자치단체에서 해당 국가의 선진 해외 연수를 추진한다는 소식을 듣고 해당 지방자치단체에 전화를 걸어 선진 우수사례 보도를 위한 취재가 필요하니 함께 데려가 줄 것을 요청하여 해당 지방자치단체로부터 1천만원의 예산을 지원받아 해외 시찰을 다녀온 경우에 부정청탁금지법상 어떤 제재를 받나요?

답 공직자 등인 甲은 1회 100만원을 초과하는 금품 등을 수수한 이상 직무관련 여부 및 기부·후원·증여 등 그 명목에 관계없이 형사처벌(3년 이하 징역 3천만원 이하 벌금)대상에 해당하며, 징계대상에도 해당합니다(제21조).

□□지방자치단체 담당자는 공직자 등에게 1천만원 상당의 해외시찰비용을 제공하였으므로, 형사처벌 대상에 해당하며, 징계대상에도 해당합니다.

방송사 PD 甲은 부정청탁금지법상 금품 등 수수 금지 규정의 적용대상자인 공직자 등에 해당합니다(제2조제2호라목).

1천만원 상당의 비용은 공직자 등의 직무 관련 공식적 행사에서 통상적·일률적으로 제공하는 금품 등에는 해당하지 않을 것으로 보입니다(제8조제3항제6호에 해당하지 않음).

● 기자가 세계가전전시회 출장을 갔는데, 항공비 300만원은 소속 언론사에서 부담하고, 현지 체재비 700만원은 국내 가전회사에서 부담한 경우에 어떤 제재를 받나요?

문 기자 甲은 미국에서 열리는 세계가전전시회(CES) 출장을 갔는데, 항공비 300만원은 소속 언론사에서 부담하고, 현지 체재비 700만원은 국내 A가전회사에서 부담한 경우에 甲과 A는 부정청탁금지법상 제재대상인가요?

답 공직자 등에 해당하는 기자 甲은 700만원 상당의 금품 등을 받았으므로, 직무관련 여부 및 기부·후원·증여 등 그 명목에 관계없이 형사처벌(3년 이하의 징역 또는 3천만원 이하의 벌금)대상에 해당하며, 징계대상에도 해당합니다(제21조).

A가전회사 업무담당자는 공직자 등에게 체재비 700만원 상당을 제공하였으므로, 형사처벌(3년 이하의 징역 또는 3천만원 이하의 벌금) 대상에 해당합니다.

A가전회사는 양벌규정에 따라 벌금 부과대상에 해당하나 업무담당자의 위반행위를 방지하기 위한 상당한 주의, 감독을 게을리 하지 않았으면 면책될 수 있습니다(제24조).

기자는 부정청탁금지법상 금품 등 수수 금지 규정의 적용대상자인 공직자 등에 해당합니다(제2조제2호라목).

700만원 상당의 비용은 공직자등의 직무 관련 공식적 행사에서 통상적·일률적으로 제공하는 금품 등에는 해당하지 않을 것으로 보입니다(제8조제3항제6호에 해당하지 않음).

● 신문사의 편집국장이 친구인 사업가로부터 승진 축하 기념으로 120만원 상당의 양복을 수수한 경우에 어떠한 제재를 받나요?

유력 신문사의 편집국장으로 승진한 언론사 간부 甲이 고등학교 동창이자 오래된 친구인 사업가 A로부터 승진 축하 기념으로 120만원 상당의 양복을 수수한 경우에(甲과 A는 직무관련성 없음) 甲과 A는 부정청탁금지법상 어떠한 제재를 받나요?

공직자 등에 해당하는 甲은 120만원 상당의 금품 등을 받았으므로, 직무관련 여부 및 기부·후원·증여 등 그 명목에 관계없이 형사처벌(3년 이하의 징역 또는 3천만원 이하의 벌금) 대상에 해당하며, 징계대상에도 해당합니다(제21조).

사업가 A는 공직자 등에게 120만원 상당의 양복을 제공하였으므로, 형사처벌(3년 이하의 징역 또는 3천만원 이하의 벌금) 대상에 해당합니다.

언론사 간부는 부정청탁금지법상 금품 등 수수 금지 규정의 적용대상자인 공직자 등에 해당합니다(제2조제2호라목).

120만원 상당의 양복은 선물 5만원 가액 범위에도 포함되지 않습니다(제8조제3항제2호에 해당하지 않음).

● 신문사 특파원이 주재국에 진출한 한국기업 직원으로부터 동 기업이 운영하는 필리핀 소재 골프장 1년 500만원 상당의 무료회원권을 제공받은 경우에 어떠한 제재를 받나요?

문 미국 주재 □□일보 소속 특파원 甲이 주재국에 진출한 한국기업 A의 직원 B로부터 동 기업이 운영하는 필리핀 소재 골프장 1년 무료회원권(멤버십카드 500만원 상당)을 제공받은 경우(당시 프로모션 차원의 제공이라는 설명을 들었음)에 甲과 A, B는 부정청탁금지법상 어떠한 제재를 받나요?

답 공직자 등에 해당하는 甲은 500만원 상당의 금품 등을 받았으므로, 직무관련 여부 및 기부·후원·증여 등 그 명목에 관계없이 형사처벌(3년 이하의 징역 또는 3천만원 이하의 벌금) 대상에 해당하며, 징계대상에도 해당합니다(제21조).

직원 B는 공직자 등에게 500만원 상당의 골프장 1년 회원권을 제공하였으므로, 형사처벌(3년 이하의 징역 또는 3천만원 이하의 벌금) 대상에 해당합니다.

한국기업 A는 양벌규정에 따라 벌금 부과대상에 해당하나, 의 위반행위를 방지하기 위한 상당한 주의, 감독을 게을리 하지 않았으면 면책될 수 있습니다(제24조).

특파원 甲은 부정청탁금지법상 금품 등 수수 금지 규정의 적용대상자인 공직자 등에 해당합니다(제2조제2호라목).

불특정 다수인에게 배포하기 위한 홍보용품이 되려면 그 제공대상이 특정인, 특정집단으로 한정되지 않아야 하며, 사회상규에 비추어 보아 홍보용 물품으로 볼 수 있는 가격대이어야 할 것이므로, 500만원 상당의 골프장 1년 무료회원권(멤버십카드)를 불특정 다수인에게 배포하기 위한 홍보용품 등이라고 보기도 어렵습니다(제8조제3항제7호에 해당하지 않음).

● 사립초등학교 교사가 학부모로부터 120만원 상당의 현금과 상품권 등을 받은 경우에 제재대상에 해당하나요?

문 사립초등학교 교사인 甲이 자신의 반 학생의 학부모 A로부터 '숙제를 못했다는 이유로 혼내지 말고 칭찬해 달라, 생활기록부에 좋게 기재해 달라'는 부탁을 받고, 120만원 상당의 현금과 상품권 등을 받은 경우에 부정청탁금지법상 제재대상에 해당하나요?

답 공직자 등에 해당하는 甲은 120만원 상당의 금품 등을 받았으므로, 직무관련 여부 및 기부·후원·증여 등 그 명목에 관계없이 형사처벌(3년 이하의 징역 또는 3천만원 이하의 벌금) 대상에 해당하며, 징계대상에도 해당합니다.

학부모 A는 공직자 등에게 1회 100만원을 초과하는 금품 등을 제공하였으므로, 형사처벌(3년 이하의 징역 또는 3천만원 이하의 벌금)대상에 해당합니다.

사립초등학교는 초·중등교육법에 따라 설치된 각급 학교이고, 그 교원 A는 부정청탁금지법 적용 대상자에 해당합니다(제2조제2호다목). 만약, 국공립학교의 교사가 학부모로부터 금품(촌지)을 받은 경우에는 직무행위와 대가관계가 인정되어 형법상 뇌물에 해당합니다.

● 학급회장 어머니가 담임선생님에게 50만원을 전달한 경우에 어떤 제재
  대상인가요?

문 학급회장 어머니 A가 담임선생님 B에게 수학여행을 가서 학급 아이
  들과 맛있는 것을 사 드시라고 하면서 50만원을 전달한 경우에 부
  정청탁금지법상 제재대상인가요?

답 공직자 등에 해당하는 B는 직무와 관련하여 학부모로부터 50만원을 받
  았으므로, 수수 가액의 2배 이상 5배 이하의 과태료 부과대상에 해당하
  며, 징계대상에도 해당합니다.
  학급회장 어머니 A는 공직자 등인 교사에게 1회 100만원 이하 금품
  등을 제공하였으므로, 해당 금품 등 가액의 2배 이상 5배 이하의 과태
  료 부과대상에 해당합니다.
  교사는 부정청탁금지법상 금품 등 수수 금지 규정의 적용대상자인 공직
  자 등에 해당합니다(제2조제2호다목).
  학생 지도, 평가 등 업무를 담당하는 교사와 학부모간 직무관련성 인정
  될 수 있습니다.

1-1-2. 1회 100만원 이하의 경우

① 직무와 관련하여 대가성 여부를 불문하고, 1회 100만원 이하 금품 등을 수수 시 과태료 부과대상이 됩니다. 직무와 관련이 없는 1회 100만원 이하의 금품 등은 수수 금지 금품 등에 해당하지 않습니다.

② 직무와 관련하여 1회 100만원 이하의 금품 등을 수수한 경우 대가성이 인정되면 뇌물죄가 성립되어, 형사처벌 대상이 됩니다. 부정청탁금지법은 대가성 입증이 곤란한 경우 규제의 사각지대를 보완하고 입증부담을 완화하기 위한 취지도 포함합니다.

● 식사값이 1회 100만원 이하인 경우에 부정청탁금지법에서 어떤 제재를 받는지요?

문 계약업체에 다니는 A와 초등학교 교사 B, 전기 관련 공기업체 직원 C는 어릴 때부터 같은 고향에서 함께 자란 막역한 친구 사이로, 연말에 초등학교 동창회에 참석했다가 동창회가 끝나고 세 명이 함께 한정식 집에서 저녁식사를 한 후 A가 식사 값 60만원을 모두 계산한 경우에 부정청탁금지법에서 어떤 제재를 받는지요?

답 교사 B와 공기업체 직원 C는 모두 부정청탁금지법상 금품등 수수 금지 규정의 적용대상자인 공직자 등에 해당합니다. 부정청탁금지법상 1회 100만원 이하의 금품 등을 직무와 관련하여 수수한 경우 과태료 부과 대상에 해당됩니다.

교사 B와 공기업체 직원 C가 제약업체 직원 A로부터 20만원 상당의 식사를 접대 받았으나, 직무와 관련이 없어 제재대상에서 제외됩니다. 제약업체 직원, 초등학교 교사, 전기 관련 공기업체 직원 사이에는 특별한 사정이 없는 한 직무관련성을 인정하기 곤란합니다.

● 언론사 기자가 의사로부터 개인치료를 받고 진료비 중 본인부담금 부분에 대하여 할인 명목으로 20만원을 부담하지 않는 혜택을 받은 경우에 어떤 제재를 받나요?

문 언론사 甲기자는 A병원을 취재하면서 해당 병원 의사 B로부터 개인치료를 받고 진료비 중 본인부담금 부분에 대하여 주요 고객 할인 명목으로 20만원을 부담하지 않는 혜택을 받은 경우에 부정청탁금지법상 제재대상인가요?

답 공직자 등에 해당하는 甲은 직무와 관련하여 취재 중인 병원에서 진료비 20만원 할인 혜택을 받았으므로 수수 가액의 2배 이상 5배 이하의 과태료 부과대상에 해당하며, 징계 대상에도 해당합니다(제21조).

의사 B는 공직자 등에게 20만원 상당의 진료비 할인 혜택을 제공하였으므로, 해당 금품 등 가액의 2배 이상 5배 이하의 과태료 부과대상에 해당합니다.

A병원 또는 A병원 개설자인 개인은 양벌규정에 따라 과태료 부과대상에 해당하나, B의 위반행위를 방지하기 위한 상당한 주의, 감독을 게을리 하지 않았으면 면책될 수 있습니다.

언론사 기자 甲은 부정청탁금지법상 금품 등 수수 금지 규정의 적용대상자인 공직자 등에 해당합니다(제2조제2호라목).

甲은 A병원을 취재하는 중이었으므로 직무관련성 인정될 수 있습니다.

● 언론사 소속 기자 2명이 동료들과 식당에서 식사를 하던 중 출입처 홍보실 팀장을 만나 합석하여 40만원 상당의 식사와 음주를 한 후 그 비용 일체를 팀장이 지불한 경우에 어떤 제재대상인가요?

문 언론사 소속 甲기자는 2명의 동료들과 퇴근 후 인근 식당에서 저녁 식사를 하던 중 우연히 출입처 홍보실 팀장 A를 만나 합석할 것을 권유하였고, 이에 A팀장은 일행과 합석하여 40만원 상당의 식사와 음주를 한 후 그 비용 일체를 지불한 경우 甲과 A는 부정청탁금지법상 제재대상인가요?

답 공직자 등에 해당하는 甲은 직무와 관련하여 출입처 홍보실 팀장 A로부터 10만원 상당의 식사 및 주류 접대를 받았으므로, 수수 가액의 2배 이상 5배 이하의 과태료 부과대상에 해당하며, 징계대상에도 해당합니다.

홍보실 팀장 A는 공직자 등에게 10만원 상당의 식사 및 주류 접대를 하였으므로, 해당 금품 등 가액의 2배 이상 5배 이하의 과태료 부과대상에 해당합니다.

홍보실 팀장 A가 소속된 출입처는 양벌규정에 따라 과태료 부과대상에 해당하나, A의 위반행위를 방지하기 위한 상당한 주의, 감독을 게을리 하지 않았으면 면책될 수 있습니다.

언론사 소속 기자 甲은 부정청탁금지법상 금품 등 수수 금지 규정의 적용대상자인 공직자 등에 해당합니다(제2조제2호라목).

출입처 업무 전반에 대해 취재, 보도를 하는 언론사 소속 甲기자와, 출입처 관련 언론대응 업무를 담당하는 홍보실 팀장 A 간에는 직무관련성 인정될 수 있습니다.

● 지방자치단체 대변인실에서 근무하는 과장이 기자로부터 현금이 없어 5만원을 꿨고, 다음날 돈을 갚으려하자 기자는 '술이나 한잔 사라'고 하여 과장이 산 술값이 12만원인 경우에 제재대상인가요?

문 지방자치단체 대변인실에서 근무하는 A과장과 해당 지방자치단체를 담당하고 있는 甲기자는 업무적으로 만날 일이 잦아 매우 친한 사이인데, 어느 날 A과장이 甲기자로부터 당장 필요한 현금이 없어 5만원을 꿨고, 다음날 돈을 갚으려하자 甲기자는 '그냥 술이나 한잔 사라'고 하여 A과장이 산 술값이 12만원인 경우에 부정청탁금지법상 제재대상인가요?

답 공직자 등에 해당하는 甲기자는 자신이 담당하고 있는 지방자치단체의 대변인실 과장 A로부터 3만 5천원(7만원/2명) 상당의 주류 접대를 받았으므로, 수수 가액의 2배 이상 5배 이하의 과태료 부과대상에 해당하며, 징계대상에도 해당합니다(제21조).

대변인실 과장 A는 공직자등 에게 3만 5천원 상당의 주류 접대를 하였으므로, 해당 금품 등 가액의 2배 이상 5배 이하의 과태료 부과대상에 해당하며, 징계대상에도 해당합니다.

기자 甲은 부정청탁금지법상 금품 등 수수 금지 규정의 적용대상자인 공직자 등에 해당합니다(제2조제2호라목).

지방자치단체 관련 취재 및 보도 업무를 담당하는 기자와, 해당 지방자치단체 관련 언론보도 대응 등 업무를 담당하는 대변인실 과장 간에는 직무관련성 인정될 수 있습니다.

12만원 중 5만원은 사적 거래(금전 소비대차)로 인한 채무 이행 등 정당한 권원에 의해 제공되는 금품 등으로서 수수 금지 금품 등에 해당하지 않으나(제8조제3항제3호), 이를 초과하는 부분(7만원)은 수수 금지 금품 등에 해당합니다.

음식물 3만원 가액기준을 초과하므로, 수수 금지 금품 등의 예외사유에 해당하지 않습니다(제8조제3항제2호에 해당하지 않음). 다만, 주류 접대 목적이 빌렸던 돈을 갚는 취지였던 점, 금품 등 가액이 3만5천원 상당으로서 고액은 아닌 점, 특별히 직무수행의 공정성을 의심할 만한 상황은 아닌 점 등에 비추어 볼 때, 사회상규에 따라 허용되는 금품 등에 해당할 여지는 있습니다(제8조제3항제8호).

● 방송국 PD가 배우의 소속사 직원으로부터 10만원 상당의 공연 티켓 10장을 받은 경우에 어떠한 제재를 받나요?

☒ 방송국PD 甲은 자신이 연출하는 드라마 여주인공 배우의 소속사 A의 직원 B로부터 프로모션의 일환으로 A사가 주최하는 10만원 상당의 공연 티켓 10장을 받은 경우에 甲, A, B는 부정청탁금지법상 어떠한 제재를 받나요?

☒ 공직자 등에 해당하는 甲은 직무와 관련하여 공연 주최측으로부터 100만원 상당의 공연티켓을 제공받았으므로, 수수 가액의 2배 이상 5배 이하의 과태료 부과대상에 해당하며, 징계대상에도 해당합니다(제21조).

직원 B는 공직자 등에게 100만원 상당의 공연티켓을 제공하였으므로, 해당 금품 등 가액의 2배 이상 5배 이하의 과태료 부과대상에 해당합니다,

소속사 A는 양벌규정에 따라 과태료 부과대상에 해당하나, 직원 B의 위반행위를 방지하기 위한 상당한 주의, 감독을 게을리 하지 않았으면 면책될 수 있습니다(제24조).

방송국 PD는 부정금지법상 금품 수수 금지 규정의 적용대상자인 공직자 등에 해당합니다(제2호라목).

드라마 연출, 주인공 캐스팅 권한을 가진 방송국 PD와, 소속배우의 드라마 출연관련 업무를 담당하는 소속사 A의 직원 B간에는 직무관련성 인정될 수 있습니다.

10만원 상당의 공연 티켓 10장을 받은 경우에 수수 금지 금품 등의 예

외사유에 해당하지 않습니다. 선물 가액이 5만원을 초과하므로, 수수 금지 금품 등의 예외사유에 해당하지 않습니다(제8조제3항제2호에 해당하지 않음).

불특정 다수인에게 배포하기 위한 홍보용품이 되려면 그 제공대상이 특정인, 특정집단으로 한정되지 않아야 하며, 사회상규에 비추어 보아 홍보용 물품으로 볼 수 있는 가격대이어야 할 것이므로, 불특정 다수인에게 배포하기 위한 홍보용이라고 보기도 어렵습니다(제8조제3항제7호에 해당하지 않음).

금품 등 제공자가 직무관련자인 소속사 직원인 점, 방송국 PD와 소속사 직원간에 특수한 사적 친분관계가 없는 점, 공연티켓 가액이 100만원 상당인 점, 직무수행의 공정성을 의심받을 수 있는 상황이라는 점 등에 비추어 볼 때, 사회상규에 따라 허용되는 금품 등이라고 보기도 어렵습니다(제8조제3항제8호에 해당하지 않음).

● 카메라 감독이 배우가 화면에 잘 나오도록 촬영해 줄 것을 부탁받으며 20만원 상당의 양주를 선물로 받은 경우에 제재대상인가요?

문 방송국에서 근무하는 카메라 감독 甲은 함께 드라마 촬영을 하고 있는 ◇◇배우의 A매니지먼트 회사 소속 대표 B로부터 ◇◇배우가 화면에 잘 나오도록 촬영해 줄 것을 부탁받으며 20만원 상당의 양주를 선물로 받은 경우에 부정청탁금지법상 제재대상인가요?

답 공직자 등에 해당하는 甲은 드라마 촬영 등 직무와 관련하여 매니지먼트 회사 대표 B로부터 20만원 상당의 양주를 받았으므로, 수수 가액의 2배 이상 5배 이하의 과태료 부과대상에 해당하며, 징계대상에도 해당합니다.

대표 B는 공직자 등인 카메라 감독에게 20만원 상당의 양주 선물을 하였으므로, 해당 금품 등 가액의 2배 이상 5배 이하의 과태료 부과대상에 해당합니다. A매니지먼트 회사는 양벌규정에 따라 과태료 부과대상에 해당합니다.

방송국 근무 카메라 감독은 부정청탁금지법상 금품 등 수수 금지 규정의 적용대상자인 공직자 등에 해당합니다(제2조제2호라목).

드라마 촬영 업무를 담당하는 카메라 감독과, 해당 드라마에 출연하고 있는 배우의 매니지먼트 회사 임직원 간에는 직무관련성 인정될 수 있습니다.

20만원 상당의 양주는 수수 금지 금품 등의 예외사유에 해당하지 않습니다. 선물 가액이 5만원을 초과하므로, 20만원 상당의 양주는 수수가 허용되는 선물 등에 해당하지 않습니다(제8조제3항제2호에 해당하지 않음).

금품 등 제공자가 직무관련자인 매니지먼트 회사 직원인 점, 카메라 감독과 매니지먼트 회사 직원 간에 특수한 사적 친분관계가 없는 점, 양주 가액이 20만원 상당인 점, 직무수행의 공정성을 의심받을 수 있는 상황이라는 점 등에 비추어 볼 때, 사회상규에 따라 허용되는 금품 등이라고 보기도 어렵습니다(제8조제3항제8호에 해당하지 않음).

법인의 대표자의 행위는 양벌규정의 면책 대상에서 제외된다는 것이 판례의 입장이므로, A회사는 대표 B의 위반행위를 방지하기 위해 해당 업무에 관하여 상당한 주의와 감독을 게을리 하지 않았다 하더라도 면책되기 어렵습니다(대법원 2011. 3. 24. 선고 2010도14817 판결 등 참조).

● 신문사 소속 기자 3명이 출입처인 대기업 홍보팀장으로부터 주말에 골프접대를 받았는데, 골프비용 80만원 전액을 그가 결제한 경우에 어떠한 제재를 받나요?

문 신문사 소속 기자 甲, 乙, 丙은 출입처인 A대기업 홍보팀장 B로부터 주말에 골프접대를 받았는데, 골프비용 80만원 전액을 B가 결제한 경우에 甲, 乙, 丙, A, B는 부정청탁금지법상 어떠한 제재를 받나요?

답 공직자 등에 해당하는 甲, 乙, 丙은 직무와 관련하여 출입처인 대기업 홍보팀으로부터 1인당 20만원 상당의 골프접대를 받았으므로, 각각 수수 가액의 2배 이상 5배 이하의 과태료 부과대상에 해당하며, 징계대상에도 해당합니다.

홍보팀장 B는 공직자 등인 기자들에게 20만원 상당의 골프접대를 하였으므로, 해당 금품 등 가액의 2배 이상 5배 이하의 과태료 부과대상에 해당합니다.

A대기업은 양벌규정에 따라 과태료 부과대상에 해당하나, 홍보팀 임직원 등의 위반행위를 방지하기 위한 상당한 주의, 감독을 게을리 하지 않았으면 면책될 수 있습니다.

신문사 기자는 부정청탁금지법상 금품 등 수수 금지 규정의 적용대상자인 공직자 등에 해당합니다(제2조제2호라목).

출입처 업무 전반에 대해 취재, 보도를 하는 신문사 소속 기자와, 언론 대응 업무 전반을 담당하는 대기업 홍보팀장 간에는 직무관련성 인정될 수 있습니다.

● 유치원 교사가 학부모로부터 30만원의 상품권을 받은 경우에 어떠한
제재를 받나요?

문 1) 유치원 교사 甲이 학부모 A로부터 '자녀를 잘 돌봐 달라'는 대
가로 30만원의 상품권을 받은 경우에 부정청탁금지법상 어떠한 제재
를 받나요?

2) 추석 명절에 사립학교 교사 甲이 학부모 A로부터 20만원 상당의 구
두상품권을 선물로 받은 경우에 부정청탁금지법상 어떠한 제재를 받
나요?

3) 초등학교 1학년 1반에 재학 중인 학생의 아버지인 A는 담임선생님
甲에게 좋은 일에 사용하라고 하며 다른 동료 교사들이 있는 자리에
서 50만원을 주었는데, 교사 甲은 50만원을 개인적인 용도로 사용
하지 않고 불우이웃 성금으로 낸 경우에 부정청탁금지법상 어떠한
제재를 받나요

답 1) 유치원 교사 甲은 직무와 관련하여 30만원의 상품권을 받았으므로, 수
수 가액의 2배 이상 5배 이하의 과태료 부과대상에 해당하며, 징계대상에
도 해당합니다. A는 甲에게 30만원의 상품권을 제공하였으므로, 해당 금
품 등 가액의 2배 이상 5배 이하의 과태료 부과대상에 해당합니다.
유아교육법상 유치원은 유아의 교육을 위하여 설립, 운영되는 학교이므
로 유치원 교사는 공직자 등에 해당하며(제2조제2호다목), 유아에 대한
지도·감독, 평가 등 업무를 담당하는 유치원 교사와 학부모간 직무관련
성 인정될 수 있습니다.
30만원 상당의 상품권은 원활한 직무수행 또는 사교·의례 목적으로 제
공되는 선물 등으로서 5만원 이하의 금품 등이라고 볼 수 없으므로, 수
수 금지 금품 등의 예외사유에 해당하지 않습니다(제8조제3항제2호에
해당하지 않음).

2) 교사 甲은 직무와 관련하여 20만원 상당의 상품권을 받았으므로, 금품

등 가액의 2배 이상 5배 이하의 과태료 부과대상에 해당하며, 징계대상에도 해당합니다.

A는 甲에게 20만원의 상당의 상품권을 제공하였으므로, 해당 금품 등 가액의 2배 이상 5배 이하의 과태료 부과대상에 해당합니다.

사립학교 교사는 부정청탁금지법상 금품 등 수수 금지 규정의 적용대상자인 공직자 등에 해당하며(제2조제2호다목), 학생 지도, 평가 등 업무를 담당하는 교사와 학부모간 직무관련성 인정될 수 있습니다.

20만원 상당의 상품권은 원활한 직무수행 또는 사교·의례 목적으로 제공되는 선물 등으로서 5만원 이하의 금품등이라고 볼 수 없으므로, 수수 금지 금품 등의 예외사유에 해당하지 않습니다(제8조제3항제2호에 해당하지 않음).

3) 교사 甲은 직무와 관련하여 50만원을 받았으므로, 금품 등 가액의 2배 이상 5배 이하의 과태료 부과대상에 해당하며, 징계대상에도 해당합니다.

A는 甲에게 50만원을 제공하였으므로, 해당 금품 등 가액의 2배 이상 5배 이하의 과태료 부과대상에 해당합니다.

학생지도 등을 직무로 하고 있는 초등학교 교사 甲은 자신이 담임을 맡고 있는 반 학생의 부모와 직무관련성 인정될 수 있습니다.

교사 甲이 직무와 관련하여 학부모 A로부터 받은 50만원은 수수 금지 금품 등에 해당하고, 이를 수수한 이상 불우이웃 돕기 등에 사용했더라도 부정청탁금지법상 제재대상에 해당합니다.

교사 甲과 학부모 A의 관계, 수수한 금액 등을 고려할 때, 사교·의례 목적으로 제공되었다거나 사회상규에 따라 허용되는 금품 등으로 볼 수 없습니다(제8조제3항제2호, 제8호에 해당하지 않음).

● 제약회사 직원이 국립대학병원 의사에게 다음 달에 10만원 상당의 식사를 대접하겠다고 한 경우에 어떤 제재를 받나요?

문 제약회사 직원 A가 국립대학병원 소아과 의사 甲에게 다음 달에 10만원 상당의 식사를 대접하겠다고 한 경우에 부정청탁금지법상 어떤 제재를 받나요?

답 공직자 등은 직무와 관련하여 대가성 여부를 불문하고 1회 100만원 이하의 금품 등을 요구 또는 약속해서는 아니 되므로, 식사대접 '약속'도 부정청탁금지법상 제재대상에 해당할 수 있습니다.

공직자 등에 해당하는 甲은 직무와 관련하여 10만원의 식사접대를 약속받았으므로, 수수 가액의 2배 이상 5배 이하의 과태료 부과대상에 해당하며, 징계대상에도 해당합니다.

A는 공직자 등에게 10만원의 식사접대를 약속하였으므로, 해당 금품 등 가액의 2배 이상 5배 이하의 과태료 부과대상에 해당합니다.

제약회사는 양벌규정에 따라 과태료 부과대상에 해당하나, 직원의 위반행위를 방지하기 위한 상당한 주의, 감독을 게을리 하지 않았으면 면책될 수 있습니다.

국립대학병원 소아과 의사는 공직자 등에 해당합니다(제2조제2호나목). 환자 치료 및 약물 처방 등을 담당하는 의사와 제약회사 직원 간 직무관련성 인정될 수 있습니다.

10만원 상당의 식사는 원활한 직무수행 또는 사교·의례 목적으로 제공되는 음식물 등으로서 3만원 이하의 금품 등이라고 볼 수 없으므로, 수수 금지 금품 등의 예외사유에 해당하지 않습니다(제8조제3항제2호에 해당하지 않음).

● 학교 급식조리원이 자신이 재직하고 있는 학교에 납품 입찰을 하려는 친구와 20만원 상당의 술을 곁들인 식사를 하고, 친구가 계산한 경우에 제재대상인가요?

🈷 중학교 급식조리원으로 일하고 있는 甲은 자신이 재직하고 있는 학교에 납품 입찰을 하려는 친구 A와 20만원 상당의 술을 곁들인 식사를 하고, 친구 A가 계산한 경우에 부정청탁금지법상 제재대상인가요?

🈺 공직자 등에 해당하는 甲은 직무와 관련하여 자신이 재직하고 있는 학교에 납품입찰을 하려는 A로부터 20만원 상당의 식사 및 주류 접대를 받았으므로, 수수 가액의 2배 이상 5배 이하의 과태료 부과대상에 해당하며, 징계대상에도 해당합니다. 친구 A는 공직자 등에게 20만원 상당의 식사 및 주류 접대를 하였으므로, 해당 금품 등 가액의 2배 이상 5배 이하의 과태료 부과대상에 해당합니다.

중학교 급식조리원 甲은 학교 직원으로서 부정청탁금지법상 금품등 수수 금지규정의 적용대상자인 공직자 등에 해당합니다(제2조제2호다목).

급식에 사용되는 식재료 등 납품에 영향력을 행사할 수 있는 중학교 급식조리원 甲과 해당 중학교에 납품 입찰을 하려는 친구 A간 직무관련성 인정될 수 있습니다.

10만원 상당의 주류 및 식사는 원활한 직무수행 또는 사교·의례 목적으로 제공되는 음식물 등으로서 3만원 이하의 금품 등이라고 볼 수 없으므로, 수수 금지 금품 등의 예외사유에 해당하지 않습니다(제8조제3항제2호에 해당하지 않음).

● 공립중학교와 거래를 하고 있는 업체 대표가 행정실에 근무하는 직원들에게 각각 10만원 상당의 선물을 주었으나, 무기계약근로자 1명을 제외한 나머지 직원들은 모두 거절한 경우에 제재대상인가요?

문 공립중학교와 거래를 하고 있는 업체 대표 A는 추석을 맞이하여 행정실에 근무하는 직원들에게 각각 10만원 상당의 선물을 주었으나, 무기계약근로자 甲을 제외한 나머지 직원들은 모두 거절한 경우에 부정청탁금지법상 제재대상인가요?

답 공직자 등에 해당하는 甲은 직무와 관련하여 자신이 재직하고 있는 중학교와 거래를 하고 있는 업체 대표 A로부터 10만원 상당의 선물을 받았으므로, 수수 가액의 2배 이상 5배 이하의 과태료 부과대상에 해당하며, 징계대상에도 해당합니다(제21조). 업체 대표 A는 공직자 등에게 10만원 상당의 선물을 제공하였으므로, 해당 금품 등 가액의 2배 이상 5배 이하의 과태료 부과대상에 해당합니다.

업체는 양벌규정에 따라 과태료 부과대상에 해당하나, 직원 A의 위반행위를 방지하기 위한 상당한 주의·감독을 게을리 하지 않았으면 면책될 수 있습니다.

한편, 선물을 거절한 나머지 직원들은 부정청탁금지법상 제재대상에 해당하지 않습니다. 부정청탁금지법 제2조제2호다목의 적용대상에서 직원은 근로 계약 형태를 불문하고 공공기관과 근로계약을 체결한 근로자를 의미하므로, 행정직원인 무기계약 근로자 甲도 공직자 등에 포함될 수 있습니다.

선물 가액이 5만원을 초과하므로, 10만원 상당의 선물은 수수 금지 금품 등의 예외사유에 해당하지 않습니다.

공립중학교 행정실 직원들도 공직자 등에 포함되나(제2조제2호다목), 수수 금지 금품 등 제공에 대해 소속기관장에게 지체 없이 서면으로 신고하거나 거부의사를 밝힌 경우에는 제재대상에서 제외됩니다(제9조제1항제1호, 제9조제2항, 제23조제5항제1호 단서).

● 교사가 정년퇴직하기 전 학부모가 송별회를 하여 1인당 7만원 상당의 식비가 나온 경우에 제재대상인가요?

🈷 학부모 A는 甲교사가 정년퇴직하기 전 성대한 송별회를 하여 1인당 7만원 상당의 식비가 나온 경우에 부정청탁금지법상 제재대상인가요?

🈺 공직자 등에 해당하는 甲은 직무와 관련하여 7만원 상당의 식사 접대를 받았으므로, 수수 가액의 2배 이상 5배 이하의 과태료 부과대상에 해당하며, 징계대상에도 해당합니다.

학부모 A는 공직자 등에게 7만원 상당의 식사 접대를 하였으므로, 해당 금품 등 가액의 2배 이상 5배 이하의 과태료 부과대상에 해당합니다.

교사는 부정청탁금지법상 금품 등 수수 금지 규정의 적용대상자인 공직자 등에 해당하며(제2조제2호다목), 학생 지도, 평가 등 업무를 담당하는 교사와 학부모간 직무관련성 인정될 수 있습니다.

음식물 가액이 1인당 3만원을 초과하므로, 수수 금지 금품 등의 예외사유에 해당하지 않습니다(제8조제3항제2호에 해당하지 않음).

● 교육 관련 사업 부문 기업에서 홍보업무를 맡고 있는 직원이 사립학교 교직원이 1명이 포함한 고등학교 동문 7명과 송년회를 하면서 술값은 80만원을 계산한 경우에 제재대상인가요?

문 교육 관련 사업 부문이 있는 기업에서 홍보 업무를 맡고 있는 직원 A씨는 정기적으로 만나는 고등학교 동문 7명과 송년회를 했습니다. A씨를 포함한 7명은 공직과 전혀 관계없는 직업이고 1명만 사립학교 교직원입니다. A씨는 술을 마시다가 교직원 친구 甲에게 '앞으로 우리 회사가 학생들을 위한 사업을 펼칠 계획이라고 한다. 조언이 필요하니 잘 봐 달라'고 하면서, 그 날 술자리는 A씨가 계산했는데 술값은 80만원인 경우에 甲은 부정청탁금지법상 제재대상인가요?

답 공직자 등에 해당하는 甲은 직무와 관련하여 A로부터 10만원(80만원/8명)상당의 식사 접대를 받았으므로, 수수 가액의 2배 이상 5배 이하의 과태료 부과대상에 해당하며, 징계대상에도 해당합니다.

A는 공직자 등에게 10만원 상당의 식사 접대를 하였으므로, 해당 금품 등 가액의 2배 이상 5배 이하의 과태료 부과대상에 해당합니다.

A가 재직 중인 기업은 양벌규정에 따라 과태료 부과대상에 해당하나, 직원 A의 위반행위를 방지하기 위한 상당한 주의, 감독을 게을리 하지 않았으면 면책될 수 있습니다.

사립학교 교직원은 부정청탁금지법상 금품 등 수수 금지 규정의 적용대상자인 공직자 등에 해당합니다(제2조제2호다목).

A가 재직 중인 기업의 업무 내용(학생들을 위한 사업)에 비추어 볼 때, A와 甲 간에 직무관련성 인정될 수 있습니다.

수수 금지 금품 등의 예외사유에 해당하는지 여부는 원활한 직무수행 또는 사교·의례목적으로 제공되는 3만원 이하 음식물에 해당하지 않으므로, 수수 금지 금품 등의 예외사유에 해당하지 않습니다(제8조제3항제2호에 해당하지 않음). 다만, 정기적으로 만나는 고등학교 동문이라는 점에서 사회상규에 따라 허용되는 금품 등에 해당하는지 여부는 검토가 필요합니다(제8조제3항제8호).

● 공립초등학교 교장이 기간제교사인 외국인에게 50만원 상당의 양주를 선물받은 경우에 제재대상인가요?

문 원어민 기간제교사인 외국인 A는 공립초등학교 교장 甲에게 '항상 신경써주셔서 감사하며 앞으로도 잘 부탁드린다'는 말과 함께 50만원 상당의 양주를 선물한 경우에 부정청탁금지법상 제재대상인가요?

답 공직자 등에 해당하는 甲은 직무와 관련하여 원어민교사 A로부터 50만원 상당의 양주를 받았으므로, 수수 가액의 2배 이상 5배 이하의 과태료 부과대상에 해당하며, 징계대상에도 해당합니다.

외국인 A는 공직자 등에게 50만원 상당의 양주를 선물하였으므로, 해당 금품 등 가액의 2배 이상 5배 이하의 과태료 부과대상에 해당합니다.

외국인이라도 대한민국 영역 내에서 위반행위를 한 경우 과태료 부과대상이 될 수 있습니다(질서위반행위규제법 제4조제1항).

학교장은 공직자 등에 해당(제2조제2호다목)하며, 원어민교사에 대한 인사권 등을 가지는 학교장과 원어민교사 사이에는 직무관련성이 인정됩니다.

50만원 상당의 양주는 원활한 직무수행 또는 사교·의례 목적으로 제공되는 선물 등으로서 5만원 이하의 금품 등이라고 볼 수 없고, 사회상규에 따라 허용되는 금품 등에 해당한다고 보기도 어려우므로, 수수 금지 금품 등의 예외사유에 해당하지 않습니다(제8조제3항제2호, 제8호에 해당하지 않음).

1-2. '동일인'과 '1회'

1-2-1. 개요

① 동일인으로부터 1회 100만원 초과 금품 등을 수수하면 형사처벌, 그 이하 금품 등을 직무와 관련하여 수수하면 과태료 부과대상이 됩니다.

② '동일인'과 '1회'를 어떻게 해석하는지에 따라 제재의 종류가 달라질 수 있습니다.

③ 금품 등의 수수행위에 대해서는 형사처벌 또는 과태료가 부과되므로, 기존 형법이나 질서위반행위규제법과의 조화로운 해석이 필요합니다.

● '동일인' 및 '1회'의 판단기준은 어떻게 설정되어 있나요?

문 □□도 턴키심사위원회 설계심의분과위원회에 A건설회사 ㈜의 설계가 심의대상으로 상정되었는데 심의 1주일 전 A건설회사(주) 직원 B는 심의위원으로 참여하는 건축사 甲과 점심을 먹고 20만원을 결계하였고, 같은 날 오후 직원 C는 甲과 골프를 친 후 그린피 50만원을 결계하였으며, 같은 날 저녁 직원 D는 100만원 상당의 술과 식사를 접대하고 택시비를 하라며 30만원을 에게 준 경우에 甲, A, B, C, D는 부정청탁금지법상 어떤 제재를 받나요?

답 동일인 여부는 금품 등을 직접 제공한 사람이 누구인지 형식적으로 판단할 것이 아니라, '실제 제공자'가 누구인지를 기준으로 판단하며, '동일인'은 금품 등의 출처가 어디인지가 중요하므로, 자연인뿐만 아니라 법인도 포함될 수 있습니다.

1회는 자연적 의미의 행위의 수만으로 판단할 수 없고 법적으로 평가된 의미의 행위 수를 고려하여 판단하며, 행위가 시간적·장소적으로 근접성이 있거나 시간적 계속성이 있는 경우 1회로 평가 가능합니다.

질문의 경우 건축사 甲은 직원 B, C, D로부터 금품 등을 받았으나, 금품 등의 출처는 A회사이므로 동일인(A회사)으로부터 115만원 상당의 금품 등(점심식사 10만원+그린피 25만원+저녁식사·술 50만원+택시비 30만원)을 받은 것으로 볼 수 있습니다. 또한, 건축사 甲이 직원 B, C, D로부터 금품 등을 받은 행위는 같은 날 근접하여 이루어졌으므로, 시간적 계속성·근접성이 인정되어 1회로 평가할 수 있습니다.

건축사 甲은 A회사로부터 1회 115만원 상당의 금품 등을 받았으므로, 형사처벌 대상(3년 이하 징역 또는 3천만원 이하 벌금)에 해당합니다(제8조제1항, 제22조제1항제1호).

직원 B, C, D는 건축사 甲에게 직무와 관련하여 각각 1회 100만원 이하의 금품 등을 제공하였으므로, 각자 제공액의 2배 이상 5배 이하 과태료 부과대상에 해당합니다(제8조제5항, 제23조제5항제3호).

A 회사는 직원 B, C, D가 공동정범이 아닐 경우 양벌규정에 따라 세 개의 과태료 부과대상이나(공동정범으로 인정될 경우 1개의 벌금 부과대상), 직원의 위반행위를 방지하기 위한 상당한 주의·감독 의무를 게을리 하지 않은 경우 면책될 수 있습니다(제24조).

건축사 甲은 위원회의 위원 중 공직자 등이 아닌 위원으로 공무수행사인에 해당하여 부정청탁금지법 적용대상자에 해당합니다(제11조제1항제1호).

1-2-2. 동일인

① 동일인 여부는 금품 등을 직접 제공한 사람이 누구인지 형식적으로 판단할 것이 아니라 '실제 제공자'가 누구인지를 기준으로 판단합니다. 판례는 처벌대상이 되는 동일인 대출한도 초과 여부를 판단함에 있어 대출금이 실질적으로 귀속되는 자를 기준으로 동일인을 판단하고 있습니다.

② 또한, '동일인'은 금품 등의 출처가 어디인지 또는 누구인지의 문제도 있습니다. 금품 등의 제공의 경우 출처가 중요하므로 동일인에는 자연인뿐만 아니라, 원칙적으로 법인도 포함될 수 있습니다. 동일인은 실제 금품 등 제공행위를 할 수 있는 능력, 즉 범죄행위능력의 문제가 아니므로 원칙적으로 법인도 포함될 수 있습니다.

③ 다만, 금품 등 제공 금지의무가 부과된 부정청탁금지법 제8조제5항의 '누구든지'는 제공자에 대한 규정이므로 자연인 외에 법인은 제외됩니다. 법 제5조제1항의 부정청탁금지규정의 주체인 '누구든지'에 자연인만 포함되고, 법인은 제외되는 것과의 통일적 해석이 필요합니다. 법인은 그 소속 임직원이 업무에 관하여 위반행위를 한 경우에 법 제24조의 양벌규정에 따라 벌금 또는 과태료 부과대상이 됩니다.

● **70만원 상당의 양주와 30만원 상당의 상품권을 각각 제공하고, 30만원 상당의 식사를 접대한 경우에 부정청탁행위가 되는지요?**

問 ○○도 턴키심사위원회 설계심의분과위원회에 ◇◇건설회사(주)의 설계가 심의 대상으로 상정되었습니다. 이에 심의위원으로 참여하는 건축사 A에게 ◇◇건설회사(주) 임원 B는 70만원 상당의 양주를, 직원 C는 30만원 상당의 상품권을 각각 제공하였고, D는 30만원 상당의 식사를 접대한 경우에 부정청탁행위가 되는지요?

答 건축사 A는 위원회의 위원 중 공직자 등이 아닌 위원으로 공무수행사인에 해당하여 부정청탁금지법 제11조제1항제1호의 적용대상자에 해당합니다.

건축사 A는 ◇◇건설회사(주)로부터 130만원 상당의 금품 등(70만원 상당 양주, 30만원 상당 상품권, 30만원 상당 식사의 합계)을 받았습니다. 건축사 A는 임직원 B, C, D로부터 금품 등을 받았으나, 금품 등의 출처 및 실제 제공자는 ◇◇건설회사(주)입니다. 건축사 A가 임직원 B, C, D로부터 금품 등을 받은 행위는 시간적 계속성과 심의대상 처리라는 목적의 관련성이 있어 1회로 평가 가능합니다.

1회는 자연적 의미의 행위의 수만으로 판단할 수 없고 법적으로 평가된 의미의 행위 수를 고려하여 판단합니다.

건축사 A는 ◇◇건설회사(주)로부터 1회 100만원을 초과하는 금품 등을 받았으므로 형사처벌 대상으로 3년 이하 징역 또는 3천만원 이하 벌금의 처벌을 받게 됩니다.

임직원 B, C, D는 건축사 A에게 직무와 관련하여 1회 100만원 이하의 금품 등을 각각 제공하였으므로 모두 각자 제공액의 2배이상 5배이하 과태료 부과대상이 됩니다. 다만, 임직원 B, C, D가 상호 의사연락하에 공동으로 제공행위를 하였다면 모두 공동정범(1회 100만원 초과제공)으로 처벌될 수 있습니다.

금품 등 제공 금지의무가 부과된 부정청탁금지법 제8조제5항의 '누구든지'에는 실제 제공행위를 할 수 있는 자연인만 포함되고 법인은 제외됩니다. ◇◇건설회사(주)도 임직원 B, C, D가 업무에 관하여 위반행위를 하였으므로 양벌규정에 따라 과태료 부과 대상이 됩니다.

임직원 B, C, D가 상호 의사연락 하에 공동으로 제공하여 공동정범으로 형사처벌 대상인 경우 ◇◇건설회사(주)도 양벌규정에 따라 형사처벌 대상이 됩니다. 다만, 임직원의 위반행위를 방지하기 위한 상당한 주의 감독 의무를 게을리하지 않은 경우 면책이 가능합니다.

1-2-3. 1회의 의미

① 1회는 자연적 의미의 행위의 수를 의미하는지, 법적인 의미에서의 행위의 수를 의미하는지 문제가 됩니다. 수개의 수수행위가 있는 경우에도 1회로 평가될 수 있으면 모두 합산하여 위반행위가 성립하고 제재의 종류가 달라질 수 있습니다.

② 1회는 자연적 의미의 행위의 수만으로 판단할 수 없고, 법적으로 평가된 의미의 행위 수를 고려하여 판단합니다. 행위가 시간적 장소적으로 근접성이 있거나 시간적 계속성이 있는 경우 1회로 평가 가능합니다. 분할하여 금품 등을 제공하는 행위(소위 '쪼개기')의 경우 자연적 의미의 행위 수로만 보면 1회로 보기 어렵지만, 법적으로 평가하는 경우 1회로 볼 수 있습니다.

③ 수개의 금품 등 수수행위를 법적으로 1회로 평가할 수 있으면 모두 합산하고 100만원 초과시 형사처벌 대상이 됩니다.

● **부정청탁금지법 제8조 제1항에서 규정하는 '1회'의 의미는 어떻게 판단해야 하는지요?**

문 ○○공공기관 과장 甲과 해당 공공기관 서울 소재 사무소장 乙은 관련 업무를 하고 있는 A회계법인의 대표 B와 함께 식사를 한 후 B가 식사비용 60만원을 계산하였고, 같은 날 甲, 乙은 B와 함께 술을 마시고 B가 술값으로 300만원을 계산한 경우에 甲, 乙, A, B는 부정청탁금지법상 어떠한 제재가 있나요?

답 1회는 자연적 의미의 행위의 수만으로 판단할 수 없고, 법적으로 평가

된 의미의 행위 수를 고려하여 판단하며, 행위가 시간적·장소적으로 근접성이 있거나 시간적 계속성이 있는 경우 1회로 평가 가능합니다.

음식물·주류 등의 접대·향응을 받은 경우에 실제 접대에 소요된 비용을 기준으로 하여야 하나, 각자의 소요비용을 명확히 알 수 없는 경우에는 평등하게 분할한 금액을 기준으로 합니다.

질문의 경우에 공공기관 직원 甲과 乙이 직무관련자인 대표 B로부터 같은 날 접대받은 식사와 술은 시간적·장소적 근접성이 있으므로 '1회'로 볼 수 있습니다.

甲, 乙은 B로부터 각 120만원(식사비용 60만원/3명 술값 300만원/3명)의 접대를 받았으므로, 각각 형사처벌(3년 이하의 징역 또는 3천만원 이하의 벌금)대상이며(제8조제1항, 제22조제1항제1호), 각각 징계대상에도 해당합니다.

B는 1회 120만원을 제공하였으므로, 형사처벌(3년 이하의 징역 또는 3천만원 이하의 벌금)대상에 해당합니다(제8조제5항, 제22조제1항제3호).

참고로, 법인의 대표자의 행위는 양벌규정의 면책 대상에서 제외된다는 것이 판례의 입장이므로, A회계법인은 대표 B의 위반행위를 방지하기 위해 해당업무에 관하여 상당한 주의와 감독을 게을리 하지 않았다 하더라도 면책되기 어렵습니다.

● 5월에 70만원 상당의 골프 라운딩과 식사 접대를 받았고, 7월경 50만원 상당의 골프채를 선물로 받은 경우에 부정청탁금지법상 어떠한 제재를 받나요?

문 □□중앙부처 국장 甲은 ①5월경 대기업 임원인 대학 동창 A로부터 70만원 상당의 골프 라운딩과 식사 접대를 받았고, ②같은 해 7월경 50만원 상당의 골프채를 선물로 받았는데, 甲과 A는 아무런 직무 관련이 없는 경우에 부정청탁금지법상 어떠한 제재를 받나요?

답 국장 甲은 대학동기 A로부터 ①5월에 70만원 상당의 접대, ②7월에 50만원 상당의 선물을 수수했는데, 각 수수행위의 시간적 근접성·계속성을 인정하기 어려운 점 등에 비추어 볼 때, ①과 ②를 '1회'로 평가하기는 어렵습니다.

국장 甲은 1회 100만원 이하의 금품 등을 두 차례 받았으나, 직무와 관련하여 받은 것이 아니므로 부정청탁금지법상 제재대상에 해당하지 않습니다.

대학동기 A는 공직자 등에 해당하는 甲에게 1회 100만원 이하의 금품 등을 두 차례 제공하였으나, 직무 관련성이 없어 역시 부정청탁금지법상 제재대상에 해당하지 않습니다.

1회는 자연적 의미의 행위의 수만으로 판단할 수 없고 법적으로 평가된 의미의 행위 수를 고려하여 판단하며, 행위가 시간적·장소적으로 근접성이 있거나 시간적 계속성이 있는 경우 1회로 평가 가능합니다.

1회당 100만원 이하의 금품 등을 수수할 경우 직무관련성이 있어야 부정청탁금지법상 제재대상에 해당합니다(제8조제2항).

● 2개월에 걸쳐 3회 45만원 상당의 선물 등을 받은 경우에 부정청탁금
지법상 어떠한 제재를 받나요?

문 □□구청 위생과 공무원 甲은 구청 관할지역에서 요식업을 하는 A
로 부터 직무와 관련하여, ①9월초 20만원 상당의 식사 접대, ②9
월말 15만원 상당의 선물을 각각 받았고, ③10월초 15만원 상당의
식사 접대를, ④10월말 15만원 상당의 선물을 각각 받은 경우에 甲
과 A는 부정청탁금지법상 어떠한 제재를 받나요?

답 공무원 甲은 요식업자 A로부터 ①9월초 20만원 상당의 접대, ②9월말
15만원 상당의 선물, ③10월초 15만원 상당의 접대, ④10월말 15만원
상당의 선물을 수수했는데, 각 수수행위의 시간적 근접성·계속성을 인정
하기 어려운 점 등에 비추어 볼 때 ①~④를 '1회'로 평가하기는 어렵습
니다.

공무원 甲은 직무와 관련하여 4회에 걸쳐 각 100만원 이하의 접대 및
선물을 받았으므로, 4개의 과태료(각 수수한 금품 등 가액의 2배 이상
5배 이하의 과태료)부과대상에 해당합니다(제8조제2항, 제23조제5항
제1호).

요식업자A는 공직자 등에 해당하는 甲에게 직무와 관련하여 4회에 걸쳐
각 100만원 이하의 접대 및 선물을 제공하였으므로, 4개의 과태료(각
제공된 금품 등 가액의 2배 이상 5배 이하의 과태료)부과대상에 해당합
니다(제8조제5항, 제23조제5항제3호).

● 2만원 상당의 식사대접을 받고, 택시비 20만원을 받았다면 부정청탁금지법상 어떠한 제재를 받나요?

문 □□중앙부처 甲국장은 해당 부처 산하 기관장 A(직무관련성 있음을 전제)로부터 2만원 상당의 식사대접을 받았습니다. 3만원을 넘지 않는 식사를 했지만, 식사 뒤 산하 기관장 A가 택시비로 하라면서 甲에게 20만원을 주었고, 甲이 이를 수수했을 경우에 甲과 A는 부정청탁금지법상 어떠한 제재를 받나요? (산하기관은 부정청탁금지법의 적용대상 기관임)

답 국장 甲은 식사대접을 받은 뒤 바로 A로부터 택시비로 20만원을 받았으므로, 시간적·장소적 근접성과 시간적 연속성이 인정되어 식사접대행위와 택시비 제공행위를 1회로 평가할 수 있습니다.

국장 甲은 직무관련성이 인정되는 A로부터 1회 22만원(20만원+2만원)을 받았으므로, 수수 가액의 2배 이상 5배 이하의 과태료 부과대상에 해당하며, 징계대상에도 해당합니다(제21조).

기관장 A는 공직자 등에 해당하는 甲에게 22만원을 제공하였으므로, 해당 금액의 2배 이상 5배 이하의 과태료 부과대상에 해당하며(제8조제5항, 제23조제5항제3호), 징계대상에도 해당합니다(제21조).

국장 甲은 부정청탁금지법상 금품 등 수수 금지 규정의 적용대상자인 공직자 등에 해당합니다(제2조제2호가목).

'1회'는 자연적 의미의 행위 수만으로 판단할 수 없고, 법적으로 평가된 의미의 행위 수를 고려하여 판단하며, 행위가 시간적·장소적으로 근접성이 있거나 시간적 계속성이 있는 경우 1회로 평가 가능합니다.

음식물 가액은 3만원 이하지만, 식사대접 행위가 택시비 제공행위와 함께 1회로 평가되면서 원활한 직무수행 등의 목적을 벗어나는 것으로 보이므로 수수 가액에 포함됩니다.

● 30명의 학부모들이 각 2만원씩 갹출하여, 60만원 상당의 선물을 담임교사에게 제공한 경우에 어떠한 제재를 받나요?

문 스승의 날을 맞이하여 중학교 1반 학생 30명의 학부모들이 각 2만원씩 갹출하여, 60만원 상당의 선물을 담임교사에게 제공한 경우에 부정청탁금지법상 어떠한 제재를 받나요?

답 담임교사가 직무와 관련하여 받은 60만원 상당의 선물은 가액한도 5만원을 초과할 뿐만 아니라, 담임교사와 학부모 간에는 원활한 직무수행 또는 사교·의례 등 목적이 인정된다고 보기도 어려우므로(제8조제3항제2호의 예외사유에 해당하지 않음)은 부정청탁금지법상 제재대상에 해당합니다.

학부모들은 1인당 2만원씩(선물 3만원 범위 내)을 냈으나, 담임교사와 학부모 간에는 원활한 직무수행 또는 사교·의례 등 목적이 인정된다고 보기 어려울 뿐만 아니라, 부정청탁금지법 제8조제3항제2호에 해당하지 않습니다. 학부모들이 모두 가담하여 위반행위의 실현에 기여를 한 경우 가담자 각자가 위반행위를 한 것으로 간주하므로, 학부모들 각자는 담임교사에게 제공한 금액인 60만원의 2배 이상 5배 이하 과태료 부과대상에 해당합니다.

교사는 부정청탁금지법상 금품 등 수수 금지 규정의 적용대상자인 공직자 등에 해당합니다(제2조제2호다목).

학생 지도, 평가 등 업무를 담당하는 담임교사와 학생, 학부모 간에는 직무 관련성이 인정될 수 있습니다.

● 회계법인의 대표가 식사비용 60만원을 계산하였고, 다시 술값으로 300만원을 계산한 경우에 금품 등을 수수한 행위에 해당되는지요?

문 ○○공공기관 과장 A와 해당 공공기관 서울 소재 사무소장 B는 관련 업무를 하고 있는 ◇◇회계법인의 대표 C와 함께 식사를 한 후 대표 C가 식사비용 60만원을 계산하였고, 같은 날 A, B는 대표 C와 함께 술을 마시고 대표 C가 술값으로 300만원을 계산하였습니다. 이 경우 금품 등을 수수한 행위에 해당되는지요?

답 과장 A와 사무소장 B는 각각 20만원 상당의 식사와 100만원 상당의 주류, 합계 120만원 상당의 접대를 받아 형사처벌 대상이 됩니다.

당사자가 함께 향응을 하여 실제 각자에게 소비된 비용의 산정이 어려운 경우 균등하게 분할한 금액이 수수한 금품 등에 해당합니다.

식사 접대행위와 주류 접대행위는 시간적 장소적으로 근접성이 있으므로 1회로 평가 가능합니다. 대표 C는 과장 A와 사무소장 B에게 각각 1회 100만원을 초과하여 금품 등을 제공하였으므로 형사처벌 대상이 됩니다. ◇◇회계법인은 양벌규정에 따라 위반행위를 방지하기 위하여 상당한 주의와 감독을 게을리하지 아니한 이상 형사처벌(벌금) 대상이 됩니다.

1-3. 회계연도

① 회계연도는 문언상 세입·세출을 구분하기 위해 설정한 기간을 의미합니다.

② 회계연도는 수수 금지 금품 등을 받은 공직자 등이 소속한 공공기관의 회계연도를 의미합니다. 제공자의 경우도 수수 금지 금품 등을 수수한 공직자 등이 소속한 공공기관의 회계연도를 적용합니다.

③ 국가기관, 지방자치단체, 공직유관단체 등의 회계연도는 '매년 1월 1일에 시작하여 12월 31일에 종료'되는 것이 일반적입니다. 다만, 학교의 회계연도는 다른 공공기관과 달리 '매년 3월 1일에 시작하여 다음 해 2월 말일에 종료'합니다.

● 회계연도 기준 300만원을 초과하는 금품 등을 수수한 경우에 어떤 제재를 받게 되는지요?

問 □□시청 취득세 담당 공무원 甲은 평소 친분이 있는 세무사 A로부터 1월부터 4월까지 합계 350만원 상당의 금품 등을 받았는데, 세무사 A는 공무원 甲이 근무하는 □□시청과 관련 업무를 한 적이 없고, 향후에도 그러한 계획이 없으며, 어떤 청탁도 하지 않은 경우에 甲과 A는 부정청탁금지법상 어떠한 제재를 받나요?

答 1회 100만원 또는 매 회계연도에 300만원을 초과하는 금품 등을 받은 공직자 등과 이를 제공한 자는 직무 관련여부 및 기부·후원·증여 등 그 명목을 불문하고 모두 형사처벌 대상에 해당합니다(제8조제1항).

공무원 甲은 세무사 A로부터 회계연도 합계 350만원 상당의 금품 등을 받았으므로, 직무 관련 여부와 관계없이 형사처벌 (3년 이하 징역 또는 3천만원이하 벌금)대상이며(제8조 제2조,제22조제1항제1호), 징계대상에도 해당합니다(제21조).

세무사 A는 공직자 등에 해당하는 공무원 甲에게 회계연도 합계 350만원 상당의 금품 등을 제공하였으므로, 직무 관련 여부와 관계없이 형사처벌(3년 이하 징역 또는 3천만원 이하 벌금)대상에 해당합니다(동법 제8조제5항, 제22조제1항제3호). 공무원 甲과 세무사 A의 관계 등에 비추어 사회상규상 허용되는 금품 등의 예외사유에 해당한다고 보기도 어렵습니다.

1-4. '직무와 관련하여'의 의미

1-4-1. 청탁금지법상 직무 관련 규정의 내용

금품 등 수수 금지 등 규정에서 공직자 등의 '직무 관련' 여부를 기준으로 제재여부가 결정되거나, 신고의무가 발생합니다.

① 100만원 이하의 금품 등 : 공직자 등이 직무와 관련하여 수수한 경우에만 과태료 부과대상에 해당하고 신고의무도 발생합니다.

② 공직자 등의 배우자 : 공직자 등의 직무와 관련하여 금품의 수수가 금지되고, 이를 알게 된 공직자 등이 신고하지 않은 경우 제재대상이 됩니다.

③ 외부강의 등 : 직무와 관련하여 요청받은 경우에만 사전 신고의무가 있고, 초과사례금 신고 및 반환 의무 미이행 시 과태료 부과대상이 됩니다.

● '직무와 관련하여', 부정청탁금지법상 제재대상을 유형별로, 사례별로 설명해 주시기 바랍니다.

문 1) □□언론사 편집국장 甲은 포럼에 참석한 후, 포럼회원 3명과 식사를 했습니다. 함께 식사한 회원 중 □□언론사의 출입처인 ○○공공기관의 직원 A가 저녁식사비 총 20만원을 결계한 경우에 부정청탁금지법상 제재대상에 해당하나요?

2) 방송국 PD 甲은 대학동기인 연예기획사 대표 A와 술을 마셨는데, 술자리에서 연예가 소식에 관한 이야기를 나누었으나 소속 연예인의 출연에 관한 청탁은 없었습니다. 다만, 술값 30만원은 A가 냈습니다. 부정청탁금지법상 제재대상인가요?

3) 일간지 연예부 기자 甲은 명절을 맞아 고향에 내려간 김에 고향 친구인 지방자치단체 공무원 A와 식사를 하였습니다. A가 "오랜만에 고향에 왔으니 한 턱 쏘겠다"며 식사비 10만원을 낸 경우도 처벌대상인가요?

답 1) 언론사 편집국장 甲과 출입처인 공공기관 직원 A간에는 직무관련성이 인정될 수 있으며, 1인당 5만원 상당의 식사는 음식물 3만원 가액한도를 초과하므로(제8조제3항제2호의 예외사유에 해당하지 않음), 甲과 A는 부정청탁금지법상 제재대상에 해당합니다.
언론사 편집국장은 기사 편집, 뉴스 제작 등과 관련하여 사실상 또는 실질적 영향력을 행사할 수 있는 지위에 있다는 점, 언론보도 내용에 따라 출입처인 공공기관은 직접 이익 또는 불이익을 받을 가능성이 있다는 점, 금품 등 수수로 인하여 직무집행의 공정성이 의심받게 될 수 있는 상황인 점 등을 고려할 때 직무관련성 인정이 가능합니다.
당사자가 함께 향응을 하여 실제 각자에게 소비된 비용 산정이 어려운 경우, 균등 분할한 금액이 수수한 금품 등에 해당합니다.
(예) 20만원 X 1/4 =5만원

甲은 금품 등 가액의 2배 이상 5배 이하에 상당하는 금액의 과태료 부과
대상(제8조제2항, 제23조제5항제1호), 징계대상에도 해당합니다(제21조).
A는 금품 등 가액의 2배 이상 5배 이하에 상당하는 금액의 과태료 부과
대상(제8조제5항, 제23조제5항제3호), 징계대상에도 해당합니다(제21조).

2) 방송국 PD 甲과 연예기획사 대표 A간에는 직무관련성이 인정될 수 있
   으며, 1인당 15만원 상당의 주류는 음식물 3만원 가액 한도를 초과하
   므로(제8조제3항제2호의 예외사유에 해당하지 않음), 甲과 A는 부정청
   탁금지법상 제재대상에 해당합니다.

   방송국 PD는 프로그램을 기획·제작하는 자로서, 방송내용 구성, 출연진
   결정 등과 관련하여 사실상 또는 실질적인 영향력을 행사할 수 있는 지
   위에 있는 점, 소속 연예인의 방송 출연 여부 또는 방송 내용에 따라
   연예기획사 대표는 직접 이익 또는 불이익을 받을 가능성이 있다는 점,
   금품 수수로 인하여 직무집행의 공정성이 의심받을 수 있는 상황인 점
   등을 고려할 때, 직무관련성 인정이 가능합니다.

   甲은 금품 등 가액의 2배 이상 5배 이하에 상당하는 금액의 과태료 부
   과대상(부정청탁금지법 제8조제2항, 제23조제5항제1호), 징계대상에도
   해당합니다(제21조).

   A는 금품등 가액의 2배 이상 5배 이하에 상당하는 금액의 과태료 부과
   대상입니다(동법 제8조제5항, 제23조제5항제3호).

   연예기획사는 양벌규정에 따라 과태료 부과대상입니다(제24조). 다만,
   법인의 대표자의 행위는 양벌규정의 면책 대상에서 제외된다는 것이 판
   례의 입장이므로(대법원2011.3.24. 선고 2010도14817 판결), 연예기
   획사가 대표 A의 위반행위를 방지하기 위한 상당한 주의, 감독을 게을
   리 하지 않았더라도 면책되기는 어려울 것으로 보입니다.

3) 지방자치단체 공무원 A가 고향친구인 연예부 기자 甲에게 식사를 사는
   것이 甲의 직무집행의 공정성을 해할 우려가 있다고 보기는 어려우므로,
   甲과 A간에는 직무관련성이 인정되지 않으며, 부정청탁금지법상 제재대
   상에 해당하지 않습니다.

법 제정취지가 금품수수 금지를 통한 직무의 공정성 확보라는 점을 고려할 때, 공직자 등의 금품 등 수수로 인하여 사회일반으로부터 직무집행의 공정성을 의심받게 되는지 여부가 직무관련성 판단 기준이 된다고 할 것입니다. 다만, 甲과 A가 담당하는 업무내용, 甲이 업무처리 방향·결과 등에 영향력을 미칠 수 있는지 여부, A가 甲의 직무수행에 따라 직접 이익 또는 불이익을 받는지 여부 등 구체적인 사실관계에 따라 직무관련성 인정여부가 달라질 수 있습니다.

● 20만원 상당의 선물을 보낸 경우에 부정청탁금지법상 제재대상에 해당하나요?

문 1) ○○중앙부처 국장 A가 같은 부처 내 인사과장 甲에게 20만원 상당의 명절선물을 보내는 경우에 부정청탁금지법상 계재대상에 해당하나요?

2) □□공공기관 팀장 A가 그동안 일하느라 수고한 팀원 甲, 乙, 丙과 함께 회식을 하고 식사 및 주류 비용 합계 20만원을 낸 경우에 부정청탁금지법상 계재대상에 해당하나요?

답 1) 인사과장 甲은 직무와 관련하여 A로부터 20만원 상당의 금품 등을 받은 것으로 볼 수 있으므로, 부정청탁금지법 제8조제3항 각호 중 어느 하나의 예외사유에 해당하지 않는 한, 선물을 받은 甲과 이를 제공한 A 모두 부정청탁금지법상 제재대상에 해당합니다.

인사과장 甲과 국장 A간 직무관련성 인정될 수 있습니다. 인사과장은 해당 부처 내 공무원의 전보·승진 등 관련 업무를 담당하며, 인사업무와 관련하여 사실상 또는 실질적인 영향력을 미칠 가능성이 있는 점, 금품 등 수수로 인하여 직무집행의 공정성이 의심받게 될 수 있는 점 등을 고려하게 됩니다.

20만원 상당의 명절선물은 선물 5만원 가액 한도를 초과하므로, 원활한 직무수행 또는 사교·의례 등 목적으로 제공되는 금품 등이 아닙니다(제8조제3항제2호에 해당되지 않음).

2) 甲, 乙, 丙이 직무와 관련하여 A로부터 1인당 5만원 상당의 금품 등을 받은 것으로 보기는 어려우므로, 甲, 乙, 丙, A는 부정청탁금지법상 제재대상에 해당하지 않습니다.

팀원 甲, 乙, 丙과 팀장 A간 직무관련성 인정되기 어렵습니다. A가 팀의 업무를 총괄하는 팀장으로서 팀원 격려 차원에서 1인당 5만원 상당의 회식비를 내는 것이 팀원들의 직무집행의 공정성을 해할 우려가 있다고 보기는 어려우므로, 부정청탁금지법상 수수 금지 금품 등에 해당하지 않습니다.

● 예산업무를 협의하면서 3만원 초과하는 식사를 한 경우에 어떤 제재가 있나요?

문 A중앙부처 장관 B가 예산을 총괄하는 C중앙부처 장관 D와 식사를 하면서 예산 관련 업무협의를 하는 경우에 1인당 3만원을 초과하는 식사접대는 할 수 없나요?

답 D와 B가 예산 관련 업무협의를 하면서 식사를 함께 하는 경우에 원활한 직무수행 등을 목적으로 하는 3만원 이하 식사접대는 수수 금지 금품 등의 예외사유에 해당하여 가능하나 (제8조제3항제2호), 3만원을 초과하는 식사접대는 부정청탁금지법상 제재대상에 해당될 수 있습니다.

장관 D와 장관 B 간 직무관련성 인정될 수 있습니다. 예산을 총괄하는 중앙부처 장관 D는 예산 관련 업무에 대한 결재권을 가지는 등 영향력을 행사할 수 있으며, 금품 등 수수로 인하여 직무집행의 공정성을 의심받을 수 있다는 점 등을 고려할 때, 직무관련성이 인정됩니다.

● 공공기관 입사동기생이 함께 8만원의 술과 식사를 한 경우에 부정청탁 금지법상 제재대상인가요?

문 1) ○○공공기관 내 다른 부서에서 근무하는 사무관 A와 甲(둘은 입사동기)은 같은 아파트 단지에 사는 이웃으로서 함께 술과 식사를 하였고, A가 식사대금 총 8만원을 결제한 경우 부정청탁금지법상 계재대상인가요?

2) 공공기관 청렴도 측정 담당부서에서 일하는 사무관 乙과, 청렴도 측정 대상기관인 □□시청에서 청렴윤리 업무를 담당하는 사무관 B는 공채시험 동기로서 식사를 했는데, 식사 중 업무 관련 이야기를 하지는 않았습니다. B가 총 10만원을 결제한 경우 부정청탁금지법상 계재대상인가요?

답 **1)** 甲은 직무와 관련하여 A로부터 4만원 상당의 술과 식사를 제공받은 것으로 보기 어려우므로, 甲, A는 부정청탁금지법상 제재대상이 아닙니다.

같은 공공기관 내 다른 부서에서 근무하는 A와 甲간 직무관련성 인정되기 어렵습니다. A가 입사동기이자 이웃주민인 甲에게 술과 식사를 사는 것이 甲의 직무집행의 공정성을 해할 우려가 있다고 보기는 어려우므로, 부정청탁금지법상 수수 금지 금품 등에 해당하지 않습니다.

2) 乙은 직무와 관련하여 B로부터 5만원 상당의 식사를 제공받은 것으로 볼 수 있으므로, 식사 접대를 받은 乙과 이를 제공한 B 모두 부정청탁금지법상 제재대상에 해당합니다.

청렴도 측정 업무 담당 사무관 乙과, 청렴도 측정 대상기관에서 청렴윤리 업무를 담당하는 사무관 B간 직무관련성 인정될 수 있습니다. 乙은 청렴도 측정 업무를 담당자로서 업무처리 방향·결과 등에 영향력을 미칠 수 있는 점, 청렴도 측정 대상기관은 청렴도 측정 결과에 따라 직접 이익 또는 불이익을 받는 점, 금품 등 수수로 인하여 직무집행의 공정성이 의심받게 될 수 있는 점 등을 고려하게 됩니다.

1인당 5만원 상당의 식사는 음식물 3만원 가액 한도를 초과하므로, 원활한 직무수행 또는 사교·의례 등 목적으로 제공되는 음식물 등이 아닙니다(제8조제3항제2호에 해당하지 않음).

● 사법연수원 동기인 검사와 변호사가 20만원 상당의 식사를 한 경우에 부정청탁금지법상 어떠한 제재를 받나요?

文 ○○지방검찰청에서 형사부장으로 근무하는 甲검사는 주말에 서울에서 사법연수원 동기로 평소 친분관계가 있고 다른 지역에서 개업하여 활동하고 있는 A변호사와 식사하였고, A변호사는 현재 甲검사가 근무하는 형사부 관련 사건은 없지만 甲검사가 전에 근무하던 공안부의 사건을 수임한 적은 있었습니다. 식비 20만원 모두를 변호사가 계산하면 甲과 A는 부정청탁금지법상 어떠한 제재를 받나요?

答 검사 甲은 직무관련성이 인정되는 변호사 A로부터 10만원 상당(20만원/2명)의 식사 접대를 받았으므로, 수수 가액의 2배 이상 5배 이하의 과태료 부과 대상에 해당하며(제8조제2항, 제23조제5항제1호), 징계대상에도 해당합니다(제21조).

변호사 A는 직무관련성이 인정되는 甲에게 10만원 상당의 식사 접대를 하였으므로, 금품 등 가액의 2배 이상 5배 이하의 과태료 부과대상에 해당합니다(제8조제5항,제23조제5항제3호).

변호사 A와 검사 甲간 직무관련성 인정될 수 있습니다. 검사는 변호사와의 관계에서 해당 검사실 및 소속 부서·소속 검찰청에서 현재 구체적인 사건이 계속되는 경우뿐만 아니라, 과거에 맡았던 직무 및 사건 관련 여부 혹은 장래 맡게 될 직무 및 사건 관련 여부, 검사가 영향력을 미칠 수 있는 범위, 변호사와의 사적 친분관계 존부, 금품수수 시기 및 경위 등 제반 사정을 참작하여 직무관련성을 인정할 수 있습니다.

10만원 상당의 식사 접대는 원활한 직무수행 또는 사교·의례 목적으로 제공되는 음식물 등으로서 3만원 이하의 금품 등이라고 볼 수 없으므로, 수수 금지 금품 등의 예외사유에 해당하지 않습니다(제8조제3항제2호에 해당하지 않음).

● 공공기관 직원이 인·허가 업무 완료 후, 식사(1인당 5만원)를 접대한 경우에 부정청탁금지법상 제재대상에 해당하나요?

문 1) ○○공공기관 직원 甲이 담당했던 인·허가 업무 완료 후, □□회사를 대리하여 인·허가 업무를 수행했던 ○○공공기관 출신의 A법무법인 변호사 B가 甲에게 식사(1인당 5만원)를 접대한 경우에 부정청탁금지법상 제재대상에 해당하나요?

2) 민원인 B가 ○○구청 직원 乙로부터 최종 민원회신결과를 받은 후 乙에게 민원처리에 대한 감사표시로 편지와 함께 B가 직접 생산하는 5만원 상당의 꿀을 보내 온 경우에 부정청탁금지법상 제재대상에 해당하나요?

답 1) 인·허가 업무가 완료되었다 하더라도 ○○공공기관의 인·허가 업무담당자인 甲과 같은 기관 출신의 B변호사 간에는 직무관련성이 인정될 수 있으며, 1인당 5만원 상당의 식사는 음식물 3만원 상한액을 초과하므로(제8조제3항제2호의 예외사유에 해당하지 않음), 甲과 A는 부정청탁금지법상 제재대상에 해당합니다.

2) 최종 민원회신결과를 받았다 하더라도 乙과 B간에는 직무관련성이 인정될 수 있고, 5만원 상당의 선물은 5만원 가액 한도를 초과하지는 않으나, 乙과 B간의 관계를 고려할 때, 원활한 직무수행 등의 목적으로 제공된 선물이라고 보기 어려우므로, 乙과 B는 부정청탁금지법상 제재대상에 해당합니다(제8조제3항제2호에 해당하지 않습니다).

법 제정취지가 금품 등 수수 금지를 통한 직무수행의 공정성 확보라는 점을 고려할 때, 공직자 등의 금품 등 수수로 인하여 사회일반으로부터 직무집행의 공정성을 의심받게 되는지 여부가 직무관련성 판단 기준이 된다고 할 수 있습니다.

질문과 같이 인·허가 업무가 완료되었거나, 최종 민원회신결과를 받았다 하더라도 신청인 혹은 민원인과 업무 담당 공직자 등과는 직무관련성을 인정할 수 있습니다.

● 초등학교 동창생 3명이 60만원 상당의 식사를 한 경우에 부정청탁금지법상 어떠한 제재를 받나요?

문 계약업체에 다니는 A, 초등학교 교사 甲, 전기 관련 공기업 직원 乙은 어릴 때부터 같은 고향에서 함께 자란 막역한 친구 사이로 연말에 초등학교 동창회에 참석했다가 동창회가 끝나고 세 명이 함께 한정식 집에서 저녁식사를 한 후 A가 식사대금 60만원을 모두 계산한 경우에 甲, 乙, A는 부정청탁금지법상 어떠한 제재를 받나요?

답 甲과 乙은 제약업체 직원 A로부터 각각 20만원 상당(60만원/3명)의 식사를 접대 받았으나, 직무와 관련하여 받은 것이 아니므로, 부정청탁금지법상 제재대상에 해당하지 않습니다. 교사 甲과 공기업 직원 乙은 모두 부정청탁금지법상 금품등 수수 금지 규정의 적용 대상자인 공직자 등에 해당합니다(제2조제2호나목, 다목). 또 제약업체 직원, 초등학교 교사, 전기 관련 공기업 직원 사이에는 특별한 사정이 없는 한 직무관련성을 인정하기 어렵습니다.

● 1인당 5만원의 식사를 한 경우에 부정청탁금지법상 제재대상에 해당하나요?

문 1) ○○감독원 은행감독국 직원 A가 ○○감독원에 출입한 적이 없는 언론사 경제부 기자 甲과 10만원(1인당 5만원)의 식사를 하고 계산한 경우에 부정청탁금지법상 제재대상에 해당하나요?

2) ○○감독원 공보실 직원 B가 과거 감독원에 출입하였으나 현재는 ○○감독원에 출입하지 않는 언론사 사회부 기자 乙과 10만원 상당(1인당 5만원)의 식사를 하고 계산한 경우 부정청탁금지법상 제재대상에 해당하나요?

답 1) 경제부 기자 甲은 ○○감독원 은행감독국 직원 A와 직무관련성이 인정될 수 있으며, 1인당 5만원 상당의 식사는 음식물 3만원 상한액을 초과하므로(제8조제3항제2호의 예외사유에 해당하지 않음), 甲과 A는 부정청탁금지법상 제재대상에 해당합니다.

2) 과거 ○○감독원 출입 기자였던 乙기자와 ○○감독원 공보실 직원 B간에는 직무관련성이 인정될 수 있으며, 1인당 5만원 상당의 식사는 음식물 만원 상한액을 초과하므로(제8조제3항제2호의 예외사유에 해당하지 않음), 乙과 B는 부정청탁금지법상 제재대상에 해당합니다.

법 제정취지가 금품등 수수 금지를 통한 직무수행의 공정성 확보라는 점을 고려할 때, 공직자 등의 금품 등 수수로 인하여 사회일반으로부터 직무집행의 공정성을 의심받게 되는지 여부가 직무관련성 판단 기준이 된다고 할 수 있습니다.

甲·乙과 A·B가 각각 담당하는 업무내용, 甲·乙이 업무처리 방향·결과 등에 영향력을 미칠 수 있는지 여부, A·B가 甲·乙의 직무수행에 따라 직접 이익 또는 불이익을 받는지 여부 등 구체적인 사실관계 및 제반 사정을 참작하여 직무 관련성을 인정할 수 있습니다.

● 친한 교수들 간, 같은 전공 교수들 간, 교무처장을 비롯한 보직교수와 평교수 간 직무관련성이 인정되나요?

【문】 1) 친한 교수들 간, 같은 전공 교수들 간, 교무처장을 비롯한 보직교수와 평교수 간 직무관련성이 인정되나요?

2) 특정 과목 수업을 하는 선생님과 수업을 듣는 학생(학부모) 간, 학급 담임교사와 해당 학급 학생(학부모)간, 지도교수와 대학원생 간 직무 관련성이 인정되나요?

【답】 1) 구체적인 사실관계에 따라 달라질 수는 있으나, 친한 교수들, 같은 전공 교수들 사이에서는 금품 등 수수로 인하여 직무집행의 공정성을

해할 우려가 있다고 보기 어려우므로, 직무관련성이 인정되기 어려울 것으로 보입니다. 그러나, 교무처장을 비롯한 보직교사와 평교수 간에는 직무관련성이 인정될 수 있습니다.

2) 과목 선생님, 담임교사, 지도교수와 학생(학부모)간에는 직무관련성이 인정될 수 있습니다. 그러나, 선생님이 타 학교로 전출을 갔거나, 학생이 졸업을 한 경우라면 직무관련성이 인정되지 않을 것으로 보입니다.

  법 제정취지가 금품수수 금지를 통한 직무의 공정성 확보라는 점을 고려할 때, 직무관련성의 판단은 공직자 등의 금품 등 수수로 인하여 사회일반으로부터 직무집행의 공정성을 의심받게 되는지 여부가 기준이 된다고 할 것입니다.

  교무처장을 비롯한 보직교수의 경우 신임교수 선발, 교수 평가 등 업무를 담당하며, 교수 인사·평가에 대해 사실상 또는 실질적인 영향력을 미칠 수 있는 점, 이러한 평가에 따라 평교수는 직접 이익 또는 불이익을 받을 수 있는 점, 금품 등 수수로 인하여 직무집행의 공정성이 의심받게 될 수 있는 상황인 점 등을 고려할 때, 직무관련성 인정될 수 있습니다.

  선생님이나 지도교수의 경우 학생에 대한 평가 등 업무를 담당하며, 성적, 학위수여 여부 등에 대해 영향력을 미칠 수 있는 점, 학생이나 학부모는 선생님의 평가에 따라 직접 이익 또는 불이익을 받을 수 있는 점, 금품 등 수수로 인하여 직무집행의 공정성이 의심받게 될 수 있는 점 등을 고려할 때, 직무관련성 인정될 수 있습니다.

● 과학교구상 대표가 해당 초등학교 과학교사에게 4만원 상당의 선물을 사 준 경우에 부정청탁금지법상 제재대상에 해당하나요?

 □□사립초등학교에서 과학실에 비치할 교구를 구입하려 한다는 사실을 알고 있는 과학교구상 A가 해당 초등학교 과학교사 甲에게 '아이들 가르치느라 수고가 많다'며, 4만원 상당의 선물을 사 준 경우에 부정청탁금지법상 제재대상에 해당하나요?

 사립초등학교 과학교사가 교구 구매 업무를 직접 담당하지는 않으나, 과학교사는 교구사양이나 제품군을 지정하는 등 업무처리 방향·결과 등에 사실상 또는 실질적인 영향력을 미칠 수 있는 점, 교구상은 과학교사의 영향력 행사에 따라 직접 이익 또는 불이익을 받을 수 있는 점, 금품 등 수수로 인하여 직무집행의 공정성이 의심받게 될 수 있는 점 등을 고려할 때, 甲과 A간에는 직무관련성이 인정될 수 있습니다.

4만원 상당의 선물은 선물 5만원 가액 한도를 초과하지는 않으나, 甲과 A간의 관계를 고려할 때 원활한 직무수행 등의 목적으로 제공된 선물이라고 보기 어려우므로, 甲과 A는 부정청탁금지법상 제재대상에 해당할 수 있습니다(제8조제 3항제2호에 해당하지 않습니다).

A는 선물 가액의 2배 이상 5배 이하에 상당하는 금액의 과태료 부과대상입니다(제8조제5항, 제23조제5항제3호).

甲은 선물 가액의 2배 이상 5배 이하에 상당하는 금액의 과태료 부과대상(제8조제2항, 제23조제5항제1호)이며, 징계 대상에도 해당합니다(제21조).

● 박사학위 논문심사 후 한정식 집에서 심사교수들에게 1인당 7만원 상당의 저녁 식사를 접대하였는데, 제재대상인가요?

문 대학원생 A는 박사학위 논문 심사 후 한정식 집에서 논문심사 교수들에게 1인당 7만원 상당의 저녁 식사를 접대하였습니다. 부정청탁금지법상 계재대상인가요?

답 논문심사 교수들은 논문에 대한 심사, 평가 등 업무를 담당하며, 논문심사 통과 여부와 관련하여 사실상 또는 실질적인 영향력을 미칠 가능성이 있는 점, 논문심사 결과에 따라 대학원생은 직접 이익 또는 불이익을 받게 되는 점, 금품 등 수수로 인하여 직무집행의 공정성이 의심받게 될 수 있는 상황인 점 등을 고려할 때, 교수들과 A간에는 직무관련성이 인정될 수 있습니다.

7만원 상당의 식사는 음식물 3만원 가액 한도를 초과할 뿐만 아니라, 박사학위 논문 심사 통과를 부탁하는 취지로 식사를 접대한 경우에 원활한 직무수행 또는 사교·의례 등의 목적으로 제공된 음식물이라고 보기 어려우므로, 교수들과 A는 부정청탁금지법상 제재대상에 해당할 수 있습니다(제8조제3항제2호에 해당하지 않습니다).

A는 직무와 관련하여 1인당 7만원 상당의 식사접대를 하였으므로, 식사 가액의 2배 이상 5배 이하에 상당하는 금액의 과태료 부과대상입니다(제8조제5항, 제23조제5항제3호).

논문심사 교수는 직무와 관련하여 1인당 7만원 상당의 식사접대를 받았으므로, 식사 가액의 2배 이상 5배 이하에 상당하는 금액의 과태료 부과대상이며(제8조제2항, 제23조제5항제1호), 징계 대상에도 해당합니다(제21조).

1-4-2. 다른 법령상의 직무관련성

① 형법 : 공무원 또는 중재인이 그 '직무에 관하여' 뇌물을 수
수 요구 또는 약속을 금지하고 있습니다. '직무에 관하여'
는 당해 공무원이 그 지위에 수반하여 공무로서 취급하는
일체의 직무를 말하는 것으로 상당히 넓은 개념입니다.
대법원에서도 '뇌물죄에 있어서 직무라 함은 공무원이 법령
상 관장하는 직무 그 자체뿐만 아니라 그 직무와 밀접한
관계가 있는 행위 또는 관례상이나 사실상 소관하는 직무
행위 및 결정권자를 보좌하거나 영향을 줄 수 있는 직무행
위도 포함된다(대법원 2001. 1. 19. 선고 99도5753 판결).'
라고 판시하였습니다. 또 '뇌물죄에서 말하는 '직무'에는 법
령에 정하여진 직무뿐만 아니라 그와 관련있는 직무, 과거
에 담당하였거나 장래에 담당할 직무 외에 사무분장에 따
라 현실적으로 담당하지 않는 직무라도 법령상 일반적인
직무권한에 속하는 직무 등 공무원이 그 직위에 따라 공무
로 담당할 일체의 직무를 포함한다(대법원 2003. 6. 13. 선
고 2003도1060 판결)'.라고 판시하였으며, '경찰청장으로서
모든 범죄수사에 관하여 직무상 또는 사실상의 영향력을
행사할 수 있는 지위에 있던 피고인이 1년에 3~4차례 정
도 전화로 안부 인사를 나눌 정도였던 甲으로부터 미화 2
만 달러를 받은 것은 직무와 관련하여 뇌물로 수수한 것이
라고 한 원심판단을 수긍한 사례(대법원 2010. 4.29. 선고
2010도1082 판결)'도 있습니다.

② 특정경제범죄가중처벌 등에 관한 법률 : 금융회사 등의 임
직원이 그 '직무에 관하여' 금품 등 수수·요구·약속을 금지

하고 있습니다. 직무와 관련하여는 '금융기관의 임직원이
그 지위에 수반하여 취급하는 일체의 사무와 관련하여'를
의미합니다.
③ 공무원 행동강령 : 공무원 행동강령에서는 공무원은 직무
관련자 또는 직무 관련공무원으로부터 금품 등을 받는 것
을 금지하고 있습니다. 직무관련자란 공무원의 소관 업무
와 관련되는 자로서 열거된 8가지 중 어느 하나에 해당
하며 해당 공무원에 대하여 직무상 열위에 있는 자(소위
甲-乙 관계에 있어서의 乙)를 의미합니다.

● 수수가 허용되는 선물 등 가액한도 기준과 다른 법령상 기준이 다를 경
우 어떤 것을 따라야 하나요?

문 부정청탁금지법상 수수가 허용되는 선물 등 가액한도 기준과 교육부
공무원행동강령 등 다른 법령상 기준이 다를 경우 어떤 것을 따라야
하나요?

답 부정청탁금지법이 기존의 다른 법령(예를 들어 공무원 행동강령 교육부
공무원행동강령 등)을 배척하는 것은 아니므로 행위자는 청탁금지법은
물론 자신을 수범자로 하는 다른 법령의 규율내용도 준수하여야 할 것
입니다.

1-4-3. 부정청탁금지법상 직무관련성의 의미

① 직무수행의 공정성을 의심받게 하는 금품 등의 수수를 금지하고 있는 입법 취지에 비추어 형법상 뇌물죄의 직무관련성과 같은 의미입니다. 부정청탁금지법상 직무관련성은 향후 개별적 사안에 대한 판례의 형성 축적을 통해 구체화되어야 할 것입니다.

② 부정청탁금지법상 직무는 '공직자 등이 그 지위에 수반하여 취급하는 일체의 사무'를 의미합니다. 법령상 관장하는 직무 그 자체뿐만 아니라 그 직무와 밀접한 관계가 있는 행위 또는 관례상 사실상 소관하는 직무행위 및 결정권자를 보좌하거나 영향을 줄 수 있는 직무행위도 포함합니다.

③ 직무관련성 판단 시 공직자등의 직무 내용, 직무와 금품 등 제공자의 관계, 쌍방 간에 특수한 사적인 친분관계가 존재하는지 여부, 금품 등의 다과, 금품 등을 수수한 경위와 시기 등의 제반 사정을 참작하여 판단합니다.

※ 일반적 권한에 속하는 직무

① 법령상 관장하는 직무

법령상 일반적 추상적 권한에 속하는 직무이면 충분하고 현실적 구체적으로 담당하고 있는 직무일 필요는 없습니다(일반적 직무권한 이론). 지휘감독자의 소속 또는 지휘감독을 받는 공직자의 일반적 권한에 속하는 직무를 포함합니다.

② 사실상 관례상 처리하는 직무

법령상 일반적 직무권한에 기초하여 사실상 처리하는 직무를 말합니다. 예를 들면, 세금을 부과 징수하는 세무공무원의 직무와 관련한 서류의 보관 관리 직무가 이에 해당합니다.

법령에 규정이 없더라도 관례상 또는 상사의 명령에 따라 사실상 처리하는 사무로서 자기 소관 이외의 사무를 일시 대리한 경우, 동료로부터 잠정적으로 사실상의 권한위임을 받은 경우 등을 말합니다.

판례에서도 '교도관을 보조하여 사실상 재소자에 대한 간접 계호업무를 담당하는 경비교도가 서신연락이나 담배 반입 등의 편의를 봐주고 금품을 수수한 경우(87도1463)'와 '경매사건의 기록을 검토하여 경락허부결정문의 문안 작성 등 사무를 사실상 처리해 온 경매사건 관여 주사보가 경락허부 결정 등을 좌우해 달라는 취지의 청탁을 받고 금원을 수수한 경우(84도2625)'도 이에 해당하는 직무로 보고 있습니다.

③ 결정권자를 보좌하거나 영향을 줄 수 있는 직무행위

최종적 독자적 결정권은 없지만 결정권자의 의사결정에 영향을 미칠 수 있는 중 하위직 공직자의 직무행위를 말하며, 개인택시 면허 결정에 중간결재자인 개인택시 면허 사무 담당부서 과장이 면허발급과 관련한 금품을 수수한 경우(대법원 1987. 9. 22. 선고 87도1472 판결)가 이에 해당합니다.

※ 직무와 밀접한 관련이 있는 직무행위

① 당해 공직자의 일반적 직무권한에 속하지 않더라도 그 직무와 밀접한 관련이 있는 직무행위로서 지위를 이용하거나 직무에 따른 세력을 기초로 직무의 공정에 영향을 줄 수 있는 행위를 의미합니다.

② 일반적 권한에 속하는 직무는 아니지만 소관 사무에 관해 사실상 의견이 존중되고 결정권자의 판단에 영향을 줄 수 있는 경우로서 범죄수사에 관하여 검사를 보조하는 검찰 주사가 '피의자로부터 기소유예처분을 받도록'해 달라는 명목으로 금품을 수수한 경우가 이에 해당합니다. 다만, 직무권한자의 행위에 전혀 영향력을 행사할 수 없는 경우에는 지위를 이용했다고 할 수 없어 직무와 밀접한 관련이 없습니다.

'공판참여 주사가 형량 감경의 명목으로 금품을 수수한 경우 양형은 공판참여 주사의 일반적 직무도 아니고 그와 밀접한 관련이 있는 사무도 아니'라고 법원에서 판결하였습니다(대법원 1980. 10. 14. 선고 80도1373 판결).

1-5. 금품 등

1-5-1. 종류

금전, 물품 기타의 재산적 이익뿐만 아니라 편의 제공 및 사람의 수요 욕망을 충족시키기에 족한 일체의 유형, 무형의 이익을 포함합니다.

① 재산적 이익 : 금전·유가증권·부동산·물품·숙박권·회원권·입장권·할인권·초대권·관람권·부동산 등의 사용권 등

② 편의 제공 : 음식물·주류·골프 등의 접대·향응 또는 교통·
숙박 등

③ 경제적 이익 : 채무 면제, 취업 제공, 이권(利權) 부여 등(성
(性)매매, 장학생 선발에 지원할 수 있는 기회 등도 포함)

1-5-2. 가액 산정 기준

■ 일반적 기준

금품 등의 가액은 제재의 종류(형사처벌과 과태료)를 구분하
는 기준이고, 과태료 부과액 산정을 위한 기준이 되므로 매
우 중요합니다.

① 기준시 : 행위 시(금품 등을 받거나, 요구 또는 약속한
때, 금품 등을 제공하거나, 그 제공의 약속 또는 의사표
시를 한 때)를 기준으로 산정합니다.

② 기준액 : 시가와 현저한 차이가 없는 이상 실제 지불된
비용으로 하고, 이를 알 수 없으면 시가(통상의 거래가격)
를 기준으로 산정합니다. 시가와 구매가가 다른 경우 영
수증 등에 의해 구매가를 알 수 없으면 시가를 기준으로
산정합니다. 상이한 가격자료가 있는 경우 신빙성이 담보
되는 객관적, 합리적인 자료가 우선하되, 이를 알기 어려
운 경우에는 위반행위자에게 유리한 자료를 기준으로 산
정합니다.

■ 개별적 기준

① 납품 용역 기회 : 납품가액에서 원가를 공제한 이익 또는 실제
수수 용역대금에서 정당한 용역가액을 공제한 이익을 말합니다.

이에 관한 판례를 보면 '이 사건의 경우 피고인은 정상적인 시가보다 약 10% 정도 비싼 가격에 물품을 납품함으로써 그에 상응하는 이익을 얻었을 뿐만 아니라, 설사 그 가격이 정상적인 시가보다 비싸지 않다고 하더라도 피고인이 직무와 관련하여 위 D가 건축하는 F쇼핑센터에 물품을 납품할 수 있는 기회를 얻는 것 자체가 부정한 이득이라고 보아야 할 것이므로, 피고인이 받은 뇌물 액수는 그 납품가격에서 원가를 공제한 이익 상당이 된다고 보아야 할 것이다(대법원 2002. 1. 25.선고 99도4920 판결).'라는 판시와 '피고인측이 제출한 감정평가서상의 실제 용역가치액을 정당한 용역가액으로 본 사례(서울고등법원 2008. 8. 8. 선고 2008노42 판결)'가 있습니다.

② 향응 : 당사자가 함께 향응을 한 경우 실제 각자에게 소비된 비용, 그 비용의 산정이 어려운 경우 균등하게 분할한 금액, 공직자 등이 제3자를 초대하여 함께 접대를 받은 경우 특별한 사정이 없는 한 제3자의 접대에 요한 비용을 공직자 등의 접대에 요한 비용에 합산합니다.

이와 관련된 판례를 보면 '피고인이 증뢰자와 함께 향응을 하고 증뢰자가 이에 소요되는 금원을 지출한 경우 이에 관한 피고인의 수뢰액을 인정함에 있어서는 먼저 피고인의 접대에 요한 비용과 증뢰자가 소비한 비용을 가려내어 전자의 수액을 가지고 피고인의 수뢰액으로 하여야 하고 만일 각자에 요한 비용액이 불명일 때에는 이를 평등하게 분할한 액을 가지고 피고인의 수뢰액으로 인정하여야 할 것이고, 피고인이 향응을 제공받는 자리에 피고인

스스로 제3자를 초대하여 함께 접대를 받은 경우에는, 그 제3자가 피고인과는 별도의 지위에서 접대를 받는 공무원이라는 등의 특별한 사정이 없는 한 그 제3자의 접대에 요한 비용도 피고인의 접대에 요한 비용에 포함시켜 피고인의 수뢰액으로 보아야 한다(대법원 2001. 10. 12. 선고 99도5294 판결).'라고 판시하였습니다.

③ 금전 차용 : 무상으로 차용한 경우 수수한 금품 등은 금융이익 상당액(금융기관 대출이율 또는 법정이율)이고, 현저히 저리로 차용한 경우는 대출이율이나 법정이율과 약정이율의 차액 상당액입니다.

판례에서도 '금품의 무상차용을 통하여 위법한 재산상 이익을 취득한 경우 범인이 받은 부정한 이익은 그로 인한 금융이익 상당액이므로 추징의 대상이 되는 것은 무상으로 대여받은 금품 그 자체가 아니라 위 금융이익 상당액이다. 여기에서 추징의 대상이 되는 금융이익 상당액은 객관적으로 산정되어야 할 것인데, 범인이 금융기관으로부터 대출받는 등 통상적인 방법으로 자금을 차용하였을 경우 부담하게 될 대출이율을 기준으로 하거나, 그 대출이율을 알 수 없는 경우에는 금품을 제공받은 범인의 지위에 따라 민법 또는 상법에서 규정하고 있는 법정이율을 기준으로 하여, 변제기나 지연손해금에 관한 약정이 가장되어 무효라고 볼 만한 사정이 없는 한, 금품수수일로부터 약정된 변제기까지 금품을 무이자로 차용으로 얻은 금융이익의 수액을 산정한 뒤 이를 추징하여야 한다(대법원 2008. 9. 25. 선고 2008도2590 판결).'라고 하였습니다.

■ **취업제공**

① 의미 : 사외이사, 고문, 자문위원 등 직위 직책 여부 또는 계약 형식에 관계없이 업무처리, 조언·자문 등의 지원을 하고 주기적으로 또는 기간을 정하여 그 대가로서 임금·봉급 등을 받는 경우를 의미합니다.

② 대상 : 공직자 등 또는 공직자 등의 직무와 관련하여 그 배우자에게 취업제공을 금지하고 있습니다. 공직자 등 본인이나 그 배우자 외의 자녀, 부모 등의 가족은 대상에 해당하지 않습니다.

③ 가액산정 : 법령 기준상 겸직 허용 여부, 취업 경위, 실제 근무 형태, 약정 급여액, 위반행위자의 의사 등을 종합적으로 고려할 때, 정당한 취업제공인 경우 취업제공 및 그에 따라 수령한 급여 등은 모두 예외사유인 정당한 권원에 따라 제공되는 금품 등에 해당합니다. 정당한 취업제공으로 볼 수 없는 경우 취업제공 그 자체가 수수 금지 금품 등에 해당합니다. 다만, 취업제공이 금품 등을 제공하기 위한 수단 방편에 불과한 경우 수령하기로 하였거나 수령한 급여가 수수한 금품 등에 해당합니다.

이에 관련된 판례를 보면 '감사원 감사위원인 피고인이 감사원의 요청으로 금융감독원 등이 검사를 진행하고 있는 甲 상호저축은행 측에 자신의 형 乙의 취직을 부탁하여 乙에게 일정기간 매월 급여를 공여하게 함으로써 금융기관 임·직원의 직무에 속한 사항의 알선에 관하여 금품을 수수하였다고 하여 구 특정경제범죄가중처벌 등에 관한 법률 위반으로 기소된 사안에서, 취업 경위, 실제 근

무 형태, 공여자와 피고인의 의사 등을 종합할 때 乙의
취직은 금품을 제공하기 위한 방편에 불과하여 乙이 10
개월 동안 수령한 급여 합계 1억 원이 알선수재액이라고
한 사례(서울고법 2012. 2. 23. 선고 2011노3252 판결)'
로 보았습니다.

※ 취업제공의 가액 산정방법(예시)

① 최저임금법 제10조에 따라 고용노동부장관이 고시하는 최
   저임금을 적용하여 월로 환산한 금액('16년 시간급 6,030
   원, 월 환산 1,260,270원)

② 매년 2회 이상 주기적으로 임금통계를 공표하는 임금조사
   기관이 조사한 남자 또는 여자 보통 인부의 전국규모 통
   계에 의한 일용 노동임금을 적용하여 월로 환산한 금액
   ('15.9.1. 기준 1일 보통인부 노임단가 89,566원)

③ 취업을 제공받은 법인 등의 유사한 직급 또는 직위에서
   통상적으로 제공되는 연봉 상당액의 12분의 1에 해당하
   는 금액

④ 고용노동부장관이 통계법 제17조에 따라 작성·보급하는
   고용형태별 근로실태조사 중 직종별 월급

● 집에서 식사를 접대한 경우 음식물 등 가액 평가는 어떻게 산정하면 되나요?

문 ○○공공기관이 당사자인 소송을 대리하는 A법무법인 대표 B는, 소송사건을 맡겨준 데 대한 고마움을 표시하기 위해 ○○공공기관의 소송 담당과장 甲과 소속직원 乙, 丙을 집으로 초대하여 음식을 접대한 경우에 음식물 가액은 어떻게 산정하면 되나요? (1인당 가액이 100만원을 초과하지 않음을 전제)

답 식사초대 시 음식물 등 가액평가는 재료비 구입 영수증 등 객관적으로 확인 가능한 자료를 토대로 이루어진다고 봄이 상당하며, 가액을 명확히 알 수 없는 경우에는 위반행위자에게 유리한 자료를 기준으로 해야 할 것입니다.

당사자가 함께 향응을 하여 실제 각자에게 소비된 비용 산정이 어려운 경우에 균등 분할한 금액이 1인당 수수한 금품 등의 가액이라고 볼 수 있으며, 질문의 경우에 B, 甲, 乙, 丙이 함께 식사를 하였으므로, 총 음식 접대비의 1/4을 1인당 수수한 금품 등의 가액으로 볼 수 있을 것입니다.

甲, 乙, 丙은 공직자 등에 해당하고(제2조제2호나목), 소송 담당과장 및 직원이므로, ○○공공기관이 당사자인 소송을 대리하고 있는 A법무법인 대표 B와는 직무관련성도 인정될 수 있습니다(제8조제2항).

1인당 식사 접대 가액이 3만원 초과할 경우, 甲, 乙, 丙은 직무와 관련하여 3만원을 초과하는 식사 접대를 받았으므로, 각각 음식물 가액의 2배 이상 5배 이하의 과태료 부과대상이며 (제8조제2항, 제23조제5항제2호), 징계대상에도 해당합니다(제21조).

B는 1인당 3만원을 초과하는 식사접대를 하였으므로, 금품 등 가액의 2배 이상 5배 이하의 과태료 부과대상입니다(제8조제5항, 제23조제5항제3호).

A법인은 양벌규정에 따라 과태료 부과대상입니다(동법 제24조). 다만,

법인 대표자의 행위는 양벌규정의 면책대상에서 제외된다는 것이 판례의 입장이므로(대법원 2011.3.24.선고 2010도14817판결), A법인이 대표 B의 위반행위를 방지하기 위한 상당한 주의, 감독을 게을리 하지 않았더라도 면책되기는 어려울 것으로 보입니다.

1인당 식사접대 가액이 3만원 이하일 경우, 원활한 직무수행·사교·의례 등 목적이 인정될 경우, 甲, 乙, 丙, A, B 모두 부정청탁금지법상 제재 대상 아닙니다(제8조제3항제2호).

● 비매품인 VIP 초청권의 가액 평가는 어떻게 하나요?

問 ○○중앙부처 甲심의관은 대학 동창이자 로펌에 근무하는 친구 A변호사로부터 유명 피아니스트인 A의 아내의 피아노 독주회 VIP초청권 4장을 선물받았는데(甲과 A는 직무관련성 없음), 해당 초청권은 비매품이라 시장가격은 형성되어 있지 않지만, VIP초청구역은 R석 보다 좋은 좌석으로 배정되어 있었고, R석의 입장권은 30만원에 판매되었습니다. 이 경우에 甲심의관은 부정청탁금지법상 제재대상인가요?

答 VIP초청권은 R석 보다 좋은 좌석으로 배정되므로 R석의 입장권이 30만원에 판매되었다면, VIP초청권 1장당 통상의 거래가격은 최소 30만원은 넘는다고 보아야 할 것이므로, 甲심의관은 1회 100만원을 초과(30만원x4)하는 금품 등을 수수한 것으로 볼 수 있습니다.

甲심의관은 1회 100만원을 초과하는 금품 등을 수수한 이상 직무 관련 여부 및 기부·후원·증여 등 명목을 불문하고, 형사처벌대상(3년 이하 징역 또는 3천만원 이하 벌금)에 해당하며 (제8조제1항, 제22조제1항제1호), 징계대상에도 해당합니다(제21조).

A변호사는 공직자 등에게 1회 100만원을 초과하는 금품 등을 제공하였으므로, 형사처벌(3년 이하 징역 또는 3천만원 이하 벌금)대상에 해당합니다(제8조제5항, 제22조제1항제3호).

금품 등의 가액은 제재의 종류(형사처벌과 과태료)를 구분하는 기준이고, 과태료 부과액 산정을 위한 기준입니다.

甲심의관은 부정청탁금지법상 금품 등 수수 금지 규정의 적용대상자인 공직자 등에 해당합니다(제2조제2호가목).

금품 등의 가액은 시가와 현저한 차이가 없는 이상 실제 지불된 비용으로 하고, 이를 알 수 없으면 시가(통상의 거래가격)를 기준으로 산정합니다.

● 시가와 구매가가 다른 경우 가액 평가는 어떻게 해야 하나요?

문 ○○중앙부처 甲차관은 재력가 친구 A가 있었는데(직무관련성 없음을 전제), A가 사업상 해외 출장을 갔다 오는 길에 공항 면세점에서 200만원(국내 판매시가 350만원)을 주고, 와인 한 병을 사서 귀국한 후, 甲차관과 함께 레스토랑에서 식사를 하면서 A가 면세점에서 구입한 200만원 상당의 와인을 가져와서 함께 마셨습니다(식사대금은 각자 결제). 이 경우에 甲차관은 부정청탁금지법상 계재대상인가요?

답 와인의 국내판매시가 350만원이라 하더라도, 면세점에서250만원에 구입한 영수증이 있다면 와인가액은 200만원으로 평가할 수 있습니다. 그렇다면 甲차관은 100만원 상당의 와인을 제공받은 것이나, 甲차관과 A 사이에 직무관련성이 없으므로, 甲차관과 A 모두 청탁금지법상의 제재대상에 해당하지 않습니다. 반면 실제구매가격(200만원)이 확인되지 않을 경우에는 시가를 기준으로 가액을 정하게 됩니다.

이 경우에 甲차관은 1회 175만원의 와인을 접대 받았으므로 직무 관련 여부 및 명목을 불문하고, 형사처벌대상(3년 이하 징역 또는 3천만원 이하 벌금)에 해당하며(제8조제1항, 제22조제1항제1호), 징계대상에도 해당합니다(제21조).

A는 공직자 등에게 1회 175만원 상당의 와인을 제공하였으므로, 역시 형사처벌(3년 이하 징역 또는 3천만원 이하 벌금)대상에 해당합니다(제8조제5항, 제22조제1항제3호).

시가와 구매가가 다른 경우 영수증 등에 의해 구매가를 알 수 없으면 시가를 기준으로 산정합니다.

당사자가 함께 향응을 한 경우 실제 각자에게 소비된 비용을 기준으로 하며, 실제 소비된 비용의 산정이 어려운 경우 균등하게 분할한 금액을 기준으로 합니다.

甲차관은 부정청탁금지법상 금품 등 수수 금지 규정의 적용대상자인 공직자 등에 해당합니다(제2조제2호가목).

● 식사접대를 받은 사람 수에 대한 판단은 어떤 기준이 있나요?

☷ 공직유관단체 과장 甲이 연구용역을 의뢰한 기업(일반 사기업에 해당)의 부장 A로부터 식사대접을 받았습니다. 식사비로 20만원이 나왔지만, 두 사람은 사실과 달리 함께 식사한 인원이 10명이라고 주장하는 경우에 甲과 A는 부정청탁금지법상 어떠한 제재를 받나요?

☰ 당사자가 함께 향응을 한 경우, 금품 등 가액은 실제 각자에게 소비된 비용을 기준으로 산정하고, 그 산정이 어려운 경우 균등하게 분할한 금액을 기준으로 합니다. 실제 식사 인원이 몇 명인지 등에 관해서는 객관적 자료를 근거로 판단해야 할 것입니다.

질문의 경우 식사 인원이 10명이 아니라 2명인 경우라면, 甲은 직무와 관련하여 A로부터 10만원 상당(제8조제3항제 2호의 수수 금지 금품 등의 예외사유에 해당하지 않음)의 식사 접대를 받았으므로, 수수 가액의 2배 이상 5배 이하의 과태료 부과대상에 해당하며(제8조제2항, 제23조제5항제1호), 징계대상에도 해당합니다(제21조).

또한, A는 공직자 등인 甲에게 10만원 상당의 식사 접대를 하였으므로, 금품 등 가액의 2배 이상 5배 이하의 과태료 부과대상에 해당합니다(제8조제5항, 제23조제5항제3호).

반면, 객관적 자료 등에 따라 식사 인원이 10명으로 판단되는 경우라면, 1인당 2만원 상당의 식사접대는 3만원 이하 음식물에 해당하나(제8조제3항제2호), 원활한 직무수행 등 목적이 인정되지 않을 경우에는 수수 금지 금품 등의 예외사유에 해당하지 않아 甲과 A는 부정청탁금지법상 제재대상에 해당하게 됩니다.

공직유관단체 과장 甲은 부정청탁금지법상 금품 등 수수 금지 규정의 적용대상자인 공직자 등에 해당합니다(제2조제2호나목). 甲과 연구용역을 의뢰받은 기업의 부장 A간에는 직무관련성 인정될 수 있습니다.

● 동일인으로부터 음식물, 선물, 부조금을 함께 받은 경우에 어떤 가액기
준이 적용되는지요?

문 동일인으로부터 음식물, 선물, 부조금을 함께 받은 경우에 어떤 가
액기준이 적용되는지요?

답 동일인으로부터 부조금, 선물, 음식물을 함께 수수한 경우 각각의 가액
을 모두 합산하되 이 경우 수수가 허용되는 가액의 상한액은 10만원으
로 하고 있습니다.

음식물 · 경조사비 · 선물 등의 가액 범위

구분	가액 범위
1. 음식물(제공자와 공직자등이 함께 하는 식사, 다과, 주류, 음료, 그 밖에 이에 준하는 것을 말한다)	3만원
2. 경조사비: 축의금, 조의금 5만원. 다만, 축의금.조의금을 대신하는 화환.조화는 10 만원으로 한다.	5만원~ 10만원
3. 선물: 금전, 유가증권, 제1호의 음식물 및 제2호의 경조사비를 제외한 일체의 물품, 그 밖에 이에 준하는 것은 5만원. 다만, 「농수산물 품질관리법」 제2조제1항제1호에 따른 농수산물(이하 "농수산물"이라 한다) 및 같은 항 제13호에 따른 농수산가공품(농수산물을 원료 또는 재료의 50퍼센트를 넘게 사용하여 가공한 제품만 해당하며, 이하 "농수산가공품"이라 한다)은 10만원으로 한다.	5만원~ 10만원

비고
가. 제1호, 제2호 본문.단서 및 제3호 본문.단서의 각각의 가액 범위는
   각각에 해당하는 것을 모두 합산한 금액으로 한다.
나. 제2호 본문의 축의금.조의금과 같은 호 단서의 화환.조화를 함께 받
   은 경우 또는 제3호 본문의 선물과 같은 호 단서의 농수산물.농수산
   가공품을 함께 받은 경우에는 각각 그 가액을 합산한다. 이 경우 가
   액 범위는 10만원으로 하되, 제2호 본문 또는 단서나 제3호 본문 또
   는 단서의 가액 범위를 각각 초과해서는 안 된다.

다. 제1호의 음식물, 제2호의 경조사비 및 제3호의 선물 중 2가지 이상
을 함께 받은 경우에는 그 가액을 합산한다. 이 경우 가액 범위는
함께 받은 음식물, 경조사비 및 선물의 가액 범위 중 가장 높은 금
액으로 하되, 제1호부터 제3호까지의 규정에 따른 가액 범위를 각각
초과해서는 안 된다.

● **공무원에게 골프접대는 얼마까지 할 수 있나요?**

問 공무원에게 골프접대는 얼마까지 할 수 있나요?

答 공무원과 직무관련성이 인정되는 이상 원칙적으로 골프접대는 허용된다
고 보기 어렵습니다.

공무원과 전혀 직무관련성이 없는 사이라면 1회 100만원 이하, 매 회계
연도 300만원 이하의 골프접대는 허용될 수 있습니다 다만, 1회 100만
원 또는 매 회계연도 300만원을 초과할 경우에는 직무 관련 여부 및 기
부·후원·증여 등 그 명목에 관계없이 부정청탁금지법상 제재대상임을 유
의해야 합니다.

골프접대비가 1회 100만원을 초과할 경우에는 직무 관련 여부 및 기부
·후원·증여 등 명목을 불문하고(제8조제1항), 골프접대를 받은 공무원
및 공무원에게 골프접대를 한 자 모두 형사처벌(3년이하 징역 또는 3천
만원 이하 벌금)대상입니다(제22조제1항제1호, 제22조제1항제3호).

골프접대비가 1회 100만원 이하일 경우에는 직무와 관련하여(제8조제2
항) 골프접대를 받은 공무원 및 공무원에게 골프접대를 한 자 모두 골
프접대비 가액의 2배 이상 5배 이하에 상당하는 금액의 과태료 부과대
상입니다(제23조제5항제1호, 제23조제5항제3호)

● 음식물 3만원 초과 부분은 더치페이를 한 경우에 가액 평가는 어떻게 하나요?

문 A업체의 부장 B와 팀장 C는 공공기관의 직원 3명과 오찬을 갖게 되었는데(직무관련성이 있음을 전제), 1인당 5만 5천원이 나왔습니다. B부장은 음식물접대 허용 상한액이 3만원이므로 15만원을 결재했으며, 1인당 5만 5천원 중 3만원을 넘는 2만 5천원 부분은 오찬 참석자 각자가 더치페이한 경우에 부정청탁금지법상 제재를 받나요?

답 3만원 초과 부분은 각자 더치페이 했으므로, 음식물 접대 허용 상한액인 3만원 범위 내에서 식사 접대를 한 것으로 볼 수 있습니다. 따라서 원활한 직무수행 등의 목적이 인정될 경우 수수 금지 금품등의 예외사유에 해당하여 제재대상이 아닙니다(제8조제3항제2호).
부정청탁금지법 적용을 피하기 위해 실제 더치페이한 부분에 대한 현금 보상이 이루어졌고, 그러한 사실이 확인될 경우에는 당연히 부정청탁금지법상 제재대상에 해당할 수 있을 것이며, 영수증 등과 같은 객관적인 자료를 기준으로 가액 범위를 준수하였는지 여부를 판단합니다.
그리고 A업체의 업무와 관련이 있는 공공기관이므로 직무관련성 인정됩니다.

● 취업제공 등 유형·무형의 경제적 이익은 어떤 기준으로 평가하나요?

[문] A회사에서 공무원 甲의 배우자 乙이 회사에서 요구하는 역량을 갖추어 직원으로 고용하는 경우에 청탁금지법상 문제가 되나요? 직원채용 과정에서 응시생의 배우자가 공무원인지 여부를 확인해야 하나요?

[답] 공무원 甲의 배우자 乙에 대한 취업제공이 금품 등을 제공하기 위한 수단·방편이 아니라, 회사 채용기준에 부합하는 자를 정당하게 채용한 것이라면 채용과정에서 응시생의 배우자가 공무원인지 여부를 별도로 확인할 필요는 없다고 할 것입니다. 다만, 공무원 甲의 직무가 A회사와 관련되고, 공무원 甲의 배우자 乙에 대한 취업제공이 공무원 甲에게 금품 등을 제공하기 위한 수단·방편에 불과한 경우에 이러한 취업제공은 부정청탁금지법상 수수금지 금품 등에 해당되어 제8조제1항 제2항 또는 제4항 등 위반이 문제될 수 있습니다.

부정청탁금지법상 취업제공 등 유형·무형의 경제적 이익도 '금품 등'에 해당합니다(제2조제3호다목).

공직자 등 또는 공직자 등의 직무와 관련하여 그 배우자에게 취업제공을 금지하고 있습니다. 공직자 등 본인이나 그 배우자 외의 자녀, 부모 등의 가족은 대상에 해당하지 않습니다.

공직자 등의 직무와 관련되는 경우라 하더라도, 정당한 취업제공인 경우에는 취업제공 및 그에 따라 수령한 급여 등은 모두 예외사유인 정당한 권원에 따라 제공되는 금품 등에 해당합니다(제8조제3항제3호).

● 과도한 이자율의 가액 평가는 어떻게 하나요?

[문] ① 공직유관단체 임원 甲이 직무관련성이 있는 A로부터 1억원을 무이자로 빌리고 일주일 후에 갚는 경우, 또는 ② A가 甲에게 돈을 빌려주면서, 현저히 낮은 이자만 받고 빌려주는 경우, 甲이 A로부터 금품 등을 받은 것으로 볼 수 있나요?

[답] ① 금전을 무상으로 차용한 경우 수수한 금품 등은 금융이익 상당액(금융기관 대출이율 또는 법정이율)이고, ② 현저히 저리로 차용한 경우는 대출이율이나 법정이율과 약정이율의 차액 상당액입니다(제2조제3호다목).

甲은 부정청탁금지법상 금품 등 수수 금지 규정의 적용대상자인 공직자 등에 해당합니다(제2조제2호나목).

가액평가 결과 100만원 초과한 경우에 甲과 A는 직무 관련 여부 및 기부·후원·증여 등 명목을 불문하고(제8조제1항) 형사처벌(3년 이하 징역 또는 3천만원 이하 벌금)대상이며(제22조제1항제1호, 제22조제1항제3호), 甲은 징계대상에도 해당합니다(제21조).

가액평가 결과 100만원 이하일 경우에 甲과 A는 직무관련성이 인정되는 경우(제8조제2항) 차액 상당액의 2배 이상 5배 이하에 상당하는 금액의 과태료 부과대상이며(제23조제5항제1호, 제23조제5항제3호), 甲은 징계대상에도 해당합니다(제21조).

● 택배비, 부가세, 봉사료도 금품 등 가액에 포함되는지요?

문 1) 4만5천원 상당의 선물을 서울에서 서울로 보낸 경우에는 4만9천원(택배비4천원), 같은 선물을 서울에서 제주도로 보낸 경우에는 5만2천원(택배비 6천원)인데, 모두 부정청탁금지법상 허용되는 선물에 해당하나요?

2) 2만8천원 상당의 음식물을 접대하는 경우에 부가세를 포함하면, 3만8백원, 부가세를 제외하면 2만8천원인데, 이러한 경우에 음식물 가액 평가 시 부가가치세도 포함되는 것인가요?

답 1) 택배비는 선물 가액에 포함되지 않으며, 원활한 직무수행 또는 사교·의례 또는 부조의 목적으로 5만원 이하의 선물을 주는 것은 부정청탁금지법상 제재대상에 해당하지 않습니다(제8조제3항제2호). 부가가치세는 음식물 가격에 포함되어 표시되므로, 음식물 가격에 포함된다고 볼 수 있습니다.

택배비는 발송 지역·중량 등에 따라 차이가 있는데, 택배비를 선물 허용 가액에 포함시킬 경우 발송 지역 등에 따라 부정청탁금지법상의 제재여부가 달라지는 문제가 발생할 수 있으므로, 선물 가액 산정 시 포함시키지 않는 것이 상당합니다.

2) 식품위생법 시행규칙에서는 영업소 내·외부에 가격을 표시할 때 부가가치세 등을 포함하여 손님이 실제 내야 하는 최종지불가격을 표시하도록 규정하고 있습니다.

● 고의 없이 금품 등을 제공받은 경우에 부정청탁금지법상 어떠한 제재를 받나요?

문 공기업 영업본부 직원 乙은, 영업본부장 甲으로부터 회사 근처 식당에서 저녁을 먹자는 전화를 받고 식당으로 가서 甲과 함께 있던 계약업체 직원 A와 함께 식사를 하고 A가 식사비용 60만원을 계산했는데, 乙은 A가 누구인지 몰랐고 영업본부장 甲이 식사비를 계산한 것으로 안 경우에 甲, 乙, A는 부정청탁금지법상 어떠한 제재를 받나요?

답 乙은 계약업체 직원 A로부터 식사를 접대받는데 대한 고의가 없으므로, 부정청탁금지법상 제재대상에 해당하지 않습니다.

甲은 직무와 관련하여 계약업체 직원 A로부터 40만원상당의 식사(甲이 초대한 乙의 접대에 소요된 비용 포함)를 접대 받았으므로, 금품 등 가액의 2배 이상 5배 이하에 상당하는 금액의 과태료 부과대상에 해당하며, 징계대상에도 해당합니다.

A는 직무와 관련하여 영업본부장 甲에게 40만원 상당의 식사를 제공하였으므로, 금품 등 가액의 2배 이상 5배 이하에 상당하는 금액의 과태료 부과대상에 해당합니다(제8조제5항, 제 23조제5항제3호).

● 여러 명의 공무원이 금품 등을 수수한 경우에 가액 평가는 어떻게 하나요?

문 A회사 직원 B가 공무원 甲, 乙, 丙에게 1인당 300만원씩 제공하기로 약속하였고 甲, 乙, 丙은 상호 의사연락 하에 B로부터 돈을 받기로 하였는데, B는 총 900만원을 甲에게 제공하면서 乙, 丙에 대한 전달을 요청하였고, 그 후 甲, 乙, 丙이 300만원씩 나누어 가진 경우에 甲, 乙, 丙이 수수한 금품의 가액은 얼마로 보아야 하나요?

답 공무원 甲, 乙, 丙이 공모하지 않고 각자가 별개로 금품 등을 받은 경우에는 각자 받은 300만원을 기준으로 부정청탁금지법상 제재수위를 결정하게 되나, 공모하여 금품 등을 수수한 경우에는 甲, 乙, 丙이 각각 받은 금품 등 가액을 합산한 900만원을 기준으로 부정청탁금지법상의 제재수위가 결정될 수 있습니다.

● 자영업자가 10명의 공무원에게 각 99만원씩 총990만원의 돈 봉투를 돌렸을 경우에 어떠한 제재를 받나요?

문 건축사업을 하는 자영업자 A는 10명의 구청 토지 인·허가 업무 관련 공무원에게 각 99만원씩 총990만원의 돈 봉투를 돌렸습니다. 부정청탁금지법상 어떠한 제재를 받나요?

답 구청 공무원 10명이 공모를 하였다는 등의 특별한 사정이 없는 한, 1인당 99만원을 받은 것으로 볼 수 있으므로, 각각 수수 가액의 2배 이상 5배 이하의 과태료 부과대상에 해당하며(제8조제2항, 제23조제5항제1호), 징계대상에도 해당합니다(제21조) 반면, 구청 공무원 10명이 상호 의사연락 하에 공동으로 금품등을 수수한 사실이 인정될 경우에는 10명 모두 형법상 공동정범으로서 990만원을 기준으로 하여 형사처벌(3년 이하 징역 또는 3천만원 이하 벌금)대상에 해당할 수 있습니다(제8조제1항, 제22조제1항제1호).

자영업자 A는 구청 공무원 1인당 99만원의 금전을 제공하였으므로, 모두 10개의 과태료 부과대상에 해당하나, 구청공무원 10명이 공동정범일 경우에는 A는 990만원을 제공한 자에 해당되어 형사처벌(3년 이하 징역 또는 3천만원 이하 벌금)대상에 해당할 수 있습니다.

구청 공무원 10명은 부정청탁금지법상 금품 등 수수 금지 규정의 적용대상자인 공직자 등에 해당합니다(제2조제2호가목).

구청 공무원 10명은 모두 토지 인·허가 관련 업무를 수행하므로 각각 건축사업을 하는 자영업자 A와 직무관련성이 인정될 수 있습니다(제8조제2항).

● **상호 접대의 경우 공제·상계 여부는 어떤 기준으로 판단하나요?**

A회사의 직원 B(직무관련성 인정됨을 전제)는 공무원 甲과 술자리를 자주 하였으며, 술값을 나누어 내는 것이 번거로우니 한번은 B가 내고, 다음에는 甲이 내는 식으로 번갈아 가며 계산을 해왔습니다. 그러던 중 이번에 B가 甲과의 술값 20만원을 모두 계산하였는데, 이 경우 甲, B는 각자 1/2씩 술값을 부담한 것으로 보아 부정청탁금지법에 위반되지 않는다고 주장할 수 있는지요?

돌아가면서 접대를 하거나, 접대 받은 액수만큼 다시 접대를 하는 경우에 접대를 받은 후 상대방에게 접대를 한 것은 제공자에게 지체 없이 금품 등을 반환한 것으로 보기는 어렵습니다(제9조제2항에 해당하지 않음). 또한, 접대 받은 액수만큼 다시 접대를 하는데 대한 공제·상계의 명백한 근거규정이 없는 점, 공제·상계 허용 시 공직자 등의 공정한 직무수행 보장이라는 입법취지에 반하는 결과를 초래할 수 있는 점 등을 고려, 접대 가액에 따라 부정청탁금지법상 제재대상에 해당합니다.

질문의 경우 공무원 甲은 직무와 관련하여 10만원 상당(20만원/명)의 술 접대를 받았으므로, 수수 가액의 2배 이상 5배 이하의 과태료 부과대상에 해당하며(제8조제2항, 제23조제5항제1호), 징계대상에도 해당합니다(제21조)

직원 B는 공무원 甲에게 10만원 상당의 술 접대를 하였으므로, 금품 등 가액의 2배 이상 5배 이하의 과태료 부과대상에 해당합니다(제8조제5항, 제23조제5항제3호).

A회사는 양벌규정에 따라 과태료 부과대상에 해당하나, 직원 B의 위반행위를 방지하기 위한 상당한 주의, 감독을 게을리 하지 않았을 경우에는 면책될 수 있습니다(제24조)

● 경리담당 직원이 여러 차례 만나 업무관련 협의를 하면서 1년 동안 총 320만원상당의 식사를 제공받았지만, 자신도 1년 동안 총 70만원 상당의 식사를 제공한 경우에 어떠한 제재를 받나요?

문 ○○공기업 경리담당 직원 甲은, 위 공기업과 계약관계가 있는 A업체의 대표 B와 여러 차례 만나 업무관련 협의를 하면서 1년 동안 총 320만원상당의 식사를 B로부터 제공받았지만, 1년 동안 甲도 B에게 총 70만원 상당의 식사를 제공한 경우에 甲, A, B는 부정청탁금지법상 어떠한 제재를 받나요?

답 공직자 등에 해당하는 甲이 매 회계연도에 300만원을 초과하는 금품 등을 수수한 이상, 직무 관련 여부 및 기부·후원·증여 등 그 명목에 관계없이 형사처벌(3년 이하 징역 3천만원 이하 벌금)대상이며(제8조제1항, 제22조제1항제1호), 징계대상에도 해당합니다(제21조)

B는 공직자 등인 甲에게 1년 동안 총 320만원 상당의 식사 접대를 하였으므로, 형사처벌(3년 이하 징역 3천만원 이하 벌금)대상에 해당합니다(제8조제5항, 제22조제1항제3호). A업체는 양벌규정에 따라 벌금 부과대상에 해당합니다(제24조).

공기업 경리 담당 직원 甲은 공직자 등에 해당하며(동법 제2조제2호나목), 해당 공기업과 계약관계가 있는 A업체 대표 B와 공기업 경리담당 직원 甲간에는 직무관련성이 인정된다고 볼 수 있습니다.

돌아가면서 접대를 하거나, 접대 받은 액수만큼 다시 접대를 하는 경우에 접대를 받은 후 상대방에게 접대를 한 것은 제공자에게 지체 없이 금품 등을 반환한 것으로 보기는 어렵습니다(동법 제9조제2항에 해당하지 않음). 또한, 접대 받은 액수만큼 다시 접대를 하는 데 대한 공제·상계의 명백한 근거규정이 없는 점, 공제·상계 허용 시 공직자 등의 공정한 직무수행 보장이라는 입법취지에 반하는 결과를 초래할 수 있는 점 등을 고려, 접대 가액에 따라 부정청탁금지법상 제재대상에 해합니다.

참고로, 법인의 대표자의 행위는 양벌규정의 면책 대상에서 제외된다는 것이 판례의 입장이므로, A업체는 대표 B의 위반행위를 방지하기 위해 해당 업무에 관하여 상당한 주의와 감독을 게을리 하지 않았다 하더라도 면책되기 어렵습니다(대법원 2011. 3. 24. 선고 2010도14817 판결 등 참조).

● 공무원이 사회복지사로부터 30만원 상당의 식사와 주류를 접대 받았는데, 일주일 후 같은 금액 상당의 음식과 주류를 접대한 경우에 어떠한 제재를 받나요?

문 □□구청 사회복지과 공무원 甲이 사회복지사 乙로부터 30만원 상당의 식사와 주류를 접대 받았는데, 일주일 후 공무원 甲이 사회복지사 乙에게 같은 금액 상당의 음식과 주류를 접대한 경우에 甲과 乙은 부정청탁금지법상 어떠한 제재를 받나요?

답 공무원 甲은 직무와 관련이 있는 사회복지사 乙로부터 30만원 상당의 접대를 받았으므로, 그 가액의 2배 이상 5배 이하 과태료 부과대상에 해당하며(제8조제2항, 제23조제5항제1호), 징계대상에도 해당합니다(제21조).

乙은 공무원 甲에게 30만원 상당의 식사와 주류를 접대하였으므로, 그 가액의 2배 이상 5배 이하 과태료 부과대상에 해당합니다(제8조제5항, 제23조제5항제3호).

돌아가면서 접대를 하거나, 접대 받은 액수만큼 다시 접대를 하는 경우에 접대를 받은 후 상대방에게 접대를 한 것은 제공자에게 지체 없이 금품 등을 반환한 것으로 보기는 어렵습니다(동법 제9조제2항에 해당하지 않음). 또한, 접대 받은 액수만큼 다시 접대를 하는 데 대한 공제·상계의 명백한 근거규정이 없는 점, 공제·상계 허용 시 공직자 등의 공정한 직무수행 보장이라는 입법취지에 반하는 결과를 초래할 수 있는 점 등을 고려, 접대 가액에 따라 부정청탁금지법상 제재대상에 해합니다.

● 시청 과장은 친분이 있는 감사과 직원과 함께 식사를 하였는데, 1차 식사비용 총 10만원을 계산하고, 2차는 감사과 직원이 10만원을 계산한 경우에 제재대상에 해당하나요?

문 ○○시청 과장 乙은 평소 동호회 활동을 함께 하는 등 친분이 있는 감사과 직원 甲과 함께 식사를 하였는데, 乙이 1차 식사비용 총 10만원을 계산하자, 甲이 1차는 乙이 샀으니 2차는 자기가 사겠다고 하면서 바로 같은 동네에 있는 주점으로 자리를 옮겨 2차로 술을 마시고 甲이 2차 술값 총10만원을 계산한 경우에 부정청탁금지법상 제재대상에 해당하나요?

답 상호 접대에 따른 공제·상계는 원칙적으로 허용되지 않으나, 甲과 乙이 상호 접대행위는 시간적·장소적으로 근접해 있으며, 乙이 1차를 냈으니 甲이 2차를 내기로 하는 등 실질적으로 한 장소에서 술과 식사를 하고, 더치페이를 한 것과 같이 평가될 수 있으므로, 이러한 경우에는 예외적으로 부정청탁금지법상 제재대상에 해당하지 않을 수 있을 것으로 보입니다. 다만, 만일 甲이 1차로 3만원 상당, 乙이 2차로 15만원 상당을 제공하였다면, 甲은 乙로부터 12만원 상당의 금품 등을 제공받은 것으로 볼 수 있으므로, 부정청탁금지법상 제재대상에 해당할 것입니다.

감사과 직원 甲과 과장 乙간은 직무관련성 인정될 수 있습니다. 甲이 5만원 상당의 식사를 제공받은 것과 관련하여, 감사과 직원은 예산 집행 감사, 복무점검, 징계 등 업무를 수행하며, 이에 대해 소속 기관 임직원은 직접 불이익을 받는 관계에 있는 점, 감사 업무의 처리방향·결과 등에 영향력을 미칠 수 있는 점, 금품 등 수수로 인하여 직무집행의 공정성을 의심받을 수 있는 점 등을 고려할 때, 직무관련성 인정될 수 있습니다.

乙이 5만원 상당의 주류를 제공받은 것과 관련하여, 타 부서 과장이라 하더라도 과장이라는 지위에 기해 같은 기관 내 직원들에 대한 사실상 영향력을 행사할 수 있는 점 등을 고려할 때, 직무관련성 인정될 수 있습니다.

앞의 사례들에서 살펴본 바와 같이 상호접대에 따른 공제·상계는 원칙적으로 허용되지 않는 것이며, 다만 상호접대행위가 시간적·장소적으로 근접해 있으며, 실질적으로 한 장소에서 식사 등을 하고 더치페이를 한 것과 같이 평가될 수 있을만한 사정이 있을 경우에만 예외적으로 허용될 수 있습니다.

공직자 등의 금품 등 수수행위를 제재하여 공직자등의 공정한 직무수행을 보장하고 공공기관에 대한 국민의 신뢰를 확보하려는 입법취지를 고려할 때, 더치페이 문화를 정착시키는 것이 중요할 것입니다.

질문의 경우, ① 乙의 甲에 대한 5만원 상당의 식사제공행위와 甲의 乙에 대한 5만원 상당의 주류제공행위가 시간적·장소적으로 근접해 있는 점, ② 乙이 1차를 냈으니 甲이 2차를 내기로 하는 등 식당 및 주점에서 각각 더치페이를 하지 않았을 뿐 실질적으로 더치페이를 한 것과 같이 평가할 수 있어, 甲과 乙이 서로에게 금품 등을 제공하거나 제공받았다고 보기 어려운 점, 이러한 경우 공제·상계를 허용한다고 하여 공직자등의 공정한 직무수행 보장이라는 입법취지에 반하는 결과를 초래하지는 않을 것으로 보이는 점 등을 고려할 때, 부정청탁금지법상 제재대상에 해당하지 않을 것으로 보입니다.

● 기관이나 부서로 온 선물의 경우 수수 주체는 누가 되나요?

문 명절에 직무와 관련된 협회의 직원으로부터 기관이나 부서로 배송되어 온 선물은 받아도 되는지요?

답 만일 선물이 누구로부터 온 것인지 특정하기 어렵거나 선물의 가액을 확인하기 어려운 경우 등에는 해당 기관의 청탁방지담당관과 상담한 후 처리해야 합니다.

부정청탁금지법 제9조제1항,제2항에 규정된 신고·반환·거부의 의사표시 의무 등에 비추어 볼 때, 특정 직원 앞으로 왔다는 등의 특별한 사정이 없는 한 기관이나 부서로 온 선물은 기관장이나 부서장에게 온 선물로 보는 것이 상당하므로, 기관장이나 부서장이 반환이나 신고 등 절차를 이행해야 합니다.

부정청탁금지법 제8조제1항 및 제2항은 수수 금지 금품등을 받는 주체에 관하여 '공직자 등'이라고 하여 법인이 아닌 자연인에 한정하는 것으로 해석됩니다.

● 언론사 자체에 협찬 명목으로 금품 등을 제공한 경우에 제재대상인가요?

문 □□기업체 대표 甲이 신문사 소속 특정 개인이 아닌 신문사 자체에 대한 협찬 명목으로 1천만원을 제공하는 경우에 부정청탁금지법상 제재대상인가요?

답 협찬 업무를 담당·처리하는 신문사 임직원이 신문사 자체에 대한 협찬 명목으로 1천만원을 받은 경우에 정당한 권원이 없는 한 부정청탁금지법에 따른 제재대상이 될 수 있습니다.

협찬 관련 업무를 담당하는 신문사 임직원은 1회 100만원을 초과하는 금품 등을 받았으므로, 형사처벌(3년 이하의 징역 또는 3천만원 이하의 벌금)(제8조제1항, 제22조제1항제1호) 및 징계 대상에 해당할 수 있으나(제21조), 제9조제1항·제2항 또는 제6항에 따라 신고하거나, 그 수수 금지 금품 등을 반환 또는 인도하거나, 거부의 의사를 표시한 경우에는 처벌 대상에서 제외됩니다(제22조제1항제1호 단서).

대표 甲은 형사처벌(3년 이하의 징역 또는 3천만원 이하의 벌금)대상에 해당하며(제8조제5항, 제22조제1항제3호), 기업체는 양벌규정에 따라 벌금 부과대상에 해당합니다(제24조).

신문사에 대한 협찬을 받는 주체는 법인, 법인의 대표자, 임직원 등이 될 수 있으나, 부정청탁금지법 제8조제1항 및 제2항은 수수 금지 금품 등을 받는 주체에 관하여 '공직자 등'이라고 하여 법인이 아닌 자연인에 한정하는 것으로 해석되므로, 자연인으로서의 행위자가 특정되지 않을 경우 부정청탁금지법상 제재가 어려울 수 있습니다.

수수 금지 금품 등을 받거나 요구 또는 약속해서는 안 되는 '공직자등'은 공무원, 공직유관단체 임직원, 각급 학교의 장과 교직원, 언론사의 대표자와 그 임직원 등 자연인을 의미합니다(제2조제2호).

비록 협찬 관련 업무를 처리하는 신문사 임직원은 자신의 이익을 위해서가 아닌 소속 신문사의 이익을 위해 협찬을 받았더라도, 공직자 등의 공정한 직무수행 보장 및 공공기관에 대한 국민의 신뢰 확보라는 법 제정취지를 고려할 때, 실제 행위자에 대한 제재 필요성이 있습니다.

참고로, 법인의 대표자의 행위는 양벌규정의 면책 대상에서 제외된다는 것이 판례의 입장이므로, □□기업체는 대표 甲의 위반행위를 방지하기 위해 해당업무에 관하여 상당한 주의와 감독을 게을리 하지 않았다 하더라도 면책되기 어렵습니다(대법원 2011. 3. 24. 선고 2010도14817 판결 등 참조).

● **언론사 임직원이 금품 등을 요구한 경우에 제재대상인가요?**

📋 ○○기업체 출입기자 甲은 某신문사 주최 행사 관련 참가자들에게 나누어 줄 경품이 필요하자, □□기업체 대표 乙로부터 행사에 필요한 음료와 스포츠 타올 등 2천만원 상당의 물품의 협찬을 요구하고, 그에 따라 받은 물품을 모두 행사 참가자들에게 나누어 주었는데, 부정청탁금지법상 제재대상인가요?

📋 출입기자 甲은 1회 100만원을 초과하는 금품 등을 요구하였으므로, 형사처벌(3년 이하의 징역 또는 3천만원 이하의 벌금)(제8조제1항, 제22조제1항제1호) 및 징계 대상에 해당할 수 있으나(제21조), 제9조제1항·제2항 또는 제6항에 따라 신고하거나, 그 수수 금지 금품 등을 반환 또는 인도하거나, 거부의 의사를 표시한 경우에는 처벌 대상에서 제외됩니다(제22조제1항제1호 단서).

□□기업체 대표 乙은 형사처벌(3년 이하의 징역 또는 3천만원 이하의 벌금)대상에 해당하며, 그가 소속한 □□기업체는 양벌규정에 따라 벌금 부과대상에 해당합니다(제24조).

수수 금지 금품 등을 받거나 요구 또는 약속해서는 안 되는 '공직자 등'은 공무원, 공직유관단체 임직원, 각급 학교의 장과 교직원, 언론사의 대표자와 그 임직원 등 자연인을 의미합니다(제2조제2호). 따라서, 출입기자 甲이 실제 협찬 물품 요구 등 행위자인 공직자 등으로서 부정청탁금지법에 따른 제재대상이 된다고 할 것입니다.

참고로, 법인의 대표자의 행위는 양벌규정의 면책 대상에서 제외된다는 것이 판례의 입장이므로, 기업체는 대표의 위반행위를 방지하기 위해 해당 업무에 관하여 상당한 주의와 감독을 게을리 하지 않았다 하더라도 면책되기 어렵습니다(대법원 2011. 3. 24. 선고 2010도14817 판결 등 참조).

1-6. 금지 행위

1-6-1. 공직자 등의 경우

부정청탁금지법은 공직자 등이 수수 금지 금품 등을 받거나 요구 또는 약속하는 것을 금지하고 있습니다. 요구는 공직자 등이 상대방에게 금품 등의 교부를 청구하는 의사표시를 말하고, 상대방이 응하였는지는 불문합니다. 동일인에 대하여 금품 등을 요구, 약속한 후 이를 받은 경우에는 포괄하여 1개의 위반행위(받는 행위)가 성립합니다.

1-6-2. 제공자의 경우

① 부정청탁금지법은 누구든지 공직자 등에게 수수 금지 금품 등을 제공하거나, 그 제공의 약속 또는 의사표시를 하는 것을 금지하고 있습니다. 제공은 공직자 등이 금품 등을 받을 수 있도록 제공하는 것을 말하고, 상대방이 받을 수 있는 상태에 두면 족합니다. 동일한 공직자 등에게 금품 등의 제공의 의사표시 약속한 후 이를 제공한 경우에는 포괄하여 1개의 위반행위(제공 행위)가 성립합니다.

② 금품 등 제공 금지의무가 부과된 부정청탁금지법 제8조제5항의 '누구든지'에는 실제 제공행위를 할 수 있는 자연인만 포함되고 법인은 제외됩니다. 법 제5조제1항의 부정청탁 금지규정의 주체인 '누구든지'에 자연인만 포함되고, 법인은 제외되는 것과의 통일적 해석이 필요합니다.

법인은 그 소속 임직원이 업무에 관하여 위반행위를 한 경우 법 제24조의 양벌규정에 따라 벌금 또는 과태료 부과 대상이 됩니다. 참고로, 법 제8조제1항의 '동일인'은 금품 등의 출처가 누구인지의 문제이므로 자연인뿐만 아니라, 법인도 원칙적으로 포함될 수 있습니다.

1-6-3. 공직자 등과 제공자와의 관계

① 금품 등을 제공하는 행위와 공직자 등이 이를 받는 행위가 필요할 뿐이므로 공직자 등의 위반행위가 성립하지 않더라도 제공자의 위반행위는 성립이 가능합니다. 위반행위를 한 공직자등이 신고 또는 금품 등을 반환하여 처벌대상에서 제외되더라도 제공자의 위반행위는 성립합니다.

② '뇌물공여죄가 성립되기 위하여서는 뇌물을 공여하는 행위와 상대방측에서 금전적으로 가치가 있는 그 물품 등을 받아들이는 행위(부작위 포함)가 필요할 뿐이지, 반드시 상대방 측에서 뇌물수수죄가 성립되어야만 한다는 것을 뜻하는 것은 아니다(대법원 1987. 12. 22. 선고 87도1699 판결).'라고 법원에서 판단하였습니다.

1-7. 배우자의 금품 등 수수 금지

① 공직자 등의 배우자는 1회 100만원을 초과하는 금품 등의 경우에도 공직자 등의 직무와 관련한 경우만 수수를 금지하고 있습니다. 공직자 등의 배우자는 공직자 등과 일상을 공유하며, 하나의 경제단위를 이루고 있는 실질적 경제적 관련성에 근거를 두고 있습니다.

② 과도한 규제 소지의 방지를 위해 공직자 등의 직무와 관련하여 금품 등을 수수하는 경우만을 금지하고 있습니다.

③ 법률에서 명시적 규정으로 사실혼 배우자를 포함하고 있

지 않는 한 배우자는 법률혼 배우자만을 의미합니다. 판
례는 대체로 형사처벌 조항에 있어서 친족관계를 '법률상
친족관계'로 해석하고 있습니다.

그와 같은 판례는 '사실상의 모가 존속인지의 여부가 문
제된 사안에서, 피살자(여)가 그의 문전에 버려진 영아인
피고인을 주어다 기르고 그 부와의 친생자인 것처럼 출생
신고를 하였으나 입양요건을 갖추지 아니하였다면 피고인
과의 사이에 모자관계가 성립될 리 없으므로, 피고인이
동녀를 살해하였다고 하여도 존속살인죄로 처벌할 수 없
다(대법원 1981. 10. 13. 선고 81도2466 판결).'라고 한
경우와 '혼인 외의 출생자와 생모간에는 생모의 인지나
출생신고를 기다리지 않고 자의 출생으로 당연히 법률상
의 친족관계가 생기는 것이다(대법원 1980. 9.9. 선고 80
도1731 판결)'라고 판시한 것이 있습니다.

④ 공직자 등은 배우자가 공직자 등의 직무와 관련하여 금품
등을 받은 사실을 안 경우 신고의무가 발생합니다. 공직
자 등이 신고의무를 이행하지 않은 경우 받은 금품 등의
가액에 따라 과태료 부과 또는 형사처벌 대상이 됩니다.
1회 100만원 또는 매 회계연도 300만원을 초과하는 경우
에는 형사처벌 대상이 됩니다.

⑤ 수수 금지 금품 등을 수수한 배우자는 부정청탁금지법상
의 제재대상은 아니지만 다른 법률에 따른 제재대상이 될
수 있습니다.

● 공무원의 아들이 해당부처 산하기관 직원으로부터 120만원 상당의 백화점 상품권을 받았다면, 제재대상인가요?

문 공무원 甲의 대학생 아들 乙이 해당부처 산하기관 직원 丙으로부터 120만원 상당의 백화점 상품권을 받았다면, 甲, 乙, 丙은 부정청탁금지법상 제재대상인가요?

답 공무원 甲의 아들 乙은 부정청탁금지법상의 수수 금지 금품 등의 수수 주체인 '공직자 등의 배우자'에는 해당되지 않습니다. 다만, 丙이 '아버지(공무원 甲)에게 전달해 달라'면서 乙에게 상품권을 주었고, 乙은 단순한 전달자에 불과하며, 이 금품 등 제공사실을 알았을 경우에는 甲이 직접 상품권을 받은 것으로 볼 수 있을 것이므로, 甲과 丙은 부정청탁금지법상 제재대상에 해당할 수 있습니다. 공직자 등의 배우자는 공직자 등의 직무와 관련하여 수수 금지 금품 등을 받거나 요구하거나 제공받기로 약속해서는 안 됩니다(제8조제4항).

또한, 누구든지 공직자 등에게 또는 그 공직자 등의 배우자에게 수수 금지 금품 등을 제공하거나 그 제공의 약속 또는 의사표시를 해서는 안 됩니다(제8조제5항).

부정청탁금지법은 수수 금지 금품 등의 수수 주체를 '공직자등'과 '그 공직자 등의 배우자'로 한정하고 있습니다. 다만, '공직자 등'이나 '공직자 등의 배우자'가 아닌 제3자가 금품 등을 받았다 하더라도, 제3자는 단순 전달자에 불과하고 공직자등이 금품 등이 제공된 사실을 알았다면, 공직자 등이 직접 금품 등을 받은 것으로 보아야 할 것입니다.

● 언론사 보도국장의 딸이 아버지의 그 직속 부하 직원으로부터 120만원 상당의 명품백을 선물로 받은 경우에 제재대상인가요?

🈷️ 언론사 보도국장 甲의 대학생 딸 乙이 아버지의 직속 부하 직원 A로부터 120만원 상당의 명품백을 선물로 받은 경우에 부정청탁금지법상 제재대상인가요?

🈳 보도국장 甲의 대학생 딸 乙은 부정청탁금지법상의 수수 금지 금품 등의 수수주체인 '공직자 등의 배우자'에는 해당되지 않으므로, 甲, 乙, A는 부정청탁금지법상 제재대상이 아닙니다. 다만, 甲과 A사이에 의사연락이 있었고, 乙은 단순한 전달자에 불과할 경우에는 甲과 A는 부정청탁금지법상 제재대상이 될 수 있습니다.

언론사 보도국장은 부정청탁금지법상 금품 등 수수 금지 규정의 적용대상자인 공직자 등에 해당합니다(제2조제2호라목).

공직자 등의 배우자는 공직자 등의 직무와 관련하여 수수 금지 금품 등을 받거나 요구하거나 제공받기로 약속해서는 안 됩니다(제8조제4항).

또한, 누구든지 공직자 등에게 또는 그 공직자 등의 배우자에게 수수 금지 금품 등을 제공하거나 그 제공의 약속 또는 의사표시를 해서는 안 됩니다(제8조제5항).

부정청탁금지법은 수수 금지 금품등 의 수수 주체를 '공직자등'과 '그 공직자 등의 배우자'로 한정하고 있습니다. 다만, "공직자 등"이나 "공직자등의 배우자"가 아닌 제3자가 금품 등을 받았다 하더라도, 제3자는 단순 전달자에 불과하고 공직자등이 금품 등이 제공된 사실을 알았다면, 공직자 등이 직접 금품 등을 받은 것으로 보아야 할 것입니다.

● 사립학교 재단이사 부인이 학부모로부터 150만원짜리 가방을 선물로 받은 경우에 어떠한 제재를 받나요?

문 사립학교 재단이사 甲의 부인 乙이 해당학교 입학을 원하는 학부모 丙으로부터 150만원짜리 가방을 선물로 받은 경우에 甲, 乙, 丙은 부정청탁금지법상 어떠한 제재를 받나요?

답 부정청탁금지법은 공직자 등의 배우자에게 금품 등 수수 금지 의무만을 부과할 뿐(제8조제4항), 수수 금지 금품 등을 수수한 공직자 등의 배우자 乙에 대한 제재규정은 없습니다.

공직자 등인 甲은 자신의 배우자가 1회 100만원 초과 금품 등을 받은 사실을 안 경우 소속기관장에게 지체 없이 서면으로 신고해야 합니다(제9조제1항제2호). 이를 알고도 신고하지 않은 경우에는 형사처벌(3년 이하 징역 또는 3천만원 이하 벌금)대상에 해당하며, 징계대상에도 해당합니다(제21조).

학부모 丙은 공직자 등의 배우자에게 150만원 상당의 가방을 선물하였으므로, 甲이 배우자의 금품 등 수수 사실을 알았는가와 상관없이 형사처벌(3년 이하의 징역 또는 3천만원 이하 벌금)대상에 해당합니다.

사립학교 재단이사 甲의 부인 乙은 '공직자 등의 배우자'로서, 공직자 등의 직무와 관련하여 금품 등 수수가 금지됩니다(제8조제4항).

사립학교 입학업무 등에 대해 영향력을 행사할 수 있는 사립학교 재단이사 甲과, 자녀가 해당학교에 입학하기를 원하는 학부모 丙간에는 직무관련성이 인정될 수 있습니다.

● 시장의 배우자가 주최하는 '후원인의 밤' 행사에 참여하여 건설업자가 400만원의 후원금을 냈을 경우에 제재대상인가요?

〔문〕 ○○시 시장 甲의 초등학교 동창인 건설업자 A는 현재 ○○시가 추진중인 체육관 건립공사 입찰에 참여한 상태인데, 사회복지시설을 운영하고 있는 시장 甲의 배우자 乙이 주최하는 '사회복지시설 후원인의 밤' 행사에 참여하여 400만원의 후원금을 냈습니다. 아래와 같은 경우에 甲은 부정청탁금지법상 제재대상인가요?

1) 시장 甲의 배우자 乙이 건설업자 A로부터 후원금 400만원을 받은 사실을 시장 甲이 몰랐을 경우

2) 시장 甲의 배우자 乙이 건설업자 A로부터 후원금 400만원을 받은 사실을 시장 甲이 알면서 신고하지 않은 경우

3) 시장 甲의 배우자 乙이 건설업자 A로부터 후원금 400만원을 받은 사실을 시장 甲이 알고 신고한 경우

〔답〕 1) 甲은 자신의 배우자 乙이 甲의 직무와 관련하여 건설업자 A로부터 후원금을 받은 사실을 몰랐으므로 부정청탁금지법상 신고의무가 없으며 (제9조제1항제2호), 신고의무 위반에 따른 제재 규정이 적용될 수 없습니다.

2) 甲은 자신의 배우자 乙이 甲의 직무와 관련하여 건설업자 A로부터 후원금을 받은 사실을 알면서 신고하지 않았고, 乙이 A로부터 1회 100만원을 초과하는 400만원을 받았으므로, 甲은 형사처벌(3년 이하의 징역 또는 3천만원 이하의 벌금)대상에 해당하며, 징계대상에도 해당합니다.

3) 甲은 자신의 배우자 乙이 甲의 직무와 관련하여 건설업자 A로부터 후원금을 받은 사실을 알고 신고하였으므로, 부정청탁금지법상 제재대상에 해당하지 않습니다.

공직자 등의 배우자 乙은 공직자 등의 직무와 관련하여 금품등 수수가 금지될 뿐(제8조제4항), 금품 등을 제공받았더라도 부정청탁금지법상 제

재대상은 아닙니다.

건설업자 A는 甲이 배우자의 금품 등 수수 사실을 알았는지 여부와 신고의무를 이행하였는지 여부를 불문하고, 1회 100만원을 초과하는 400만원을 공직자 등의 배우자인 乙에게 제공하였으므로, 형사처벌(3년 이하의 징역 또는 3천만원 이하의벌금) 대상입니다(제8조제5항, 제22조제1항제3호).

2.수수 금지 금품 등의 예외사유

2-1. 개요

① 수수 금지 금품 등의 수수를 금지하면서 일상적인 사회생활을 보장하고, 과도한 제한 소지를 방지하기 위해 8가지 예외사유를 구체화하여 명시하였습니다. 부정청탁금지법은 공직자 등의 공정한 직무집행과 이에 대한 사회의 신뢰를 보호하고 기존 반부패 법령의 부패행위 규제의 사각지대를 보완하기 위한 규범이므로 다른 법령과의 조화로운 해석이 필요합니다.

② 다른 법령, 특히 형법 의 뇌물죄가 성립하지 않는 범위 내에서 예외사유가 성립되는 것이 가능합니다. 공직자 등이 수수한 금품 등이 직무관련성 대가성이 있어 형법상 뇌물죄가 성립하는 경우에는 예외사유가 성립되는 것이 불가합니다.

● 수수가 허용되는 선물 등 가액한도 기준과 다른 법령상 기준이 다를 경우 어떤 것을 따라야 하나요?

문 부정청탁금지법상 수수가 허용되는 선물 등 가액한도 기준과 교육부 공무원행동강령 등 다른 법령상 기준이 다를 경우 어떤 것을 따라야 하나요?

답 부정청탁금지법이 기존의 다른 법령(예를 들어 공무원 행동강령 교육부 공무원행동강령 등)을 배척하는 것은 아니므로 행위자는 청탁금지법은 물론 자신을 수범자로 하는 다른 법령의 규율내용도 준수하여야 할 것입니다.

2-2. 공공기관이나 상급 공직자 등이 제공하는 금품 등

① 공공기관이나 상급 공직자 등이 제공하는 금품 등의 예외 사유는 공공기관이 소속 또는 파견 공직자 등에게 지급하거나, 상급 공직자 등이 위로·격려·포상 등의 목적으로 하급 공직자 등에게 제공하는 금품 등을 규정하고 있습니다.

② 상급 공직자 등과 하급 공직자 등은 직무상 명령에 복종하는 관계이므로, 같은 공공기관 소속 공직자 등 사이에서만 성립이 가능합니다.

③ 상급 공직자 등이 하급 공직자 등에게 제공하는 금품 등은 위로·격려·포상 등 목적상 제한이 존재합니다.

2-3. 사교·의례 등 목적으로 제공되는 음식물·선물 등

① 사교·의례 등 목적으로 제공되는 음식물·선물 등이란 원활한 직무수행, 사교·의례, 부조 목적으로 제공되는 음식물·경조사비·선물 등으로서 다음에서 정하는 가액범위 안의 금품 등을 말합니다. 사회일반으로부터 직무집행의 공정성을 의심받지 않을 정도의 가액범위 내의 음식물 선물의 경우 예외사유로 규정하고 있습니다.

음식물·경조사비·선물 등의 가액 범위

구분	가액 범위
1. 음식물(제공자와 공직자등이 함께 하는 식사, 다과, 주류, 음료, 그 밖에 이에 준하는 것을 말한다)	3만원

2. 경조사비: 축의금, 조의금 5만원. 　다만, 축의금·조의금을 대신하는 화환·조화는 10 만 　원으로 한다.	5만원~ 10만원
3. 선물: 금전, 유가증권, 제1호의 음식물 및 제2호의 　경조사비를 제외한 일체의 물품, 그 밖에 이에 준 　하는 것은 5만원. 다만, 「농수산물 품질관리법」 제2 　조제1항제1호에 따른 농수산물(이하 "농수산물"이라 　한다) 및 같은 항 제13호에 따른 농수산가공품(농수 　산물을 원료 또는 재료의 50퍼센트를 넘게 사용하여 　가공한 제품만 해당하며, 이하 "농수산가공품"이라 　한다)은 10만원으로 한다.	5만원~ 10만원

※ 비고

가. 제1호, 제2호 본문·단서 및 제3호 본문·단서의 각각의 가액
범위는 각각에 해당하는 것을 모두 합산한 금액으로 한다.

나. 제2호 본문의 축의금·조의금과 같은 호 단서의 화환·조화를
함께 받은 경우 또는 제3호 본문의 선물과 같은 호 단서의
농수산물·농수산가공품을 함께 받은 경우에는 각각 그 가액을
합산한다. 이 경우 가액 범위는 10만원으로 하되, 제2호 본문
또는 단서나 제3호 본문 또는 단서의 가액 범위를 각각 초과
해서는 안 된다.

다. 제1호의 음식물, 제2호의 경조사비 및 제3호의 선물 중 2가
지 이상을 함께 받은 경우에는 그 가액을 합산한다. 이 경우
가액 범위는 함께 받은 음식물, 경조사비 및 선물의 가액 범
위 중 가장 높은 금액으로 하되, 제1호부터 제3호까지의 규정
에 따른 가액 범위를 각각 초과해서는 안 된다.

② 위 표에서 정하는 '가액범위 안'은 가액을 포함한 그 '이
하'를 의미합니다.

③ 원활한 직무수행 등의 목적상 제한이 있으므로 가액범위

내라도 직무관련자로부터 수수하는 경우에는 제한받을 수 있습니다. 목적은 공직자와 제공자의 관계, 사적 친분관계의 존재 여부, 수수 경위와 시기, 직무관련성의 밀접성 정도 등을 종합적으로 고려하여 공정한 직무수행을 저해할 수 있는 지를 개별적으로 판단합니다.

④ 직무관련성과 대가성이 있는 경우 가액과 상관없이 가액기준 내라도 형사처벌 대상(형법상 뇌물죄)이며, 과태료의 부과 대상(부정청탁금지법 위반)입니다. 다만, 형사처벌을 받은 경우에는 과태료를 부과하지 아니하며, 과태료를 부과한 후 형사처벌을 받은 경우에는 그 과태료 부과를 취소합니다.

⑤ 가액기준 내라도 직무관련자로부터 제공받은 선물 등이 원활한 직무수행, 사교·의례, 부조 목적을 벗어나는 경우는 허용되지 않습니다.

⑤ 목적을 벗어나 선물 수수가 제한되는 구체적인 사례로서는, 1) 조사대상자나 불이익처분 대상자로부터 가액기준 이하의 선물을 받는 것, 2) 인허가를 신청한 민원인으로부터 가액기준 이하의 선물을 받는 것, 3) 학급 담임교사 등이 성적이나 수행평가 등과 관련하여 학부모로부터 가액기준 이하의 촌지나 선물을 받는 것 등이 있습니다.

● 수수가 허용되는 선물 등 가액한도 기준과 다른 법령상 기준이 다를 경우 어떤 것을 따라야 하나요?

문 부정청탁금지법상 수수가 허용되는 선물 등 가액한도 기준과 교육부 공무원행동강령 등 다른 법령상 기준이 다를 경우 어떤 것을 따라야 하나요?

답 부정청탁금지법이 기존의 다른 법령(예를 들어 공무원 행동강령 교육부 공무원행동강령 등)을 배척하는 것은 아니므로 행위자는 청탁금지법은 물론 자신을 수범자로 하는 다른 법령의 규율내용도 준수하여야 할 것입니다.

● 친구인 공무원에게 승진 선물로 난을 보내거나 결혼식 화환을 보내는 것은 괜찮은가요?

문 지인인 공무원 甲에게 오랫동안 일과 관계없이 추석 선물을 계속 보내왔는데 앞으로는 못 보내나요? 공무원 甲의 승진 선물로 난을 보내거나 결혼식 화환을 보내는 것은 괜찮은가요?

답 공무원 甲과 직무관련성이 없을 경우에는 1회 100만원 이하의 선물을 보내는 것은 부정청탁금지법상 제재대상에 해당하지 않습니다
직무관련성이 있다 하더라도 원활한 직무수행 또는 사교·의례 또는 부조의 목적으로 제공하는 5만원 이하의 선물, 10만원 이하의 경조사비는 부정청탁금지법상 수수 금지 금품 등에 해당하지 않습니다(제8조제3항제2호).
승진의 경우 경조사에 해당하지 않으므로, 사교·의례 등 목적의 5만원 이하 선물일 경우에는 부정청탁금지법상 수수 금지 금품 등에 해당하지 않으며, 결혼식의 경우 경조사에 해당하므로, 사교·의례 등 목적의 10만원 이하 화환일 경우에는 부정청탁금지법상 수수 금지 금품 등에 해당하지 않습니다.

● 사무관이 직무관련성 있는 담당 공기업 직원으로부터 5만원의 축의금을 받으면, 부정청탁금지법상 제재대상인가요?

㉿ 결혼을 앞둔 중앙부처 사무관 甲이 직무관련성 있는 담당 공기업 직원 乙로부터 5만원의 축의금을 받으면, 부정청탁금지법상 제재대상인가요?

㉰ 사교·의례 또는 부조의 목적으로 제공되는 경조사비 등으로서 10만원이하 금품 등에 해당하므로, 부정청탁금지법상 수수 금지 금품 등에 해당하지 않습니다(제8조제3항제2호).

● 국정감사시 피감기관 국장이 국회의원 보좌관에게 점심을 사거나 간식을 제공하는 경우에 3만원 이하이면, 부정청탁금지법상 허용되는 것인가요?

㉿ 국회 상임위원회 국정감사시 피감기관 국장 A가 해당 상임위원회 소속 국회의원 보좌관 B에게 점심을 사거나 간식을 제공하는 경우에 3만원 이하이면, 부정청탁금지법상 허용되는 것인가요?

㉰ 국정감사 기간 중이라는 점, 국장 A는 해당 국회의원이 소속된 상임위원회 국정감사를 받는 피감기관 소속인 점 등을 고려할 때 원활한 직무수행 등의 목적이 인정되기 어려우므로, 설사 A가 3만원 이하의 음식물을 제공했다 하더라도 부정청탁금지법상 제재대상에 해당할 수 있습니다(제8조제3항제 2호의 수수 금지 금품 등 예외사유에 해당하지 않습니다).
국회의원 보좌관은 부정청탁금지법상 금품 등 수수 금지 규정의 적용대상자인 공직자 등에 해당합니다(제2조제2호가목).
소관 기관에 대한 감사 등 업무를 하는 상임위원회 소속 국회의원의 보좌관 甲과 피감기관 국장 A간에는 직무관련성 인정될 수 있습니다.

● 지방자치단체의 팀장은 자신의 직속상관인 국장에게 자신의 인사를 잘 봐달라며 식사비용 5만원을 지불한 경우에 부정청탁금지법상 제재대상에 해당하나요?

문 지방자치단체의 A팀장은 자신의 직속 상관인 B국장과 저녁자리를 함께하고 자신의 인사를 잘 봐달라며 식사비용 합계 5만원을 지불한 경우에 부정청탁금지법상 제재대상에 해당하나요?

답 B는 직무와 관련하여 A로부터 2만 5천원(5만원/2) 상당의 식사 접대를 받았고, 이는 음식물 3만원 가액 범위 내이지만, 자신의 인사를 잘 봐 달라는 것은 원활한 직무수행 등의 목적을 벗어나므로, 3만원 가액 범위 내의 음식물 접대라 하더라도 부정청탁금지법상 제재대상에 해당할 수 있습니다(제8조제3항제2호의 수수 금지 금품 등 예외사유에 해당하지 않습니다).

A는 공직자 등에 해당하는 B에게 원활한 직무수행 등의 목적을 벗어난 금품 등을 제공하였으므로, 부정청탁금지법상의 제재대상에 해당할 수 있습니다.

B은 부정청탁금지법상 금품 등 수수 금지 규정의 적용대상인 공직자 등에 해당합니다(제2조제2호가목).

소관 업무에 대한 지휘·감독, 하급자에 대한 성과평가, 하급자의 인사 관련 의사결정 등을 하는 상급자와 소관 업무를 수행하는 하급자 간에는 직무관련성이 인정된다고 볼 수 있습니다.

● 공무원은 가액기준 내의 선물이라면 여러 번 받아도 되나요?

문 공무원은 가액기준 내의 선물이라면 여러 번 받아도 되나요?

답 원활한 직무수행, 사교·의례 또는 부조의 목적으로 제공되는 선물 등으로서 5만원 이하의 금품 등은 부정청탁금지법상 예외적으로 수수를 허용하는 것이며(제8조제3항제2호), 목적상 제한이 있으므로 가액범위 내라고 하더라도 목적 범위를 벗어나는 경우에는 수수가 허용되지 않습니다.
가액기준 내의 선물을 수회 받은 경우 원칙적으로 선물 가액을 모두 합산하여 부정청탁금지법상 제재기준을 정하는 것은 아니나, 수회에 걸쳐 선물을 받음으로써 목적상 제한을 벗어나 사회일반으로부터 직무집행의 공정성을 의심받을 정도에 이른 경우에는 수수 금지 금품 등에 해당한다고 할 것입니다.

● 업무협의 회의 후 만찬을 하고 참석 인원수대로 각각 더치페이로 업무추진비를 집행하였을 경우에도 부정청탁금지법상 음식물 3만원 제한이 적용되나요?

문 甲중앙부처와 乙중앙부처가 업무협의 회의 후 만찬을 하고 참석 인원수대로 각각 더치페이로 업무추진비를 집행하였습니다. 이 경우에도 부정청탁금지법상 음식물 3만원 제한이 적용되나요?

답 甲중앙부처와 乙중앙부처는 업무추진비를 각각의 소속 직원들의 식사비로 집행하였을 뿐, 업무추진비를 상대방의 식사비 접대를 위해 사용한 것은 아니므로, 부정청탁금지법의 적용을 받는 경우가 아니라고 할 것입니다.
부정청탁금지법상 금품 등 수수 금지는 공직자 등과 그 공직자 등의 배우자가 수수 금지 금품 등을 받거나 요구하거나 제공받기로 약속했을 때 문제되는 것입니다.

● 지방자치단체와 MOU체결식 진행시 기념품 교환을 할 예정인데, 부정청탁금지법에 따르면 기념품 교환이 금지되나요?

문 A기업 대표 B는 공단 입주 등 업무와 관련해서 ○○지방자치단체와 MOU체결식 진행시 ○○지방자치단체장 甲과 기념품 교환을 할 예정인데, 부정청탁금지법에 따르면 기념품 교환이 금지되나요? 허용된다면 기념품의 금액은 어느 정도까지 가능한가요?

답 원활한 직무수행 등을 목적으로 5만원 이하의 기념품을 교환할 경우에 부정청탁금지법상 제재대상에 해당하지 않는다고 할 것입니다.

원활한 직무수행 등을 목적으로 제공된 기념품 가액이 5만원 이하일 경우에 수수 금지 금품 등에 해당하지 않으므로, 부정청탁금지법상 제재대상 아닙니다(제8조제3항제2호).

원활한 직무수행 등의 목적은 공직자 등과 제공자의 관계, 사적 친분관계의 존재 여부, 수수 경위와 시기, 직무관련성 등을 종합적으로 고려하여 공정한 직무수행을 저해할 수 있는지를 개별적으로 판단해야 할 것입니다.

기념품 가액이 5만원 초과 100만원 이하일 경우에 甲이 직무관련성이 인정되는 A기업 대표 B로부터 5만원을 넘는 기념품을 받는다면 甲과 A 모두 부정청탁금지법의 제재대상에 해당됩니다(과태료 부과대상)(제8조제2항).

기념품 가액이 100만원을 초과할 경우에 甲이 A기업 대표 B로부터 100만원을 초과하는 선물을 받는다면 직무 관련여부 및 기부·후원·증여 등 명목을 불문하고 甲과 A 모두 청탁금지법의 제재대상에 해당됩니다(형사처벌 대상)(제8조제1항).

● 공무원이 4만5천원 상당의 식사 대접을 받으면서 5천원 상당의 선물을 함께 받는 경우에 합계 5만원 이하에 해당되어 허용되는 것인가요?

문 부정청탁금지법 시행령에서는 음식물과 선물을 같이 받은 경우 가액을 합산하고 허용가액을 5만원으로 한다고 규정하고 있는데, 그렇다면 공무원이 4만5천원 상당의 식사 대접을 받으면서 5천원 상당의 선물을 함께 받는 경우에 합계 5만원 이하에 해당되어 부정청탁금지법상 허용되는 것인가요?

답 4만5천원 상당의 식사대접과 동시에 5천원 상당의 선물을 받는 경우에, 음식물 가액이 3만원을 초과하여 부정청탁금지법 제8조제3항제 2호의 가액한도 기준을 충족하지 못하였으므로, 부정청탁금지법상 제재대상에 해당할 수 있습니다.

음식물과 선물을 함께 받은 경우 그 가액을 합산한 금액이 5만원이하일 때 수수 금지 금품 등의 예외사유에 해당하게 됩니다. 이 때 음식물가액은 3만원 이하, 선물 가액은 5만원 이하 기준을 각 충족하면서 동시에 합산한 금액이 5만원 이하에 해당해야 수수 금지 금품 등의 예외사유에 해당한다고 볼 수 있습니다(제8조제3항제2호, 시행령 별표1).

● 기자의 부친상에 조의금으로 10만원을 낸 후, 해당 홍보팀부장의 이름으로 5만원짜리 조화도 별도로 보낸 경우에 제재대상인가요?

문 대기업 홍보팀의 A부장은 업무상 알고 지내는 B기자의 부친상에 조의금으로 10만원을 낸 후, 해당 홍보팀은 A부장의 이름으로 5만원짜리 조화도 별도로 보낸 경우에 부정청탁금지법상 제재대상인가요?

답 B는 직무와 관련하여 대기업 홍보팀 부장 A로부터 총 15만원 상당의 부조금 및 조화를 받아, 시행령에서 정하는 5만원 가액 한도를 초과하였으므로, 수수 가액의 2배 이상 5배 이하의 과태료 부과대상에 해당하며, 징계대상에도 해당합니다(제21조).

A는 15만원 상당의 부조금 및 조화를 제공하였으므로 금품 등 가액의 2배 이상 5배 이하의 과태료 부과대상에 해당합니다(제8조제5항, 제23조제5항제3호).

A가 소속된 대기업은 양벌규정에 따라 과태료 부과대상에 해당하나, A의 위반행위를 방지하기 위한 상당한 주의, 감독을 게을리 하지 않았으면 면책될 수 있습니다(제24조).

기자 B은 부정청탁금지법상 금품 등 수수 금지 규정의 적용대상자인 공직자 등에 해당합니다(제2조제2호라목).

대기업 업무 전반에 대해 취재, 보도를 하는 출입기자와, 언론대응 등 업무를 담당하는 대기업 홍보담당 임원 간에는 직무관련성 인정될 수 있습니다.

부조 목적으로 제공되는 음식물, 경조사비, 선물 등으로서 10만원 이하의 금품 등은 수수 금지 금품 등에 해당하지 않으나, 부조금과 조화 등 선물을 함께 수수한 경우에 그 가액을 합산한 금액이 10만원 이하여야 합니다(시행령 별표 1).

● 직원들의 배우자가 공직자 등에 해당되는 경우에 그 직원에게 10만원을 초과하는 경조사비를 지급하는 것이 금지되나요?

문 A민간회사에서는 복리후생 차원에서 내부 규정을 마련하여 직원 경조사시 일률적으로 화환을 제공하거나 일정 비용을 지급하고 있는데, 그 금액이 부정청탁금지법상 예외 기준(경조사비 5만원)을 상회합니다. 그런데 그 회사의 직원들의 배우자가 공무원이나 공공기관 종사자인 경우가 많은데, 이처럼 직원들의 배우자가 부정청탁금지법상 공직자 등에 해당되는 경우에 그 직원에게 5만원을 초과하는 경조사비를 지급하는 것이 금지되나요?

답 비록 배우자가 공직자 등인 직원이라 하더라도 그 직원의 배우자와 A민간회사 사이에 직무관련성이 없다면, 해당 직원이 A민간회사 내부복리후생규정에 따라 5만원을 초과하는 경조사비를 지급받아도 부정청탁금지법상 제재대상에 해당하지 않습니다.
한편 A민간회사와 직원의 배우자(공직자 등)간 직무관련성이 인정되는 경우, 5만원을 초과하는 경조사비를 수수하면 원칙적으로 제재대상에 해당될 수 있으나, 해당 공무원을 특정해서 지급하는 것이 아니고 직무수행의 공정성이 훼손되는 경우라고 보기도 어려워 사회상규에 따라 허용될 수 있을 것으로 보입니다(제8조제3항제8호).

● 스승의 날을 앞두고 담임을 맡고 있는 학생의 학부모로부터 2만원짜리 카카오톡 음료쿠폰을 받은 경우에 제재대상인가요?

㊐ 고등학교 교사 甲은 스승의 날을 앞두고 담임을 맡고 있는 학생의 학부모 乙로부터 2만원짜리 카카오톡 음료쿠폰을 받은 경우에 부정청탁금지법상 제재대상인가요?

㊓ 교사 甲이 담임을 맡고 있어 해당 학생에 대한 지도, 평가 등을 담당한다는 점 등을 고려할 때, 학부모 乙의 음료쿠폰 선물에 대해서는 원활한 직무수행·사교·의례 등 목적이 인정되기 어려우므로, 乙이 5만원 이하의 선물을 제공했다 하더라도 부정청탁금지법상 제재대상에 해당할 수 있습니다(제8조제 3항제2호에 해당하지 않음).
고등학교 교사는 부정청탁금지법상 금품 등 수수 금지 규정의 적용대상자인 공직자 등에 해당합니다(제2조제2호다목).
학생에 대한 지도, 평가 등 업무를 담당하는 교사와, 해당 교사가 담임을 맡고 있는 학생의 학부모간에는 직무관련성이 인정될 수 있습니다.

● 학부모가 상담을 하다가 식사시간이 되어 1인당 2만원 상당의 식사를 산 경우에 제재대상인가요?

㊐ 중학교 교사 甲이 담임을 맡고 있는 학생 B의 부모 A가 찾아와 상담을 하다가 식사시간이 되어 학생 B의 부모 A가 1인당 2만원 상당의 식사를 산 경우에 부정청탁금지법상 제재대상인가요?

㊓ 교사 甲이 담임을 맡고 있어 해당 학생에 대한 지도, 평가 등을 담당한다는 점 등을 고려할 때, 학부모 A의 식사 접대에 대해서는 원활한 직무수행·사교·의례 등 목적이 인정되기 어려우므로, A가 3만원 이하의 음식물을 제공했다 하더라도 부정청탁금지법상 제재대상에 해당할 수 있습니다(제8조제 3항제2호에 해당하지 않습니다).
중학교 교사는 부정청탁금지법상 금품 등 수수 금지 규정의 적용대상자

인 공직자 등에 해당합니다(제2조제2호다목).

학생에 대한 지도, 평가 등 업무를 담당하는 교사와, 해당 교사가 담임을 맡고 있는 학생의 학부모간에는 직무관련성이 인정될 수 있습니다.

2-4. 채무의 이행 등 정당한 권원에 의해 제공되는 금품등

2-4-1. 정당한 권원의 판단과 범위

① 채무의 이행 등 정당한 권원에 의해 제공되는 금품등의 예외사유는 사적 거래(증여는 제외)로 인한 채무의 이행 등 정당한 권원에 의하여 제공되는 금품 등을 규정하고 있습니다. 직무수행과 무관하게 이루어지는 사적거래 영역은 사적 자치의 원칙이 적용되어 법질서가 허용하는 범위 내에서 자율적 형성이 가능합니다.

② '정당한'은 '이치에 맞아 올바르고 마땅한'이라는, '권원'은 '어떤 행위를 정당화하는 법률적인 원인'이라는 사전적 의미가 있습니다.

이와 같은 의미는 헌법재판소에서 '인터넷주소자원에 관한 법률 제12조 제1항 중 '정당한 권원이 있는 자' 부분과 제2항 중 '정당한 권원이 있는 자' 부분이 명확성의 원칙에 위배되는지가 문제된 사안에서, 이 사건 법률조항의 전체 맥락상 '정당한 권원이 있는 자'라 함은 '부정한 목적으로 도메인이름 등을 등록·보유 또는 사용한 자를 상대로 법원에 그 도메인이름 등의 등록말소를 청구하거나, 자신에게 등록이전을 청구하는 것이 이치에 맞아 올바르고 마땅하게끔 하는 법률적인 원인을 가진 자'라는 문언적 의미가 있다(2013. 10. 24. 전원재판부 2011헌바

138 결정)'라고 결정한 선례가 있습니다.

③ '정당한' '권원'으로 명시하고 있으므로 권원의 존재 여부와 권원의 정당성 여부에 대한 판단이 필요합니다. 목적이나 제공사유가 정당한지 등을 고려하여 정상적인 사적 거래인지 여부를 판단할 필요가 있습니다. 즉, 권원의 존재자체만으로 정당성이 인정되는 것이 아니라 권원 그 자체의 정당성 여부는 별도로 판단되어야 할 것입니다. 정당한 권원에서 명시적으로 제외하고 있는 증여 외에도 사용대차, 무이자 소비대차 등도 정당성 여부를 판단하여 제외될 수 있습니다.

2-4-2. 무이자 소비대차 : 정당한 권원 부정

① 소비대차라는 권원이 존재하나, 이는 사실상 이자 상당액을 증여하기 위한 가장된 법률관계로 평가 가능(무효인 권원)합니다.

② 공직자 등의 공정한 직무집행과 이에 대한 사회의 신뢰 보호라는 입법취지를 고려할 때에도 예외사유로 보기 곤란합니다.

③ 예시된 '사적 거래로 인한 채무의 이행'과 같은 '정당한 반대급부 또는 대가 관계에 있는 권원'에 해당되지 않습니다.

④ 가액산정은 금융기관으로부터 대출받는 경우의 대출이율을 기준으로 하되, 이를 알 수 없는 경우에는 법정이율을 기준(대법원 2008. 9. 25. 선고 2008도 2590 판결)으로 합니다.

이에 대한 판례로서 '공무원이 직무에 관하여 금원을 무기

한·무이자로 차용한 경우 뇌물성이 있고, 대대 주임원사가
소속 사병의 부모로부터 무이자로 금원을 차용하여 그 이
자액 상당의 재산상 금융이익을 취득함으로써 뇌물을 수수
하였다고 한 사례(대법원 2004. 5. 28. 선고 2004도1442
판결)'가 있습니다.

● 배우자가 직무와 관련하여 지원금을 받고 있는 영화제작자로부터 경매
  가 1억원 상당의 유명 화가의 그림을 1천만원에 구입한 사실을 알고서
  도 신고하지 않은 경우에 어떠한 제재를 받나요?

☑ 문화콘텐츠 산업 전반의 지도·감독 및 보조금 지원 업무 등을 하는
  중앙부처 고위공무원 甲은 자신의 배우자 乙이 甲의 직무와 관련하
  여 지원금을 받고 있는 영화 제작자 A로부터 경매가 1억원 상당의
  유명 화가의 그림을 1천만원에 구입한 사실을 알고서도 신고하지 않
  은 경우에 甲, 乙, A는 부정청탁금지법상 어떠한 제재를 받나요?

☑ 乙은 배우자인 甲(공직자 등)의 직무와 관련하여 A로부터 1회 100만원
  을 초과하는 금품 등을 받은 것으로 볼 수 있으나, 공직자 등의 배우자
  는 부정청탁금지법상 제재대상에는 해당하지 않습니다.
  고위공무원 甲은 자신의 배우자 乙이 직무와 관련하여 1회 100만원을
  초과하는 금품 등을 받은 사실을 알고도 신고하지 않았으므로, 형사처벌
  (3년 이하의 징역 또는 3천만원 이하의 벌금)대상에 해당하며(제8조제
  1항·제4항, 제 22조제1항제2호), 징계대상에도 해당합니다(제21조).
  영화 제작자 A는 공직자 등의 배우자에게 직무와 관련하여 1회 100만
  원을 초과하는 금품 등을 제공하였으므로, 형사처벌 (3년 이하의 징역
  또는 3천만원 이하의 벌금)대상에 해당합니다(제8조제1항·제5항, 제 22
  조제1항제3호)
  고위공무원 甲은 배우자인 乙이 직무와 관련하여 금품 등을 받은 사실

을 안 경우 지체 없이 신고할 의무가 있습니다(제9조제1항제2호). 문화 콘텐츠 산업 전반의 지도·감독 및 보조금 지원 업무 등을 수행하고 있는 고위공무원 甲의 직무는 영화 제작자 A와 직무관련성이 있습니다.

乙이 시가 1억원 상당의 유명 화가의 그림을 매매의 형식을 빌려 1천만원에 구입한 경우, 이는 증여를 매매로 가장한 행위로, 외형상의 행위(가장행위)인 매매는 무효이고 숨겨진 행위(은닉행위)인 증여만 유효합니다. 매매는 무효이므로 정당한 권원으로 보기 어렵고, 유효한 행위인 증여는 부정청탁금지법상 정당한 권원에서 제외되므로 정당한 권원에 의하여 제공되는 금품 등에 해당하지 않습니다(제8조제3항제3호에 해당하지 않음).

2-4-3. 사용대차 : 정당한 권원 부정

사용대차라는 권원이 존재하나, 이는 사실상 목적물을 무상으로 사용·수익하도록 하기 위한 가장된 법률관계로 평가 가능(무효인 권원)합니다. 예를 들면, 변호사가 검사에게 벤츠 승용차를 무상으로 사용하도록 한 경우가 이에 해당합니다.

2-4-4. 가장매매 : 정당한 권원 부정

① 매매라는 권원이 존재하지만 시가 1억원 상당의 명화를 증여하기 위한 가장 행위이므로 무효입니다. 가장매매에 은닉되어 있는 행위인 증여는 유효하지만 정당한 권원에서 제외됩니다.

이에 관한 대법원 판례로서 '매도인이 경영하던 기업이 부도가 나서 그가 주식을 매도할 경우 매매대금이 모두 채권자은행에 귀속될 상황에 처하자 이러한 사정을 잘 아는 매수인이 매매계약서상의 매매대금은 형식상 금 8,000원으로 하고 나머지 실질적인 매매대금은 매도인의 처와 상의하여 그에게 적절히 지급하겠다고 하여 매도인이 그와 같은 주식매매계약을 체결한 경우, 매매계약상의 대금 8,000원이 적극적 은닉행위를 수반하는 허위표시라 하더라도 실지 지급하여야 할 매매대금의 약정이 있는 이상 위 매매대금에 관한 외형행위가 아닌 내면적 은닉행위는 유효하고 따라서 실지매매대금에 의한 위 매매계약은 유효하다(대법원 1993. 8. 27. 선고 93다12930 판결)'라고 판시한 사례가 있습니다.

② 금품 등을 수수하기 위하여 비용의 명목으로 출연하거나 경제적 이익을 제공하였더라도 지출한 부수적 비용은 공제하지 않고 수수한 금품 등의 가액 그 자체가 수수한 가액에 해당(대법원 1999. 10. 8. 선고 99도1638 판결)합니다.

● 고위공무원이 사업자로부터 명화를 시가보다 현저히 낮은 가격으로 매매로 가장한 경우에 법에서 어떤 제재를 받나요?

문 고위공무원 A가 사업자 B로부터 시가 1억원 상당의 명화를 시가보다 현저히 낮은 1천만원의 매매로 가장한 경우에 부정청탁금지법에서 어떤 제재를 받나요?

답 고위공무원 A는 시가 1억원 상당의 명화를 매매의 형식을 빌어 1천만원에 구입 하였으나, 이는 증여를 매매로 가장한 행위로 외형상의 행위(가장행위)인 매매는 무효이고 숨겨진 행위(은닉행위)인 증여만 유효하니다.

매매는 무효이므로 정당한 권원으로 보기 어렵고 유효한 행위인 증여는 부정청탁금지법상 정당한 권원에서 제외됩니다.

이에 관련된 대법원 판례는 "매매계약상의 대금 8,000원이 적극적 은닉행위를 수반하는 허위표시라 하더라도 실지 지급하여야 할 매매대금의 약정이 있는 이상 위 매매대금에 관한 외형행위가 아닌 내면적 은닉행위는 유효하고 따라서 실지매매대금에 의한 위 매매계약은 유효하다(대법원 1993. 8. 27. 선고 93다12930 판결)"라고 판시한 사례가 있습니다.

질문의 경우 고위공무원 A는 사업자인 B로부터 1회 100만원을 초과하는 금품등을 받았으므로 형사처벌 대상이며, 사업자 B는 고위공무원 A에게 1회 100만원을 초과하는 금품 등을 제공하였으므로 형사처벌 대상입니다.

2-5. 친족이 제공하는 금품 등

① 민법 제777조에 따른 친족은 8촌 이내의 혈족, 4촌 이내의 인척 및 배우자를 의미합니다.

② 혈족은 자연혈족(직계혈족, 방계혈족) 외에 법정혈족(입양)도 포함합니다.

③ 배우자는 법률상의 배우자를 말하고, 사실혼 배우자가 아닙니다.

● 공무원이 부친상을 당했을 때 사촌이 조의금으로 50만원을 낸 경우에 제재대상인가요?

문 1) 공무원 甲이 부친상을 당했을 때 사촌 A가 조의금으로 50만원을 낸 경우에 부정청탁금지법상 계재대상인가요?

2) 사무관으로 승진한 공무원 乙이 재력가인 11촌 아저씨 B로부터 승진축하 기념으로 120만원 상당의 양복을 수수한 경우에(甲과 A는 직무 관련성 없음) 부정청탁금지법상 계재대상인가요?

답 사촌 A는 민법 상 친족의 범위에 포함되므로, A가 조의금으로 낸 50만원은 수수 금지 금품 등에 해당하지 않습니다(제8조제3항제4호). 따라서 甲과 A 모두 부정청탁금지법상 제재대상에 해당하지 않습니다.

11촌 아저씨 B는 민법 상 친족의 범위에 포함되지 아니하므로, 120만원 상당의 양복은 수수 금지 금품 등에 해당합니다(제8조제3항제4호에 해당하지 않음). 따라서 乙과 B 모두 부정청탁금지법상 제재대상에 해당합니다.

乙은 1회 100만원을 초과하는 금품 등을 수수한 이상 직무 관련여부 및 기부·후원·증여 등 명목을 불문하고 형사처벌 대상(3년이하 징역 또는 3천만원 이하 벌금)에 해당하며(제8조제1항, 제22조제1항제1호), 징계대상에도 해당합니다(제21조).

B는 공직자 등인 乙에게 120만원 상당의 양복을 제공하였으므로, 형사
처벌 대상(3년 이하 징역 또는 3천만원 이하 벌금)에 해당합니다(제8
조제1항·제5항, 제 22조제1항제3호)

민법 제777조에 따른 친족은 8촌 이내의 혈족, 4촌 이내의 인척 및 배
우자를 의미합니다. 혈족은 자연혈족(직계혈족, 방계혈족) 외에 법정혈
족(입양)도 포함하며, 배우자는 법률상의 배우자를 말하고, 사실혼 배우
자가 아닙니다.

2-6. 단체의 기준이나 장기적·지속적 친분관계에 따른 금품 등

① 공직자 등과 관련된 직원상조회·동호인회·사회단체 등이 정
   하는 기준에 따라 구성원에게 제공하는 금품 등이나, 그
   소속 구성원 등 공직자 등과 특별히 장기적·지속적인 친분
   관계를 맺고 있는 자가 질병·재난 등으로 어려운 처지에
   있는 공직자 등에게 제공하는 금품 등은 예외사유에 해당
   합니다.

② 단체 등이 정하는 기준을 초과하여 금품 등을 제공한 경
   우의 위반행위 성립범위가 중요한 쟁점이 됩니다. 또한,
   장기적·지속적인 친분관계, 질병·재난 등으로 어려운 처지
   의 의미와 판단기준이 중요한 쟁점이 됩니다.

③ 단체가 정하는 기준을 초과하여 제공한 금품 등은 단체가
   정하는 기준 범위 내에서는 허용되는 부분이므로 초과한
   부분만 수수 금지 금품 등에 해당합니다. 단체에 대해 대
   표성을 갖는 자가 대표해서 기준에 따라 제공해야 하고,
   소속 회원 개인이 제공하는 경우는 제외됩니다.

④ 장기적·지속적인 친분관계, 질병·재난 등으로 어려운 처지

를 판단하기 위해서는 장기적 지속적인 친분관계는 일률적으로 판단할 수 없고 친분관계의 원인이나 계기, 교류 접촉 기간 및 횟수 등을 종합적으로 고려하여 '특별히' 친분관계가 존재하는지 여부의 판단이 필요합니다.

⑤ 제공 주체는 그 소속 구성원 '등'으로 규정되어 있으므로, 예시된 단체의 구성원에 한정되지 않고 그에 준하는 정도의 장기적·지속적인 친분관계에 있는 자도 해당합니다. 고향 친구, 학교나 직장 선후배 등 단순한 지연·학연·혈연 등의 관계가 있다는 사정만으로 특별히 친분관계가 있다고 할 수 없습니다.

⑥ 어려운 처지는 공직자등 자신뿐만 아니라 생계를 같이 하는 친족의 질병·재난 등으로 어려운 처지에 있는 경우도 포함합니다. 그러나, 질병·재난 등의 사유가 아니라 주식투자, 자녀의 해외유학 등 다른 사유로 어려운 처지에 있는 경우는 제외됩니다.

● **공무원의 결혼식에 초등학교 동창회장이 참석하여 회칙에 따라 150만원의 경조사비를 낸 경우에 제재대상인가요?**

문 ○○지방자치단체 공무원 甲의 결혼식에 초등학교 동창회장 A가 참석하여 동창회 회칙에 따라 150만원의 경조사비를 낸 경우에 부정청탁금지법상 제재대상인가요?

답 동창회장 A가 제공한 경조사비는 동창회 등이 정하는 기준에 따라 구성원에게 제공하는 금품 등으로서, 수수 금지 금품 등에 해당하지 않습니다(제8조제3항제5호). 따라서 공무원 甲과 동창회장 A는 부정청탁금지법상 제재대상에 해당하지 않습니다.

공직자 등이 1회 100만원을 초과하는 금품 등을 수수한 경우, 직무 관련 여부 및 기부·후원·증여 등 그 명목에 관계없이 3년 이하의 징역 또는 3천만원 이하의 벌금 부과대상입니다(제8조제1항, 제22조제1항제1호). 다만, 수수 금지 금품 등의 예외사유에 해당할 경우 부정청탁금지법상 제재 대상에서 제외됩니다.

● 경찰공제회가 재직 중인 공상 경찰공무원에게 300만원을 지급하는 경우에 제재대상인가요?

문 경찰공계회가 재직 중인 공상 경찰공무원에게 300만원을 지급하는 경우에 부정청탁금지법상 계재대상인가요?

답 경찰공무원과 관련된 공제회의 대표자가 단체를 대표하여 기준(예컨대, 경찰공제회법 및 이에 따른 경찰공제회 정관 등)에 따라 구성원인 경찰공무원에게 금품 등을 제공한 것으로 볼 수 있으므로 부정청탁금지법상 제재대상이 아닙니다(제8조제3항제5호).

공직자 등이 1회 100만원을 초과하는 금품 등을 수수한 경우, 직무 관련 여부 및 기부·후원·증여 등 그 명목에 관계없이 3년 이하의 징역 또는 3천만원 이하의 벌금 부과대상입니다(제8조제1항, 제22조제1항제1호). 다만, 공직자등과 관련된 사회단체 등이 정하는 기준에 따라 구성원에게 제공하는 금품 등 및 그 소속 구성원 등 공직자 등과 특별히 장기적·지속적인 친분관계를 맺고 있는 자가 질병·재난 등으로 어려운 처지에 있는 공직자 등에게 제공하는 금품 등의 경우 수수 금지 금품 등의 예외사유에 해당합니다(제8조제3항제5호).

● 동창회 회원인 중앙부처 공무원의 자녀 결혼시에 회장이 250만원의 경조사비를 제공한 경우에 어떤 제재를 받게 되는지요?

문 초등학교 동창회의 회칙에는 자녀 결혼 시 100만원의 경조사비를 줄 수 있도록 되어 있는데, 해당 동창회 회원인 중앙부처 공무원 A의 자녀 결혼 시에는 회장 B가 250만원의 경조사비를 제공한 경우에 어떤 제재를 받게 되는지요?

답 공무원 A는 1회 100만원을 초과하는 금품 등을 수수하였으므로 형사처벌 대상에 해당합니다.

동창회 회칙상 자녀 결혼 시 100만원의 경조사비 제공이 가능하므로 이를 초과하는 부분인 150만원은 예외사유에 해당하지 않습니다. 회장 B는 공무원A에게 1회 100만원을 초과하는 금품 등을 제공하였으므로 형사처벌 대상에 해당합니다.

2-7. 직무 관련 공식적 행사에서 통상적·일률적으로 제공하는 금품 등

① 공직자등의 직무와 관련된 공식적인 행사에서 주최자가 참석자에게 통상적인 범위에서 일률적으로 제공하는 교통, 숙박, 음식물 등은 수수 금지 금품 등의 예외사유에 해당합니다. 공식적인 행사의 '주최자'가 참석자에게 제공하는 경우에만 예외사유에 해당하고, 주최자가 아닌 제3자가 제공하는 경우에는 예외사유에 해당하지 않습니다.

② 직무와 관련된 공식적인 행사란 행사 목적 및 내용, 참석 대상, 공개 여부, 행사 운영에 관한 내부 결재의 존부, 공문·메일 등 공식적인 초청 유무 등 여러 사정을 종합적으로 고려하여 판단합니다. 공공기관, 민간기업 등 단체·기

관이 주최하는 행사뿐만 아니라 개인이 주최하는 행사도 포함합니다.

③ 통상적인 범위란 행사 목적에 맞는 비용의 적정성을 의미하고 동일 또는 유사한 종류의 행사에서도 동일하게 제공되었을 것으로 인정되는 수준의 금품 등을 의미합니다. 통상적인 범위의 가액수준은 명문으로 규정하고 있지 않으므로 사회통념상 적정한지를 개별 사안별로 판단이 필요합니다.

다른 동종·유사 행사에서 제공되는 수준, 행사 장소, 참석자 범위 및 지위, 내부기준 및 비용부담 능력, 정상적인 비용처리 절차를 거쳐 집행되는지 여부 등을 종합적으로 고려하여 판단합니다.

해외 개최 행사의 경우 통상 교통, 숙박 등의 가액이 높으므로 해외 개최에 합리적인 이유가 있는 경우 통상적 범위에 해당합니다.

④ 일률적으로는 일률적인 제공이 아니라, 개인이나 집단에 한정하여 제공하는 경우에는 이에 해당하지 않습니다. 다만, 모든 참가자에게 절대적으로 동일하게 제공되어야 한다는 의미는 아니고 참석자 중 수행하는 역할별로 차등 가능합니다.행사에서 참석대상 중 합리적 이유없이 특정 개인이나 집단에게만 한정하여 제공하는 경우 일률적 제공으로 볼 수 없습니다.

⑤ 판단을 하기 위해서는 직무와 관련한 공식적인 행사 및 통상적인 범위의 판단은 해당 공직자 등의 소속기관의 장(청탁방지담당관)과 상담이 필요한 사항입니다.

● 신제품 론칭 행사를 호텔에서 개최하면서 담당공무원 30여명을 초대하여 1인당 10만원 상당의 식사를 제공하고, 7만원 상당의 선물을 준 경우에 제재대상인가요?

☷ A회사가 신제품 론칭 행사를 호텔에서 개최하면서 관련 중앙부처 담당공무원 30여명을 초대하여 1인당 10만원 상당의 호텔 식사를 제공하고, 7만원 상당의 선물을 준 경우에 부정청탁금지법상 제재대상인가요?

☷ 행사 참석대상이 관련 중앙부처 담당 공무원 30여명으로 한정되어 있는 점, 행사를 호텔에서 개최하면서 호텔 식사를 제공해야만 하는 불가피한 사정은 없어 보이는 점 등에 비추어 볼 때, 1인당 10만원 상당의 호텔 식사는 부정청탁금지법상 제재대상에 해당할 수 있습니다(제8조제3항제6호에 해당하지 않습니다).

선물의 경우 '공식적인 행사에서 통상적·일률적으로 제공하는 교통 숙박 음식물 등의 금품 등'에 포함된다고 보기 어려우며 (제8조제3항제6호에 해당하지 않음), 7만원 상당의 선물은 가액범위를 초과하므로, 부정청탁금지법상 제재대상에 해당할 수 있습니다(제8조제3항제2호에 해당하지 않습니다).

'공식적인 행사'인지 여부는 행사 목적 및 내용, 참석 대상, 공개성, 행사비용 등의 요건을 종합적으로 판단합니다.

행사 목적 및 내용은 주최기관 업무 및 사업의 시행과 직접적인 연관성이 있는지 여부, 참석자와 행사의 목적·내용이 연관성이 있는지 여부, 초청기관의 공문·공식초청장 등이 있는지 여부, 행사의 목적에 부합되는 프로그램이 구성되었는지 여부 등을 기준으로 판단합니다.

참석 대상은 참석자가 특정되거나 차별되지 않고 개방되어 있는지 여부 등을 기준으로 판단합니다.

공개성은 행사의 전체 또는 일부분에 대한 공개가 이루어지는 여부를 기준으로 판단합니다.

행사비용은 행사비용이 정상적인 예산집행 절차를 거쳐 집행되었는지 여부로 판단합니다.

기타 행사 계획 및 운영에 관한 내부결재의 존재 여부 등 기타 제반사항 검토합니다.

통상적인 범위는 행사 목적에 맞는 비용의 적정성을 의미합니다. 유사한 종류의 행사, 행사장소 및 목적, 참석자 범위 및 지위, 주최자의 내부기준 및 비용부담 능력 등을 종합적으로 고려하여 판단합니다.

행사의 목적 및 내용에 비추어, 특정 금품 등의 제공이나 특정 장소에서의 행사개최가 불가피한지 여부 등을 고려합니다.

일률적 제공은 특정 개인이나 특정집단에 한정하여 제공하는 경우는 해당하지 않고, 다만 참석자 중 수행하는 역할별로 합리적 차등은 가능합니다.

● 기술개발을 기념하여 개최한 행사에 직무와 관련이 있는 공무원이 참석하여 60만원 상당의 선물을 받았는데, 그 선물이 참석한 공무원들에게만 지급된 경우에 제재대상에 해당하나요?

<문> □□이동통신사가 신규 이동통신 기술개발을 기념하여 개최한 행사에 직무와 관련이 있는 중앙부처 공무원 A가 참석하여 60만원 상당의 태블릿 PC를 받았는데, 그 태블릿 PC가 참석한 공무원들에게만 지급된 경우에 부정청탁금지법상 제재대상에 해당하나요?

<답> 선물의 경우 '공식적인 행사에서 통상적·일률적으로 제공하는 교통·숙박·음식물 등의 금품 등'에 포함된다고 보기 어려우므로(제8조제3항제6호에 해당하지 않음), 원활한 직무수행 등의 목적으로 제공되는 5만원 이하 선물인 경우에 수수 금지 금품 등의 예외사유에 해당한다고 할 것입니다.

그런데 60만원 상당의 태블릿 PC는 가액범위를 초과하며, 공무원들에게만 지급된 점 등에 비추어 볼 때 원활한 직무수행 등의 목적도 인정되기 어려울 것이므로 부정청탁금지법상 제재대상에 해당할 수 있습니다(제8조제3항제2호에 해당하지 않습니다).

한편 공무원 A가 받은 태블릿 PC는, 제작 목적(불특정 다수인에게 제공하기 위해 제작되지 않았음), 가액(60만원 상당의 고액)등에 비추어 볼 때, 불특정 다수인에게 배포하기 위한 기념품에 해당한다고 보기도 어려우므로, 부정청탁금지법상 제재대상에 해당할 수 있습니다(제8조제3항제7호에 해당하지 않음).

공직자 등의 직무와 관련된 공식적인 행사에서 주최자가 참석자에게 통상적인 범위에서 일률적으로 제공하는 교통·숙박·음식물 등의 금품 등은 수수 금지 예외사유에 해당합니다(제8조제3항제6호).

통상적인 범위는 행사 목적에 맞는 비용의 적정성을 의미하여, 유사한 종류의 행사, 행사장소 및 목적, 참석자 범위 및 지위, 주최자의 내부기준 및 비용부담 능력 등을 종합적으로 고려하여 판단합니다. 특정 개인이나 특정집단에 한정하여 제공하는 경우에는 일률적 제공에 해당하지 않고, 다만 참석자 중 수행하는 역할별로 합리적 차등은 가능합니다.

불특정 다수인에게 배포하기 위한 기념품은 수수 금지 예외사유에 해당합니다(제8조제3항제7호). 기념품·홍보용품에 해당하는지는 기관의 로고·명칭 표시 유무, 제작 목적, 가액, 수량 등을 종합적으로 고려하여 해당 여부를 판단합니다.

● 기자들을 상대로 하는 정책간담회를 한 후, 식당에서 기자를 포함한 참석자들에게 1인당 5만원 상당의 한정식을 산 경우에 제재대상인가요?

문 □□중앙부처 장관 A가 홍보 목적으로 일부 특정 언론사 기자들을 상대로 하는 정책간담회를 한 후, 인근 식당에서 기자 甲을 포함한 참석자들에게 1인당 5만원 상당의 한정식을 샀습니다, 부정청탁금지법상 제재대상인가요?

답 제재대상에 해당할 수 있습니다. 일부 특정 언론사 기자들을 참석 대상으로 하는 등 참석대상이 한정되어 있는 점, 단순 홍보를 위한 경우로서 기관 업무 및 사업의 시행과 직접 관련성이 없어 보이는 점, 정책설명회를 하면서 5만원 상당의 식사를 제공해야만 하는 불가피한 사정은 없어 보이는 점 등에 비추어 볼 때, 1인당 5만원 상당의 한정식은 수수 금지 금품 등의 예외사유에 해당하지 않으므로, 부정청탁금지법상 제재 대상에 해당할 수 있습니다(제8조제3항제6호에 해당하지 않음).

기자 甲은 부정청탁금지법상 금품 등 수수 금지 규정의 적용대상자인 공직자 등에 해당합니다(제2조제2호라목).

정책설명회 관련 취재·보도 등 업무를 수행하는 기자와 정책설명회를 주관한 정부부처 장관 간 직무관련성 인정됩니다(제8조제2항).

'공식적인 행사'인지 여부는 행사 목적 및 내용, 참석 대상, 공개성, 행사비용 등의 요건을 종합적으로 판단합니다.

● 진학지도교사가 대학의 입시설명회에 참석하여 대학의 입학처 직원으로부터 50만원 상품권을 받은 경우에 제재대상인가요?

문 사립학교인 ○○고등학교 진학지도교사인 甲은 지방에 있는 2년제 대학의 입시설명회에 참석하고, 대학의 입학처 직원인 A로부터 50만원 상품권을 받은 경우에 부정청탁금지법상 제재대상인가요?

답 선물의 경우 '공식적인 행사에서 통상적·일률적으로 제공하는 교통·숙박·음식물 등의 금품 등'에 포함된다고 보기 어려우며(제8조제3항제6호에 해당하지 않음), 원활한 직무수행 등의 목적으로 제공되는 5만원 이하 선물인 경우에 수수 금지 금품 등의 예외사유에 해당한다고 할 것입니다.

그런데, 50만원 상당의 상품권은 가액범위를 초과하므로, 부정청탁금지법상 제재대상에 해당할 수 있습니다(제8조제3항제 2호에 해당하지 않음).

사립학교 진학지도교사 乙은 공직자 등에 해당합니다(제2조제2호다목). 甲은 직무와 관련하여 50만원 상당의 상품권을 받았으므로, 수수 가액의 2배 이상 5배 이하의 과태료 부과대상에 해당하며(제8조제2항, 제23조제5항제1호), 징계대상에도 해당합니다(제21조).

A는 공직자 등인 甲에게 50만원 상당의 상품권을 제공하였으므로, 금품 등 가액의 배 이상 배 이하의 과태료 부과대상이며(제8조제5항, 제23조제5항제3호), 징계대상에도 해당합니다(제21조).

2-8. 기념품·홍보용품 등이나 경연·추첨을 통하여 받는 상품

① 기념품·홍보용품 등이나 경연·추첨을 통하여 받는 상품의 예외사유는 불특정 다수인에게 배포하기 위한 기념품 또는 홍보용품 등이나 경연·추첨을 통하여 받는 보상 또는 상품 등을 말합니다. 특정인이나 특정군이 아닌 불특정 다수인에게 제공되는 금품 등은 공직자 등의 직무수행의 공정성을 저해하지 않아 예외사유로 규정한 것이므로, 불특정 다수인의 의미가 중요한 쟁점이 됩니다.

② 불특정 다수인은 단순히 수의 개념이 아니라, 제공의 상대방이 특정되지 않아 대상자 선정의 무작위성이 보장되는 것을 의미합니다.

③ 기념품·홍보용품 등에 해당하는지는 기관의 로고·명칭 표시 유무, 제작 목적, 가액, 수량 등을 종합적으로 고려하여 판단합니다. 특별히 가격제한은 없으나 사회통념에 비추어 기념품이나 홍보용품으로 볼 수 있을 정도의 적당한 가격이어야 합니다.

④ 공정한 방식에 의한 경연·추첨을 통하여 받은 보상 또는 상품 등도 예외사유에 해당합니다. 경연·추첨의 경우 응모, 신청 등에 의해 대상자가 특정되지만 응모, 신청의 대상자가 불특정 다수인으로 열려 있으면 무방합니다.

● 공무원이 주말에 가족과 함께 대형마트를 방문하였는데, 경품행사에 응모하여 300만원짜리 TV를 받았다면 제재대상에 해당하나요?

문 공무원이 주말에 가족과 함께 대형마트를 방문하였는데, A전자회사에서 주최하는 경품행사에 응모하여 300만원짜리 TV를 받았다면 부정청탁금지법상 제재대상에 해당하나요?

답 공무원은 대기업의 신제품 출시 행사에 참석하였다가 불특정 다수인이 응모할 수 있는 경품행사에 응모하여 당첨된 것이므로, 경품 추첨으로 수령한 300만원 상당의 텔레비전은 수수 금지 금품 등의 예외사유에 해당하여 부정청탁금지법상 제재대상에 해당하지 않습니다(제8조제3항제7호).

불특정 다수인에게 배포하기 위한 기념품 또는 홍보용품 등이나 경연·추첨을 통하여 받는 보상 또는 상품 등의 경우 수수 금지 예외사유에 해당합니다(제8조제3항제7호).

불특정 다수인은 단순히 수의 개념이 아니라 제공의 상대방이 특정되지 않아 대상자 선정의 무작위성이 보장되는 것을 의미합니다. 경연·추첨의 경우 응모, 신청 등에 의해 대상자가 특정되지만 응모, 신청의 대상자가 불특정 다수인으로 열려 있으면 무방합니다.

2-9. 다른 법령·기준 또는 사회상규에 따라 허용되는 금품 등

① 다른 법령에 규정된 즉, 정치자금법의 후원금, 영유아보육법의 양육수당, 보육수당, 공무원연금법의 요양비, 재해부조금 등은 예외사유에 해당됩니다. 그러나 정치자금 등의 명목으로 이루어진 금품의 수수라 하더라도 직무행위에 대한 대가로서의 실체를 가지는 경우에는 뇌물성이 인정됩니다.

판례에서도 '정치자금·선거자금 등의 명목으로 이루어진 금품의 수수라 하더라도 그것이 정치인인 공무원의 직무행위에 대한 대가로서의 실체를 가지는 한 뇌물로서의 성격을 잃지 아니한다(대법원 1997.12.26. 선고 97도2609 판결).'라고 하였습니다.

② 기준은 금품 등을 받는 공직자 등이 소속한 공공기관의 사규 등의 내부기준에서 수수를 허용하는 금품 등만 예외사유에 해당합니다. 금품 등을 받는 공직자 등이 소속한 기관의 내부기준을 의미하는 것이지, 제공자측이 제공을 허용하는 내부기준이 아닙니다.

③ 사회상규란 법질서 전체의 정신이나 그 배후에 놓여 있는 사회윤리 내지 사회통념에 비추어 용인될 수 있는 금품 등은 예외사유가 됩니다. 복잡 다양하게 변화하는 사회에서 사회상규상 허용되는 모든 상황을 구체적으로 열거하는 것은 입법기술상 불가능하여 불가피하게 불확정 개념을 사용하게 되었습니다. 사회상규는 수수의 동기·목적, 당사자의 관계, 수수한 금품 등의 가액, 청탁과 결부 여부 등을 종합적으로 고려하여 판단합니다.

대법원에서도 '형법 제20조에 정하여진 '사회상규에 위배되지 아니하는 행위'라 함은, 법질서 전체의 정신이나 그 배후에 놓여 있는 사회윤리 내지 사회통념에 비추어 용인될 수 있는 행위를 말하므로, 어떤 행위가 그 행위의 동기나 목적의 정당성, 행위의 수단이나 방법의 상당성, 보호법익과 침해법익과의 법익 균형성, 긴급성, 그 행위 외에 다른 수단이나 방법이 없다는 보충성 등의 요건을 갖춘 경우에는 정당행위에 해당한다(대법원 2004. 8. 20. 선고 2003도4732 판결).'라고 판시하였습니다.

이에 대한 구체적 사례로서는 1)자동차 회사의 마케팅 전략에 따라 공무원·교직원 할인 등과 같이 특정 직업군에 한정하여 할인받는 경우, 2)항공사가 이코노미석의 좌석수를 초과한 예약을 받았는데, 이코노미석 만석으로 우연히 공직자의 좌석이 비즈니스석으로 업그레이드가 된 경우, 3)관혼상제에 찾아온 손님들에게 음식물을 제공하는 경우 등이 있습니다.

● 사회상규에 따라 허용되는 금품 등은 받아도 된다고 하는데 사회상규라는 기준이 너무 어렵고 추상적이지 않나요?

문 사회상규에 따라 허용되는 금품 등은 받아도 된다고 하는데 사회상규라는 기준이 너무 어렵고 추상적이지 않나요?

답 죄형법정주의의 명확성원칙에 위배되지 않습니다. 대법원 판례에 따르면 사회상규는 사회윤리 내지 사회통념에 비추어 용인될 수 있는 행위를 말하며, 그 개념과 판단 기준은 이미 여러 판례를 통해 확립되어 있으므로 적용과정에서 불명확성 문제는 없다고 봅니다.

제8조제3항제8호의 사회상규에 따라 허용되는 금품 등에 해당하는지 여부는 수수의 동기·목적 당사자의 관계 특수한 사적 친분관계, 수수한 금품 등의 가액, 수수 방법, 청탁과 결부 여부, 직무관련성 정도, 직무수행의 공정성을 의심받게 하는지 여부 등을 종합적으로 고려하여 판단해야 할 것입니다.

대법원은 일관되게 형법 제20조의 '사회상규에 위배되지 아니하는 행위'라 함은 법질서 전체의 정신이나 그 배후에 놓여 있는 사회윤리 내지 사회통념에 비추어 용인될 수 있는 행위를 말하고, 어떠한 행위가 사회상규에 위배되지 아니하는 정당한 행위로서 위법성이 조각되는지 여부는 구체적 사정 아래 합목적적, 합리적으로 고찰하여 개별적으로 판단하여야 한다고 판시(대법원 2004. 6. 10. 선고 2001도5380 판결 등 참조)하였습니다.

헌법재판소는 청탁금지법에 대한 헌법소원 사건에서 "부정청탁금지조항에 규정된 '부정청탁', '법령', '사회상규'라는 용어가 다소 포괄적이고 추상적이어서 어느 정도 가치 판단이 필요한 일반개념이지만, 부정청탁금지 조항의 입법배경 및 입법취지와 관련 조항 등을 고려한 법관의 보충적 해석으로 충분히 그 의미내용을 확인할 수 있다."(헌법재판소 2016.7.28. 선고 2015헌마236·412·662·673병합 결정)고 결정하였습니다.

● 특수대학원 입학시 공직자 등이 장학금을 지급받는 것은 가능한가요?

문 1) 특수대학원(6개월 과정) 입학 시 공직자 등이 장학금(예를 들어, 300만원 상당의 등록금)을 지급받는 것은 가능한가요?

2) 기업이 출연해서 만든 사회복지법인을 통해서 재직 중인 공상 공무원에게 100만원을 후원하는 것은 가능한가요?

답 1) 특수대학원이 특정 공직자 등에 국한하지 않고 일반인과 공직자 등을 차별함이 없이 공정한 심사를 거쳐 장학금 자격요건을 갖춘 공직자 등에게 장학금을 지급한 경우라면, 다른 법령·기준 또는 사회상규에 따라 허용되는 금품 등에 해당할 수 있습니다(제8조제3항제8호).

사회복지법인이 특정 공직 자등에 국한하지 않고, 일반인과 공직자 등을 차별함이 없이 공정한 심사를 거쳐 공직자 등에게 후원금을 지급한 경우라면, 다른 법령·기준 또는 사회상규에 따라 허용되는 금품 등에 해당할 수 있습니다.

공직자 등은 1회 100만원을 초과하는 금품 등을 수수한 이상 직무 관련 여부 및 기부·후원·증여 등 그 명목에 관계없이 형사처벌 대상입니다(3년 이하 징역 3천만원 이하 벌금)(제8조제1항, 제22조제1항제1호). 다만, 다른 법령·기준 또는 사회상규에 따라 허용되는 금품 등의 경우 수수 금지 금품 등의 예외사유에 해당합니다(제8조제3항제8호).

● 국립대학병원 의사가 제품 설명회에 참석하여 10만원 상당의 음식을 제공받은 경우에 제재대상에 해당하나요?

문 제약회사가 고혈압 치료제인 신약을 개발하여 판매하면서 제품 설명회를 개최하였는데, 국립대학병원 의사 甲이 제품 설명회에 참석하여 10만원 상당의 음식을 제공받은 경우에 부정청탁금지법상 제재대상에 해당하나요?

답 의료법상 제품설명회에서 10만원 이하 식음료 제공을 허용하고 있으므로, 甲이 제공받은 10만원 상당의 음식은 '다른 법령에 따라 허용되는 금품 등'으로서 수수 금지 금품등의 예외사유에 해당할 수 있습니다(제8조제3항제8호). 국립대학병원 의사 甲은 공직자 등에 해당합니다(제2조제2호나목).

● 제품 설명회에 국립대학 교수가 참석하여 공정거래위원회가 승인한 공정경쟁규약 및 세부운용지침에 따라 10만원 상당의 음식을 제공받은 경우에 제재대상에 해당하나요?

문 A회사(제약회사가 아님을 전제)가 자사제품 설명회를 개최하는데, 국립대학 공과대학 교수 甲(A회사와 직무관련 인정됨을 전제)이 참석하여 A회사가 정하고 공정거래위원회가 승인한 공정경쟁규약 및 세부운용지침에 따라 10만원 상당의 음식을 제공받은 경우에 甲은 부정청탁금지법상 제재대상에 해당하나요?

답 공정경쟁규약 및 세부운용기준에서 사업자의 금품류 제공을 원칙적으로 제한하되, 학술대회참가지원 자사제품 설명회에서 10만원 이내의 식음료 제공을 예외적으로 허용됩니다.
제8조제3항제8호의 '기준'이라 함은 금품 등을 받는 공직자 등이 소속한 공공기관의 내부기준을 의미하는 것이지, 제공자 측이 제공을 허용하

는 내부기준은 아니라고 봅니다.

공정경쟁규약 및 세부운용기준은 제공자 측이 제공을 허용하는 기준이므로, 제약회사가 의사 甲에게 제공한 10만원 상당의 식음료는 다른 법령·기준 또는 사회상규에 따라 허용되는 금품 등에 해당한다고 보기 어려워 부정청탁금지법상 제재대상에 해당할 수 있습니다. 국립대학 공과대학 교수 甲은 공직자 등에 해당합니다(제2조제2호나목). 공정거래법에 근거를 두고 공정거래위원회의 승인을 받은 공정경쟁규약 및 세부운용기준에 따라 제공되는 금품 등이 부정청탁금지법상 수수 금지 금품 등에 해당하는지 여부가 문제입니다.

공정경쟁규약 및 세부운용기준은 제공기관의 기준이므로, 다른 법령·기준 또는 사회상규에 따라 허용되는 금품 등에 해당되지 않습니다(제8조제3항제8호에 해당하지 않음).

음식물 가액이 1인당 3만원을 초과하므로, 원활한 직무수행 등을 목적으로 수수가 허용되는 음식물 등에 해당하지 않습니다(제8조제3항제2호에 해당하지 않음).

甲은 직무와 관련하여 10만원 상당의 음식 접대를 받았으므로, 수수 가액의 2배 이상 5배 이하의 과태료 부과대상에 해당할 수 있습니다(제8조제2항,제23조제5항제1호). 다만, 공직자 등의 직무와 관련된 공식적인 행사에서 주최자가 참석자에게 통상적인 범위에서 일률적으로 제공하는 음식물에 해당할 수 있는지는 별도의 요건을 검토할 필요가 있습니다(제8조제3항제6호).

● 혼주가 하객들에게 5만원 상당의 식사를 제공한 경우에 제재대상에 해당하나요?

文 결혼식 혼주가 하객으로 참석한 직무관련 공무원 甲을 포함하여 모든 하객들에게 5만원 상당의 식사를 제공한 경우에 부정청탁금지법상의 제재대상에 해당하나요?

答 모든 하객들에게 제공되는 식사를 동일하게 제공했다는 점, 관혼상제에 찾아온 손님에게 식사를 접대하는 것은 우리 사회의 전통 관습인 점, 직무수행의 공정성에 신뢰를 해하지 않을 정도의 식사 제공이라는 점 등에 비추어 볼 때 사회상규에 따라 허용되는 금품 등에 해당하여 부정청탁금지법상 제재대상이 아닙니다(제8조제3항제8호).
사회상규는 수수의 동기·목적, 당사자의 관계(특수한 사적 친분관계), 수수한 금품 등의 가액, 수수 방법, 청탁과 결부 여부, 직무관련성 정도, 직무수행의 공정성을 의심받게 하는지 여부 등을 종합적으로 고려하여 판단합니다.

● 결혼을 앞둔 연인 사이인 남자가 여자 친구인 사무관에게 생일에 150
만원 상당의 명품가방을 선물로 준 경우에 제재대상인가요?

문 대기업 직원 A는 대기업의 조사업무를 관장하는 위원회 사무관 甲
과 결혼을 앞둔 연인 사이인데, 대기업 직원 A가 여자 친구인 사무
관 甲의 생일에 150만원 상당의 명품 가방을 선물로 준 경우에 甲
과 A는 부정청탁금지법상 제재대상인가요?

답 친밀도가 매우 높은 이성간 교제관계에서 애정의 표시로 제공되는 금품
등의 경우 일반적인 사적 관계에 비해 폭넓게 허용할 필요가 있습니다.
따라서 대기업 직원 A와 사무관 甲은 결혼을 앞둔 연인 사이인 점에 비
추어 다소 고액의 명품 가방이라 하더라도 사회상규에 따라 허용되는
금품 등에 해당될 수 있습니다(제8조제3항제8호).
사회상규는 수수의 동기·목적, 당사자의 관계(특수한 사적 친분관계), 수
수한 금품 등의 가액, 수수 방법, 청탁과 결부 여부, 직무관련성 정도,
직무수행의 공정성을 의심받게 하는지 여부 등을 종합적으로 고려하여
판단합니다.

● 제약회사 직원이 대학 친구인 보건복지부 공무원을 만나 1년간 1회 20
만원 상당의 식사를 20회 함께 했는데, 모두 제약회사 직원이 밥값을
냈다면 어떠한 제재를 받나요?

문 계약회사 직원 A가 대학 친구인 보건복지부 공무원 甲을 만나 1년
간 1회 20만원 상당의 식사를 20회 함께 했는데, 모두 계약회사 직
원 A가 밥값을 냈다면 甲과 A는 부정청탁금지법상 어떠한 제재를
받나요?

답 공무원 甲은 직무와 관련하여 1년 동안 총 200만원 400만원/2인)상당
의 접대를 받았으므로, 수수 가액의 2배 이상 5배 이하의 과태료 부과

대상에 해당하며(제8조제2항, 제23조제 5항제1호), 징계대상에도 해당합니다(제21조).

A는 공무원 甲에게 1년 동안 200만원 상당의 접대를 하였으므로, 금품 등 가액의 2배 이상 5배 이하의 과태료 부과대상에 해당합니다(제8조제5항, 제23조제5항제3호).

제약회사는 양벌규정에 따라 과태료 부과대상에 해당하나, 직원 A의 위반행위를 방지하기 위한 상당한 주의, 감독을 게을리 하지 않았으면 면책될 수 있습니다(제24조).

甲은 부정청탁금지법상 금품 등 수수 금지 규정의 적용대상자인 공직자 등에 해당합니다(제2조제2호가목). 보건·의료 등과 관련된 업무 전반을 수행하는 보건복지부 공무원 甲과 제약회사 직원 A간 직무관련성 인정 가능합니다(제8조제2항).

두 사람이 비록 대학친구이기는 하지만, 각 당사자가 담당하고 있는 업무내용에 관련성이 있다는 점, 접대 1회당 1인이 수수한 비용이 10만원 상당에 이르는 점, 두 사람만 비공개적으로 만나 음식 접대가 이루어진 점, 1년 동안 20회에 걸친 식사를 하면서도 식사비용은 전적으로 제약회사 직원이 부담한 점, 직무수행의 공정성을 의심받을 수 있는 상황이라는 점 등에 비추어 볼 때, 음식물 허용가액 3만원을 초과할 뿐만 아니라(제8조제3항제2호에 해당하지 않음), 사회상규에 따라 허용되는 금품 등이라고 보기도 어려우므로(제8조제3항제8호에 해당하지 않음), 수수 금지 금품 등의 예외사유가 있다고 보기 어렵습니다.

● 방송사 기자가 한국언론진흥재단의 지원으로 1년간 영국으로 연수를 다녀왔는데, 각 체재비, 학비, 항공료 명목으로 약 5천만원 가량을 지원받았을 경우에 제재대상인가요?

문 1) 지상파 방송사 기자인 甲은 언론진흥기금에 의하여 운영되는 준정부기관인 한국언론진흥재단의 지원으로 1년간 영국으로 연수를 다녀왔는데, 각 체재비, 학비, 항공료 명목으로 약 5천만원 가량을 지원받았습니다. 이 경우도 부정청탁금지법상 제재대상인가요?

2) 중앙일간지 기자인 乙은 모 기업이 기금을 출연하여 운영하는 A언론재단의 해외연수 프로그램으로 1년간 미국으로 연수를 다녀왔는데, 체재비, 학비, 항공료 등 연수비용으로 약 5천만원 가량을 후원받았습니다. 이 경우도 부정청탁금지법상 제재대상인가요?

답 1) 신문 등의 진흥에 관한 법률에 근거하여 한국언론진흥재단에 설치된 언론진흥기금의 법률상 용도에 따라 기자 甲이 지원받은 해외연수 비용은 '다른 법령에 따라 허용되는 금품 등'에 해당할 수 있으므로(제8조제3항제8호), 부정청탁금지법상 제재대상에 해당하지 않는다고 볼 수 있습니다.

지상파 방송사 기자 甲은 청탁금지법상 금품 등 수수 금지 규정의 적용대상자인 공직자 등에 해당합니다(제2조제2호라목).

한국언론진흥재단은 공공기관의 운영에 관한 법률상 기금관리형 준정부기관에 해당하며, 신문 등의 진흥에 관한 법률에 따라 설치된 법인입니다. 한국언론진흥재단은 신문 등의 진흥에 관한 법률에 따라 설치된 언론진흥기금을 재원으로 하여 한국언론매체의 해외진출 및 국제교류 지원, 언론산업진흥 등을 위한 교육·연수 등의 직무를 수행합니다.

1회 100만원을 초과하는 금품 등을 수수한 공직자 등은 직무 관련 여부 및 기부·후원·증여 등 그 명목에 관계없이 형사처벌 대상에 해당하나, '다른 법령·기준 또는 사회상규에 따라 허용되는 금품 등'에 해당할 경우, 수수 금지 금품 등의 예외사유로서 제재대상 아닙니다(제8조제3항제8호),

2) 기업이 기금을 출연하여 운영하는 언론재단으로부터 기자 乙이 지원받은 해외 연수비용은 수수 금지 금품 등의 예외사유에 해당한다고 보기 어려우므로 부정청탁금지법상 제재대상에 해당할 수 있습니다.

   중앙일간지 기자 乙은 청탁금지법상 금품 등 수수 금지 규정의 적용대상자인 공직자 등에 해당합니다(제2조제2호라목).

   해외연수는 '공직자 등의 직무와 관련된 공식적인 행사'에 해당한다고 보기 어려울 뿐만 아니라, 연수비용 5천만원을 '통상적·일률적으로 제공하는 금품 등'이라고 보기도 어렵습니다(제8조제3항제6호에 해당하지 않음). 또한, 해외연수 비용을 다른 법령·기준 또는 사회상규에 따라 허용되는 금품 등이라고 보기도 어렵습니다(제8조제3항제8호에 해당하지 않음).

   사기업의 기자에 대한 연수비용 지원에 대한 별도의 근거법령은 존재하지 않는 것으로 보이며, 언론재단이 연수비용 지원에 관한 내부기준을 두고 있다 하더라도 이는 수수 금지 금품 등의 예외사유에 해당하지 않습니다.

   언론인 해외연수·어학교육·저술출판지원 등은 특정 직종에 국한된 지원인 점, 지원 금액이 통상적으로 1년에 1인당 5천만원을 넘어서는 점, 연수비용의 재원은 특정 기업 또는 기업 대표자가 출연한 금전인 점, 해외연수 대상자 선발여부에 민간기업이 설립한 언론재단 이사진이 관여하는 점, 해당 기업의 기사 처리에 영향을 미칠 가능성을 배제할 수는 없어 직무수행의 공정성을 해할 우려가 있다는 점 등을 종합적으로 고려할 때, 사회상규에 따라 허용되는 금품 등에 해당한다고 보기 어렵습니다.

● 기업의 비용으로 기자실을 만들어 취재공간을 확보하고, 사무용품지원 등을 할 경우에 제재대상에 해당하나요?

문 □□기업 대표 甲이 출입기자단을 위하여 그 기업의 비용으로 기자실을 만들어 취재공간을 확보하고, 사무용품(TV, 복사기)지원 등을 할 경우에 부정청탁금지법상 제재대상에 해당하나요?

답 특정 언론사들이 상주 또는 특정 언론사들에게 고정석을 부여한다거나, 식사나 선물 등 지나친 편의제공을 하는 것이 아니라, 브리핑룸 정도의 공간 확보와 이에 수반한 집기 등 간단한 편의제공은 직무의 공정성을 훼손하는 경우라 보기 어려워 사회상규상 가능할 수도 있습니다(제8조 제3항제8호).

3. 수수 금지 금품 등의 신고 및 처리

3-1. 수수 금지 금품 등의 신고 및 반환

3-1-1. 수수 금지 금품 등의 신고의무

① 공직자 등은 자신이나 배우자가 수수 금지 금품 등을 수수한 경우에는 소속기관장에게 지체 없이 서면(전자문서를 포함합니다)으로 신고할 의무가 있습니다. 신고사항은 신고자의 인적사항, 신고의 취지 이유, 제공자의 인적사항, 금품 등의 종류와 가액 반환 여부 등입니다. 허위 신고 무책임한 신고의 통제를 위해 신고내용을 입증할 수 있는 증거를 확보한 경우에는 이를 함께 제출할 필요가 있습니다. 허위 기타 부정한 방법으로 신고한 경우 보호·보상 대상에서 제외되고, 타인으로 하여금 형사처분이나 징계처분을 받게 할 목적으로 허위사실을 신고하는 경우 형법상 무고죄가 성립합니다.

② 신고는 소속기관 뿐만 아니라 감독기관·감사원·수사기관 또는 국민권익위원회에도 가능합니다.

● 공직자가 직무관련자로부터 돈을 받고 두 달 정도 보관하고 있다가, 나중에 신고하고 돈을 돌려주었을 경우에 면책되나요?

문 공직자 甲은 직무관련자로부터 돈을 받고 두 달 정도 보관하고 있다가, 불안하기도 하고 내사 등 움직임이 있는 것 같아 나중에 신고하고 돈을 돌려주었을 경우에 면책되나요?

답 공직자 甲의 경우 두 달 정도 돈을 보관하고 있었으므로 지체 없이 신고·반환한 것으로 보기는 어려우며, 지체 없이 신고·반환할 수 없었던 정당한 사유가 있었던 것으로 보이지도 않으므로, 제재대상에서 제외된다고 보기는 어렵습니다. 다만, 신고·반환이 지체되기는 하였으나 자진하여 신고·반환하였으므로, 부정청탁금지법상 제재를 감경하거나 면제할 수 있는 사유에 해당합니다.

공직자 등은 수수 금지 금품 등을 받은 경우 소속기관장 등에게 '지체 없이' 서면으로 신고하여야 하며, 이를 제공자에게 '지체 없이' 반환해야 합니다(제9조제1항, 제2항, 제6항).

이 때 '지체 없이'라 함은, '불필요한 지연 없이'를 의미하며, 지체 없이 할 수 없었던 정당한 사유가 있는 경우에는 그 사유가 종료된 후 즉시를 의미합니다.

공직자 등이 부정청탁금지법 또는 동법에 따른 명령을 위반한 경우 징계처분 대상(제21조)입니다.

수수 금지 금품 등을 받은 사실을 지체 없이 신고하거나 그 수수 금지 금품 등을 지체 없이 반환한 공직자 등은 제재대상에서 제외됩니다. 공직자 등이 자진하여 신고하였으나 신고가 지체된 경우에는 제재를 감면할 수 있는 사유에 해당합니다(제15조제3항).

● 납품업체 직원 3명이 담당 공기업 과장에게 50만원 상당의 홍삼, 30만원 상당의 공연초대권, 40만원 상당의 워터파크 연간이용권을 각각 건네었는데, 과장이 다음 날 이를 모두 돌려준다면 면책될 수 있나요?

문 납품업체 직원 A, B, C명은 함께 물품계약 담당 공기업 과장 甲을 찾아가 '더운 날씨에 수고가 많으시다'며, 50만원 상당의 홍삼, 30만원 상당의 공연초대권, 40만원 상당의 워터파크 연간이용권을 각각 건네었는데, 甲이 다음 날 이를 모두 돌려준다면 면책될 수 있나요?

답 甲은 금품 등을 받은 다음 날 다시 돌려주었으나, 이를 지체 없이 반환한 것으로 보기는 어려우며, 지체 없이 신고·반환할 수 없었던 정당한 사유가 있었던 것으로 보이지도 않으므로, 제재대상에서 제외된다고 보기는 어렵습니다. 다만, 반환이 지체되기는 하였으나, 자진하여 반환하였으므로 부정청탁금지법상 제재를 감경하거나 면제할 수 있는 사유에 해당합니다(제15조제3항).

공기업 과장 甲은 부정청탁금지법상 금품 등 수수 금지 규정의 적용대상자인 공직자 등에 해당하며(제2조제2호나목), 납품에 영향력을 행사할 수 있는 물품계약 담당 공기업 과장과 해당 공기업에 납품을 하는 업체 직원 간에는 직무관련성 인정됩니다.

공직자 등이 자진하여 신고하였으나 신고가 지체된 경우에는 제재를 감면할 수 있는 사유에 해당합니다(제15조제3항).

甲은 납품업체 직원 3명으로부터 각 50만원, 30만원, 40만원 상당의 금품 등을 받았으나, 금품 등의 출처 및 실제 제공자는 납품업체이므로, 납품업체로부터 총 120만원을 받은 것으로서 형사처벌(3년 이하 징역 3천만원 이하 벌금) 대상에 해당하며(제8조제1항, 제22조제1항제1호), 징계대상에도 해당합니다(제21조). 다만, 자진 신고하였으므로 형사처벌 등을 감경하거나 면제할 수 있습니다(제15조제3항).

납품업체 직원 3명은 직무와 관련하여 각 50만원, 30만원, 40만원 상당의 금품 등을 제공하였으므로, 제공액의 2배 이상 5배 이하 과태료 부과대상입니다(제8조제5항, 제23조제5항제3호). 납품업체는 양벌규정에 따라 과태료 부과대상, 다만 임직원 등의 위반행위를 방지하기 위한 상당한 주의, 감독을 게을리 하지 않았으면 면책이 가능합니다(제24조).

● 국장급 공무원이 부친상을 당하여 장례를 치르고 5일 정도 지난 후 부의금을 정리하다가 비로소 유관기관 임원이 경조사비 200만원을 낸 것을 확인한 경우에 어떻게 처리해야 하나요?

문 중앙부처 국장급 공무원 甲이 부친상을 당하여 장례를 치르고 5일 정도 지난 후 부의금을 정리하다가 비로소 유관기관 임원 A가 경조사비 200만원을 낸 것을 확인한 경우에 부정청탁금지법상 어떻게 처리해야 하나요?

답 원칙적으로 1회 100만원 초과 금품 등을 수수한 공직자 등은 직무 관련여부 및 기부·후원·증여 등 그 명목에 관계없이 형사처벌(3년 이하 징역 3천만원 이하 벌금)대상입니다.
그러나, 수수 금지 금품 등을 받은 사실을 소속기관장 등에게 지체 없이 신고하거나, 제공자에게 그 수수 금지 금품 등을 지체 없이 반환한 공직자 등은 처벌 대상에서 제외됩니다,
甲은 장례를 치르고 5일 정도 지난 후 부의금을 정리하다가 비로소 수수 금지 금품 등을 받은 것을 확인하였으므로, 확인한 즉시 부정청탁금지법상 신고·반환의무를 이행할 경우에는 제재대상에서 제외됩니다.
중앙부처 국장급 공무원 甲은 부정청탁금지법상 금품 등 수수 금지 규정의 적용대상자인 공직자 등에 해당합니다(제2조제2호가목). 공직자 등은 수수 금지 금품 등을 받은 경우 소속기관장 등에게 '지체 없이' 서면으로 신고하여야 하며, 이를 제공자에게 '지체 없이' 반환해야 합니다(제9조제1항, 제2항, 제6항). 이 때 '지체 없이'라 함은, '불필요한 지연 없이'를 의미하며, 지체 없이 할 수 없었던 정당한 사유가 있는 경우

에는 그 사유가 종료된 후 즉시를 의미합니다. 수수 금지 금품 등을 받은 사실을 지체 없이 신고하거나 그 수수 금지 금품 등을 지체 없이 반환한 공직자 등은 제재대상에서 제외합니다.

● 신문사 부장이 승진하자 기업체 대표가 20만원 상당의 축하난을 보내왔는데, 받을 당시에는 비싼 것인지 몰랐고, 추후 문제가 될 것을 생각하여 신고한 경우에 면책될 수 있나요?

문 신문사 부장 甲의 승진 소식이 알려지자 A기업체 대표B (직무관련성 있음을 전제)가 20만원 상당의 축하 난을 보냈습니다. 甲은 축하난을 받을 당시에는 비싼 난이라는 것을 알지 못했다가 얼마 후 알게 되었음에도 신고하지 않고 있다가 추후 문제가 될 수도 있다고 생각하여 신고하였습니다. 이 경우 신문사 부장 甲은 면책될 수 있나요?

답 甲은 자신이 받은 축하난이 수수 금지 금품 등(5만원 초과 선물)에 해당함을 알고도 신고하지 않고 있다가 추후 문제가 될 수도 있다고 생각하여 나중에 신고하였으므로, 지체 없이 신고한 것으로 보기는 어렵습니다. 다만, 신고가 지체되기는 하였으나 자진하여 신고하였으므로 부정청탁금지법상 제재를 감경하거나 면제할 수 있는 사유에 해당합니다.
신문사 부장 甲은 부정청탁금지법상 금품 등 수수 금지 규정의 적용대상자인 공직자 등에 해당합니다(제2조제2호라목).
공직자 등은 수수 금지 금품 등을 받은 경우 소속기관장 등에게 '지체 없이' 서면으로 신고하여야 하며, 이를 제공자에게 '지체 없이' 반환해야 합니다(제9조제1항, 제2항, 제6항). 이 때 '지체 없이'라 함은, '불필요한 지연 없이'를 의미하며, 지체 없이 할 수 없었던 정당한 사유가 있는 경우에는 그 사유가 종료된 후 즉시를 의미합니다.
수수 금지 금품 등을 받은 사실을 지체 없이 신고하거나 그 수수 금지 금품 등을 지체 없이 반환한 공직자 등은 제재대상에서 제외됩니다. 공

직자 등이 자진하여 신고하였으나 신고가 지체된 경우에는 제재를 감면
할 수 있는 사유에 해당합니다(제15조제3항).

● 외교상 외국기관에서 선물을 받는 경우에 어떻게 처리해야 하나요?

문 1) 중앙부처 소속 공무원 甲이 외국기관을 방문하고 선물로 15만원
상당의 스카프를 받은 경우 어떻게 해야 하나요?

2) 공직자가 외국기관을 방문하고 외국공무원으로부터 7만원상당의 선
물을 받은 경우 부정청탁금지법상 계재대상인가요?

답 甲은 외국기관으로부터 선물로 받은 15만원 상당의 스카프에 대해 지체
없이 중앙부처의 장에게 신고하고 스카프를 인도해야 할 것입니다.
국내 공직자 등이 외국에서 외국인으로부터 선물을 받는 경우에도 부정
청탁금지법이 적용되므로(속인주의), 원칙적으로 15만원 상당의 선물을
받는 것은 금지되나, 공직자윤리법 및 같은 법 시행령에서는 외국 또는
직무관련 외국인으로부터 국내시가 기준 10만원 이상의 선물을 받는 경
우 지체 없이 신고·인도하도록 규정하고 있습니다.
따라서 외국기관으로부터 15만원 상당의 선물을 받는 것 자체는 다른
법령에 따라 수수가 허용되는 금품 등에 해당할 수 있습니다(제8조제3
항제8호). 다만, 甲은 공직자윤리법 및 같은 법 시행령에 따라 외국기관
으로부터 받은 15만원 상당의 스카프에 대해 지체 없이 중앙부처의 장
에게 신고하고 스카프를 인도해야 할 것이며, 위반 시 징계대상에 해당
합니다.

3-1-2. 수수 금지 금품 등의 반환·인도 의무

① 공직자 등 자신이 금품 등을 수수한 경우 '지체 없이' 제공자에게 반환·인도해야 할 의무가 있습니다.

② 자신의 배우자가 금품 등을 수수한 사실을 알게 된 경우 지체 없이 금품 등을 제공자에게 반환하도록 하거나, 그 거부의 의사를 밝히도록 해야 합니다. 다만, 받은 금품 등이 멸실·부패·변질 등의 우려가 있는 경우, 제공자를 알 수 없는 경우, 그 밖에 반환하기 어려운 사정이 있는 경우 등의 사유가 있으면 소속기관장에게 인도하도록 해야 합니다.

● 직무와 관련하여 15만원 상당의 선물을 받은 경우에 선물 가액 한도 5만원을 초과하는 10만원만 반환하면 되나요?

문 공직자가 직무와 관련하여 15만원 상당의 선물을 받은 경우에 선물 가액 한도 5만원을 초과하는 10만원만 반환하면 되나요?

답 원활한 직무수행 또는 사교·의례 등 목적으로 제공되는 선물은 5만원 범위 안에서만 허용되는바, 15만원 상당의 선물을 받았다면 해당 선물 전부를 반환해야 하며, 5만원을 초과하는 10만원 부분만 현금으로 반환하는 것은 허용되지 않습니다.

3-1-3. 신고 및 반환·인도의 시기

신고 및 반환은 지체 없이 해야 하는데, '지체 없이'는 '불필요한 지연 없이'를 의미합니다. 지체 없이 할 수 없었던 정당한 사유가 있는 경우에는 그 사유가 종료된 후 즉시를 의미합니다. '지체 없이'의 판단은 일률적으로 판단할 수 없고, 사안에 따라 구체적·개별적으로 판단할 필요가 있습니다.

3-1-4. 신고 및 반환·인도의 효과

① 공직자 등이 부정청탁금지법 제9조제1항·제2항 또는 제6항에 따라 '지체 없이' 신고하거나 반환·인도하면 제재대상에서 제외됩니다. 다만, 공직자 등이 자진하여 신고하였으나 '지체하여' 신고한 경우에는 제재를 감면할 수 있는 사유에 해당합니다.

② 신고하거나 반환 인도함에 따라 제재대상에서 제외되는지 여부는 '지체 없이' 하였는지가 중요합니다. 다만, 공직자 등이 자진하여 신고하였으나 '지체하여' 신고한 경우에는 제재를 감면(임의적 감면)할 수 있는 사유에 해당합니다.

3-2. 소속기관장의 처리 등

① 반환 등 요구 : 공직자 등에게 수수 금지 금품 등을 반환 또는 인도하게 하거나, 거부의 의사표시를 하도록 해야 합니다. 그리고 수사의 필요성이 있다고 인정하는 때에는 그 내용을 지체 없이 수사기관에 통보해야 합니다. 아울러 배우자의 금품 등 수수 사실을 알고 신고한 공직자 등의 배우자가 반환을 거부하는 경우 그 배우자로 하여금 반환하도록 요구해야 합니다.

② 공직자 등에 대한 조치 : 해당 공직자 등에게 '직무 참여 일시중지, 직무 대리자의 지정, 전보' 등의 조치를 시행할 수 있습니다. 그러나 직무를 수행하는 공직자 등을 대체하기 지극히 어려운 경우, 공직자 등의 직무수행에 미치는 영향이 크지 아니한 경우, 국가의 안전보장 및 경제발전 등 공익증진을 이유로 직무수행의 필요성이 더 큰 경우 등에는 예외사유가 되어 이에 대한 조치를 아니할 수도 있습니다.

필요한 경우에는 계속해서 직무를 수행하게 하면서, 소속기관의 담당관 또는 다른 공직자 등으로 하여금 그 공직자 등의 공정한 직무수행 여부를 주기적으로 확인·점검하도록 하는 것도 가능합니다.

③ 위법한 직무처리에 대한 조치 : 소속기관장은 공직자 등의 직무수행 중에 또는 직무수행 후에 부정청탁금지법에 제16죠에 위반한 사실을 발견한 경우 해당 직무의 중지·취소 등 필요한 조치가 가능합니다.

4. 외부강의 등의 사례금 수수 제한

4-1. 제정 이유

① 일부 공직자 등의 과다한 외부강의 등 사례금 수수로 우회적인 금품 등 수수 우려가 지속적으로 제기되고 있습니다. 공직자 등이 기업, 이익단체 등으로부터 받는 고액의 사례금은 보험성 뇌물로 악용되어 공정한 직무수행 저해 우려가 있어 규제가 필요합니다.

② 다만, 외부강의 등 사례금은 노동력에 대한 반대급부로 제공되고 전문지식의 활용·공유라는 외부강의 등의 긍정적 효과로 활용이 필요합니다.

직무와 관련되거나 그 지위 직책 등에서 유래되는 사실상의 영향력을 통하여 요청받은 외부강의 등만 규율하고 있으며, 또한, 우회적인 금품 등 수수로 악용되는 것을 방지하기 위해 사례금의 상한액을 제한하여 초과사례금 수수를 금지하고 있습니다.

4-2. 외부강의 등의 범위

4-2-1. 법 제8조(금품 등 수수 금지)와 제10조(외부강의 등 사례금 수수 제한)의 관계

① 부정청탁금지법 제8조에서는 공직자 등이나 자신의 배우자가 직접적으로 금품 등을 수수하는 것을 규제하고 있습니다.

② 부정청탁금지법 제10조에서는 공직자 등이 외부강의 등

사례금 형식으로 우회적 간접적으로 금품 등을 수수하는 것을 규제하고 있습니다. 외부강의 사례금은 강의 등에 대한 반대급부의 성질도 가지므로, 일정한 범위 내에서는 수수 금지 금품 등에서 제외됩니다.

③ 부정청탁금지법 제10조는 동법 제8조의 특별규정이므로 외부강의 등 사례금에 해당하지 않는 금품 등은 동법 제8조의 일반적인 금품 등 수수로 규율하고 있습니다.

● 시간강사의 경우에도 외부강의 사례금 등에 있어서 대학교수와 마찬가지로 부정청탁금지법이 적용되나요?

문 대학 시간강사의 경우에도 외부강의 사례금 등에 있어서 대학교수와 마찬가지로 부정청탁금지법이 적용되나요?

답 시간강사는 외부강의 등의 사례금 수수가 제한되는 공직자 등에 포함되지 않습니다. 시간강사는 고등교육법상 '교원'에 포함되지 않으므로, 부정청탁금지법 적용대상에 해당하지 않습니다(제2조제1호라목, 제2조제2호다목에 해당하지 않습니다). 다만, 2018년 1월 1일 시행예정인 고등교육법에 따르면 시간강사도 교원에 포함되므로, 교원으로서 '공직자 등'에 해당합니다.

● 외부강의 등에 있어 '1회'의 의미는 어떻게 판단합니까?

▣ 공공기관 직원 甲은 ◇◇연수원에서 외환업무과정(5일)중 2일에 걸쳐 강의요청(1일차 외환관계법규 2시간, 2일차 외환조사사례 2시간)을 받은 경우에 부정청탁금지법상 사례금 한도액은 어떻게 되나요?

▣ 강의과목이나 수강대상이 다를 경우 각 1회의 강의로 보아야 할 것이므로, 1일차 강의와 2일차 강의는 별개의 강의로 볼 수 있습니다.

1시간을 초과하여 외부강의 등을 하는 경우 1시간을 초과하는 강의 시간이 몇 시간인지에 관계없이 사례금은 상한액의 1/2을 넘지 못하므로, 공공기관 직원 甲은 1회의 강의 당 40만원까지 사례금을 받을 수 있습니다. 따라서 甲은 1일차 외환관계법규 강의와 관련하여 40만원, 2일차 외환조사사례 강의와 관련하여 40만원, 즉 총80만원을 한도로 사례금을 받을 수 있습니다.

외부강의 등 사례금 상한액 판단에 있어서, 강의개설 주체나 전체 과정을 단위로 하면 1회의 의미가 지나치게 넓어질 수 있으므로, 강의주제·과목이 같은 지 여부, 수강대상이 같은 지 여부 등을 기준으로 1회의 외부강의 등인지 여부를 판단합니다. 외부강의 등 사례금 상한액은 1시간을 단위로 규정하고 있으며, 1시간을 초과하는 경우에도 사례금 총액은 강의시간에 관계없이 1시간 상한액의 100분의 150에 해당하는 금액을 초과하지 못합니다.

4-2-2. 외부강의 등의 범위 판단기준

① 부정청탁금지법 제10조의 규율대상인 외부강의 등은 '직무관련성'이 있고 '다수인을 대상으로 의견 지식을 전달하거나 회의 형태'인 경우를 말합니다. 직무와 관련성이 없는 외부강의 등, 다수인을 대상으로 하지 않거나 회의 형태가 아닌 외부강의 등은 제10조의 규율대상에서 제외됩니다.

② 공직자 등의 직무와 관련되거나 그 지위 직책 등에서 유래되는 사실상의 영향력을 통하여 요청받은 경우이어야 합니다. 직무와 관련하여는 '공직자 등이 그 지위에 수반하여 취급하는 일체의 사무와 관련하여'를 의미합니다. 직무는 법령·기준상 관장하는 직무 그 자체 및 그 직무와 밀접한 관계가 있는 행위, 관례상·사실상 소관하는 직무 행위, 결정권자를 보좌하거나 영향을 줄 수 있는 직무행위를 포함합니다.

③ '교육·홍보·토론회·세미나·공청회'와 같이 '다수인을 대상으로 의견 지식을 전달하는 형태'이거나 '회의형태'이어야 합니다. 다수인을 대상으로 하거나 회의형태인 경우에는 강의 강연 기고 외에 발표·토론·심사·평가·의결·자문 등을 포함합니다. 다만, 다수인을 대상으로 하거나 회의형태가 아닌 용역이나 자문은 부정청탁금지법 제10조의 규율대상인 외부강의 등에 해당되지 않습니다.

● 환경전문기자가 기업 주최 세미나에 참석하여 강연을 한 경우에 외부강
의사례금 등 상한액 적용을 받나요?

문 환경전문기자 甲이 기업(환경문제와 직결되는 업종의 기업) 주최 세
미나에 참석하여 강연을 한 경우에 부정청탁금지법상의 외부강의사
례금등 상한액 적용을 받나요?

답 위 세미나에서의 강연은 甲이 자신의 직무와 관련하여 또는 환경전문기
자로서의 지위에서 유래되는 사실상의 영향력을 통하여 요청받은 강연
이라고 볼 수 있으므로, 청탁금지법상 사례금 수수가 제한되는 외부강의
등에 해당할 수 있습니다.

기자는 청탁금지법상 외부강의 등의 사례금 수수가 제한되는 공직자 등
에 해당합니다(제2조제2호라목).

공직자 등은 자신의 직무와 관련되거나 그 지위·직책 등에서 유래되는
사실상의 영향력을 통하여 요청받은 교육·홍보·토론회·세미나·공청회 또
는 그 밖의 회의 등에서 한 강의·강연·기고 등(외부강의 등)의 대가로서
아래와 같이 정하는 금액을 초과하는 사례금을 받아서는 안 됩니다(제
10조제1항).

외부강의등 사례금 상한액

1. 공직자등별 사례금 상한액
    가. 법 제2조제2호가목 및 나목에 따른 공직자등(같은 호 다
       목에 따른 각급 학교의 장과 교직원 및 같은 호 라목에
       따른 공직자등에도 해당하는 사람은 제외한다): 40만원
    나. 법 제2조제2호다목 및 라목에 따른 공직자등: 100만원
    다. 가목 및 나목에도 불구하고 국제기구, 외국정부, 외국대
       학, 외국연구기관, 외국학술단체, 그 밖에 이에 준하는 외
       국기관에서 지급하는 외부강의 등의 사례금 상한액은 사
       례금을 지급하는 자의 지급기준에 따른다.

2. 적용기준
　가. 제1호가목 및 나목의 상한액은 강의 등의 경우 1시간당, 기고의 경우 1건당 상한액으로 한다.
　나. 제1호가목에 따른 공직자등은 1시간을 초과하여 강의 등을 하는 경우에도 사례금 총액은 강의시간에 관계없이 1시간 상한액의 100분의 150에 해당하는 금액을 초과하지 못한다.
　다. 제1호가목 및 나목의 상한액에는 강의료, 원고료, 출연료 등 명목에 관계없이 외부강의등 사례금 제공자가 외부강의등과 관련하여 공직자등에게 제공하는 일체의 사례금을 포함한다.
　라. 다목에도 불구하고 공직자등이 소속기관에서 교통비, 숙박비, 식비 등 여비를 지급받지 못한 경우에는 「공무원 여비 규정」 등 공공기관별로 적용되는 여비 규정의 기준 내에서 실비수준으로 제공되는 교통비, 숙박비 및 식비는 제1호의 사례금에 포함되지 않는다.

4-2-3. 용역·자문 대가의 규율

① 외부강의 등에 해당하지 않는 용역·자문의 대가는 부정청탁금지법 제8조(금품 등의 수수 금지)의 일반적인 금품 등 수수로 규율하고 있습니다.

② 특히, 예외사유인 정당한 권원에 의하여 제공되는 금품 등(제8조제3항제3호)에 해당하는지 여부의 판단이 필요합니다. 용역·자문계약은 권원에 해당할 수 있으나, 그 권원이 정당한지 여부에 대해서는 별도로 판단이 필요합니다. 권원의 정당성 여부는 관련 법령 기준상 허용 여부, 직무의 특성, 전문성, 소속기관의 특성 및 설립목적 등을 종합적으로 고려하여 대가의 적정성 여부로 판단합니다.

4-3. 외부강의 등의 사전신고 및 제한

① 공직자 등은 외부강의 등을 할 때에는 외부강의 등의 요청 명세 등을 소속기관장에게 미리 서면으로 신고해야 할 의무가 있습니다. 외부강의 등에 대한 대가를 받는지 여부를 불문하고 사전신고를 해야 하나, 국가나 지방자치단체가 요청을 한 경우에는 제외합니다. 기획재정부 등에서 시달한 공통 예산지침을 적용하고 있어 예산집행의 투명성이 확보되므로 사전 신고할 필요가 없습니다. 외부강의등 사전 신고는 통보 형식의 등록을 의미하는 것이지, 소속기관장의 사전 승인·결재를 받아야 되는 것이 아닙니다.

② 미리 신고하는 것이 곤란한 경우에는 외부강의 등을 마친 날부터 2일 이내에 서면으로 신고해야 합니다. 소속기관장은 신고한 외부강의 등이 공정한 직무수행을 저해할 수 있다고 판단하는 경우 외부강의 등을 제한할 수 있습니다.

4-4. 초과사례금의 신고 및 반환

① 공직자 등이 초과사례금을 받은 경우 이를 소속기관장에게 서면으로 신고하고 반환해야 할 의무가 발생합니다.

② 초과사례금을 받은 공직자 등이 신고 및 반환 조치를 하지 아니한 경우 500만원 이하 과태료 부과 대상입니다. 신고 및 반환 조치를 모두 이행해야 하므로, 그 중 어느 하나의 조치라도 하지 않은 경우 과태료 부과 대상에 해당합니다.

● 사립대학 교수가 외국대학, 외국정부 등으로부터 초청을 받아 외부강의 등을 하는 경우에 사례금 상한액이 적용되나요?

문 1) 국내 사립대학 교수가 외국대학, 외국정부 등으로부터 초청을 받아 외부강의 등을 하는 경우에 사례금 상한액이 적용되나요?

2) 국적은 한국이지만 해외 대학에 소속된 교수가 국내에서 외부강의 등을 하는 경우에 사례금 상한액이 적용되나요?

3) 세계적인 석학을 초청하는 국제심포지엄에서 세계적 수준의 국내 대학 교수는 100만원, 미국 대학 교수는 5천불을 지급해야 하나요?

답 1) 국내 사립대학 교수는 외부강의 등의 사례금 수수가 제한되는 공직자 등에 해당하며(제2조제2항다목), 국제기구, 외국정부, 외국대학, 외국연구기관, 외국학술단체, 그 밖에 이에 준하는 외국기관에서 지급하는 외부강의 등의 사례금 상한액은 사례금을 지급하는 자의 지급기준에 따르게 됩니다.
외부강의 등 사례금 수수가 제한되는 주체는 공직자 등인바(제10조제1항), 외국대학의 경우 고등교육법 및 그 밖의 다른 법령에 따라 설치된 각급 학교 및 사립학교법에 따른 학교법인에 포함된다고 보기 어려우므로(제2조제1호라목에 해당하지 않음), 외국대학 소속 교수는 공직자 등에 해당하기 어려울 것으로 보입니다.
미국 대학 교수의 경우 외부강의 등 사례금 수수가 제한되는 주체인 공직자 등에 해당하지 않을 것으로 보이며, 국내 대학 교수의 경우 해당 국제심포지엄이 직무와 관련되거나 그 지위·직책 등에서 유래되는 사실상의 영향력을 통하여 초청받은 것이어야 외부강의 등의 사례금 수수 제한 규정의 적용을 받게 될 것입니다(제10조제1항).

● 언론사 기자가 국회조사처의 요청으로 원고지 150매의 기고를 요청받은 경우에도 상한액이 적용되는지요?

문 언론사 기자가 국회조사처의 요청으로 원고지 150매의 기고를 요청받은 경우에도 100만원의 상한액이 적용되는지요?

답 기고의 경우에도 사례금 상한액이 적용됩니다. 언론사 기자의 경우는 기고 1건당 100만원을 상한액으로 합니다.

● 공공기관 직원이 30분 강연을 요청받은 경우에 외부강의 등 사례금을 얼마나 받을 수 있나요?

문 ◇◇공공기관 직원 甲이 □□연수원으로부터 30분 강연을 요청받은 경우에 부정청탁금지법상 외부강의 등 사례금을 얼마나 받을 수 있나요?

답 1시간 이내의 강의는 1시간 상한액을 적용하여 공공기관 직원의 경우에 40만원을 상한액으로 합니다.

5. 위반행위에 대한 제재

5-1. 징계

① 공공기관의 장은 위반행위의 유형, 비위정도, 과실의 경중, 그 밖의 정상 등을 고려한 세부적인 기준을 마련할 필요가 있습니다.

② '징계처분을 하여야 한다'로 규정되어 있으나, '징계절차를 진행하여 징계기준에 따라 징계처분을 하여야 한다'는 의미입니다.

③ 금품 등이나 외부강의 등 초과사례금을 수수한 경우에도 금품 등을 신고 및 반환 인도하면 징계대상에서 제외됩니다. 이는 공직자 등이 신고 등 절차를 따를 경우 사후에 발생할 수 있는 책임으로부터 공직자 등을 보호하기 위한 취지입니다.

5-2. 형사처벌

① 동일인으로부터 1회 100만원 초과 또는 매 회계연도 300만원을 초과하여 받거나 요구 또는 약속한 공직자 등은 3년 이하의 징역 또는 3천만원 이하의 벌금에 해당하는 형사처벌을 받게 됩니다. 공직자 등이 '지체 없이' 신고하거나 금품 등을 반환 또는 인도하거나 거부의 의사를 표시한 경우 제재대상에서 제외됩니다.

② 자신의 배우자가 공직자 등의 직무와 관련하여 1회 100만원 초과 또는 매 회계연도 300만원을 초과하여 받거나, 요구 또는 제공받기로 약속한 사실을 알고도 신고하지 아

니한 공직자 등도 형사처벌을 받게 됩니다. 공직자 등 또
는 배우자가 지체 없이 금품 등을 반환 또는 인도하거나
거부의 의사를 표시한 경우는 제재대상에서 제외됩니다.
③ 1회 100만원 초과 또는 매 회계연도 300만원을 초과하여
공직자 등 또는 그 배우자에게 제공하거나 그 제공의 약
속 또는 의사표시를 한 자도 형사처벌을 받습니다.

5-3. 과태료 부과

① 다음과 같은 사항에 해당하는 공직자 등은 수수 금지 금
품 등의 수수한 금품 가액의 2배 이상 5배 이하에 상당
하는 금액의 과태료가 부과됩니다.
　가) 1회 100만원 이하 또는 매 회계연도 300만원 이하의 금품
등을 받거나 요구　또는 약속한 공직자 등
　나) 자신의 배우자가 공직자 등의 직무와 관련하여 1회 100만원
이하 또는 매 회계연도 300만원 이하의 금품 등을 받거나
요구 또는 제공받기로 약속한 사실을 알고도 신고하지 아니
한 공직자 등
　다) 1회 100만원 이하, 매 회계연도 300만원 이하 금품 등을 공
직자 등 또는 그 배우자에게 제공하거나 그 제공의 약속 또
는 의사표시를 한 자
② 외부강의 등 초과사례금을 받고도 소속기관장에게 신고
및 반환을 하지 아니한 공직자 등은 500만원 이하의 과
태료가 부과됩니다.

5-4. 과태료 부과 취소

① 소속기관장은 과태료 부과대상자에 대해 그 위반사실을 비송사건절차법에 따른 과태료 재판 관할법원에 통보해야 합니다. 관할법원이 소속기관장의 위반사실 통보에 따라 재판(결정)형식으로 과태료를 부과합니다.

② 과태료를 부과받은 후 형사처벌을 받은 경우 과태료 부과를 취소하도록 부정청탁금지법 제23조 제1항 단서, 제2항 단서, 제3항 단서, 제5항 단서에 규정하고 있습니다.

③ 과태료를 부과받은 사안에 대하여 형법등 다른 법률이나 부정청탁금지법에 따라 다시 형사처벌이 가능합니다. 실례로 100만원 이하 금품 수수를 이유로 과태료가 부과된 후 대가성이 밝혀져 형법에 따라 형사처벌을 받거나 회계연도 300만원 초과 금품 수수 사실이 드러나 형사처벌을 받은 경우 등이 있습니다.

5-5. 몰수·추징과 징계부가금

① 몰수·추징 : 형사처벌 대상이 되는 금품 등은 몰수하되, 그 금품 등의 전부 또는 일부를 몰수하는 것이 불가능한 경우 그 가액을 추징합니다.

② 징계부가금 : 국가공무원법, 지방공무원법 등 다른 법률에 따라 징계부가금 부과의 의결이 있은 후에는 과태료를 부과하지 않습니다. 과태료가 부과된 후에는 징계부가금 부과의 의결을 하지 않습니다.

제4장 부정청탁 등 방지에 관한 업무의 총괄 등

제4장 부정청탁 등 방지에 관한 업무의 총괄 등

1. 부정청탁 등 방지에 관한 업무 총괄기관

① 부정청탁금지법은 부정청탁 및 금품 등 수수의 방지에 관한 업무 총괄기관으로 국가차원의 종합적 중립적 부패 방지대책 중심기구인 국민권익위원회를 규정하고 있습니다.

② 국민권익위원회는 부패에 대한 사후 통제 기능과 사전 예방 기능을 종합적 체계적으로 수행하고 있습니다. 사후 통제 기능으로 부정청탁 등에 대한 신고 등의 안내·상담·접수 처리, 신고자 등에 대한 보호 및 보상 등을 하고 있습니다.

사전 예방 기능으로 부정청탁 등의 금지 제한에 관한 제도개선 및 교육 홍보 계획의 수립 시행, 부정청탁 등의 예방조치 등에 관한 기준의 작성 및 보급 등의 업무를 하고 있습니다.

③ 국민권익위원회는 부정청탁 등 방지에 관한 업무 수행에 필요한 실태조사 및 자료의 수집·관리·분석 등도 가능합니다.

2. 위반행위의 신고 및 처리

2-1. 위반행위의 신고

2-1-1. 부정청탁금지법상 신고 체계

① 부정청탁금지법상 신고는 제7조제2항, 제9조제1항(신고주체 : 공직자 등)의 신고와 법 제13조제1항(신고주체 : 누구든지)의 신고가 있습니다. 제7조제2항, 제9조제1항에 따른 신고는 '공직자 등'이 제재를 받지 않기 위한 법적 의무이행으로서의 신고입니다.

② 부정청탁금지법 제13조제1항에 따른 신고는 법 위반행위가 발생하였거나 발생하고 있다는 사실을 알게 된 경우 '누구든지' 하는 신고입니다.

2-1-2. 법 제13조제1항에 따른 신고의 방법

① 신고는 신고자의 인적사항과 신고의 취지·이유·내용을 적은 서면(전자문서 포함합니다)으로 해야 합니다.

② 무책임한 신고, 허위신고 등의 방지를 위하여 신고서에 신고자의 인적사항을 기재하고 증거를 함께 제출할 필요가 있습니다. 타인으로 하여금 형사처분이나 징계처분을 받게 할 목적으로 객관적 진실에 반하는 허위사실을 신고하는 경우 무고죄로 처벌받게 됩니다.

③ 신고는 소속기관 뿐만 아니라 그 감독기관, 감사원, 수사기관 및 국민권익위원회에도 가능합니다.

● 허위신고 등에 대한 대책이 마련되어 있나요?

문 정당한 민원을 제기했음에도 부정청탁으로 억울하게 신고당하지 않도록 하는 대책이 마련되어 있나요?

답 부정청탁금지법은 허위신고 등으로 인해 억울한 사례가 발생하지 않도록 신고·처리 등과 관련된 절차적 장치를 마련하고 있습니다.
부정청탁 사실을 신고할 때는 단순한 주장이 아니라 신고사실을 뒷받침할 수 있는 증거 등을 제시해야 합니다(제13조제3항). 또한, 신고 내용이 거짓임을 알았거나 알 수 있었음에도 신고한 경우 보호·보상을 받을 수 없습니다(제13조제2항).

2-2. 신고 처리

2-2-1. 국민권익위원회의 신고 처리

국민권익위원회는 신고내용에 관하여 사실관계를 확인한 후 조사기관에 이첩하고 그 사실을 신고자에게 통지해야 합니다.

2-2-2. 조사기관의 신고 처리

① 신고를 받거나 국민권익위원회로부터 신고를 이첩받은 조사기관은 그 내용에 관하여 필요한 조사·감사·수사를 실시합니다. 조사·감사·수사 결과에 따라 공소 제기, 과태료 부과대상, 위반행위 통보, 징계처분 등 필요한 조치를 실시합니다.

② 조사기관은 조사 등을 마친 날부터 10일 이내에 그 결과를 신고자와 국민권익위원회(이첩받은 경우만 해당)에 통보해야 합니다.

③ 국민권익위원회는 조사기관으로부터 조사 등 결과를 통보받은 경우 지체 없이 신고자에게 그 결과를 통보해야 합니다.

● 위반행위에 대한 조사 결과 과태료 대상인지 아니면 형사처벌 대상인지 여부를 공공기관의 장이 판단하게 되는 것인지요?

文 부정청탁금지법 위반행위에 대한 조사 결과 과태료 대상인지 아니면 형사처벌 대상인지 여부를 공공기관의 장이 판단하게 되는 것인지요?

答 부정청탁금지법상 조사기관 중에 '부정청탁금지법의 위반행위가 발생한 공공기관'이 포함되므로, 신고를 받거나 국민권익위원회로부터 신고를 이첩 받은 공공기관은 그 내용에 관하여 필요한 조사를 하여야 합니다. 공공기관의 장은 부정청탁 및 수수 금지 금품 등의 신고처리에 관한 사항을 심의하기 위하여 청렴자문위원회를 구성·운영할 수 있습니다.

공공기관은 조사 결과에 따라 범죄의 혐의가 있거나 수사의 필요성이 있다고 인정되는 경우 수사기관에 통보하고, 과태료 부과대상 위반행위에 대해 과태료 관할 법원에 통보하여야 합니다.

결국 형사처벌 대상인지 아니면 과태료 부과대상인지는 공공기관 소속 청렴자문위원회의 심의를 거쳐(청렴자문위원회가 구성되어 있는 경우), 공공기관의 장이 결정하여야 할 것입니다. 다만, 과태료 부과여부 및 액수, 기소 여부는 각각 관할 법원과 수사기관에서 결정하게 될 것입니다.

부정청탁금지법상 조사기관은 ① 청탁금지법의 위반행위가 발생한 공공기관 또는 그 감독기관, ② 감사원 또는 수사기관입니다(제14조제1항, 제13조제1항제1호·제2호). 국민권익위원회는 신고 접수기관에는 해당하나, 조사기관은 아닙니다.

조사기관은 조사·감사 또는 수사를 마친 날부터 10일 이내에 그 결과를 신고자와 국민권익위원회에 통보(국민권익위원회로부터 이첩받은 경우만 해당한다)하고, 조사·감사 또는 수사 결과에 따라 공소제기, 과태료 부과대상 위반행위의 통보, 징계처분 등 필요한 조치를 하여야 합니다(제14조제3항).

2-2-3. 조사기관의 조사 범위

① 조사기관은 신고를 받거나 이첩 받은 경우 그 내용에 관하여 필요한 조사·감사·수사를 실시하도록 부정청탁금지법 제14조에 규정하고 있습니다.

② 조사기관은 소속공직자 등 외에 이해관계인, 참고인 등 제3자 및 다른 공공기관에 대한 조사도 가능합니다. 다만, 조사 대상자의 임의적인 협조가 있어야만 가능하고, 협조가 없는 한 강제할 방법은 없습니다(수사기관 제외). 위반행위자가 모두 공직자 등에 해당하는 경우 소속 공직자 등 뿐만 아니라 다른 공공기관 소속공직자 등에 대해서도 조사가 가능합니다.

● 과태료 부과대상 사실이 있는지 여부에 대한 판단을 위해 언론사에도 조사 권한이 생기게 되는 것인지요?

문 과태료 부과대상 사실이 있는지 여부에 대한 판단을 위해 부정청탁금지법을 근거로 언론사에도 조사 권한이 생기게 되는 것인지요?

답 언론사는 부정청탁금지법상 '공공기관'의 범위에 포함되므로(제2조제1호 마목), 동법 제13조제1항제1호의 '공공기관'에도 해당되어 부정청탁금지법령상 조사기관에 인정되는 조사 권한이 있다고 할 것입니다
부정청탁금지법상 조사기관은 ① 청탁금지법의 위반행위가 발생한 공공기관 또는 그 감독기관, ② 감사원 또는 수사기관입니다(제14조제1항, 제13조제1항제1호·제2호). 국민권익위원회는 신고 접수기관에는 해당하나, 조사기관은 아닙니다.

2-3. 이의신청 및 재조사 요구

2-3-1. 이의신청

조사 등의 결과를 통지받은 신고자는 조사기관에 이의신청을 할 수 있고, 국민권익위원회로부터 조사 등의 결과를 통지받은 경우에는 국민권익위원회에도 이의신청이 가능합니다.

2-3-2. 재조사 요구

① 국민권익위원회는 조사 등의 결과가 충분하지 아니하다고 인정되는 경우 조사기관에 재조사를 요구할 수 있습니다. 재조사 요구는 그 결과를 통보받은 날부터 30일 이내에 새로운 증거자료의 제출 등 합리적인 이유를 제시할 필요가 있습니다.

② 재조사 요구를 받은 조사기관은 재조사를 종료한 날부터 7일 이내에 그 결과를 국민권익위원회에 통보해야 합니다. 재조사 결과를 통보받은 국민권익위원회는 통보를 받은 즉시 신고자에게 재조사 결과의 요지를 통보해야 합니다.

3. 신고자 등의 보호·보상

3-1. 보호·보상 대상 신고자

3-1-1. 개요

① 은밀하게 이루어지는 부정청탁 및 금품 등 수수의 특성상 공직자 등과 일반 국민의 자발적 참여가 반드시 필요합니다. 신고를 적극적으로 유도하고 활성화하기 위해서는 신고자에 대한 보호·보상이 필요합니다.

② 신고자 보호에 대해서는 공익신고자 보호법, 신고자의 보상에 대해서는 부패방지권익위법을 각각 준용합니다.

3-1-2. 보호 대상 신고

① 부정청탁금지법상 신고는 제13조제1항에 따른 신고주체가 '누구든지' 하는 신고와 법 제7조제2항, 제9조제1항에 따른 '공직자 등'의 자진신고로 구분합니다.

② 신고주체가 '누구든지'이건 '공직자 등'이건 상관없이 이 법에 따른 신고는 모두 보호의 대상에 해당합니다.

3-1-3. 보상 대상 신고

① 포상금·보상금 지급 대상은 부정청탁금지법 제15조제5항·제6항에서 제13조제1항에 따라 '누구든지' 신고한 경우로 규정하고 있습니다.

② 포상금·보상금 지급대상은 문언상 부정청탁금지법 제13조제1항에 따른 신고이므로, 제7조 제2항·제9조제1항에 따른 공직자 등의 자진신고는 제외됩니다. 제7조제2항, 제9조제

1항에 따른 공직자 등의 자진신고는 공직자 등이 제재를
받지 않기 위한 법적 의무 이행으로서의 신고입니다.

3-2. 신고자 보호

3-2-1. 비밀보장 및 신변보호

① 인적사항의 공개·보도 등 금지 : 누구든지 신고자의 동의
   없이 그의 인적 사항이나 신고자임을 미루어 알 수 있는
   사실을 다른 사람에게 알려주거나 공개 또는 보도하는 행
   위가 금지됩니다. 신고자의 인적사항 등을 다른 사람에게
   알려주거나 공개 보도한 경우 3년 이하 징역 또는 3천만
   원 이하 벌금(제22조제1항제4호)의 처벌을 받습니다.

② 신변보호 : 신고자, 그 친족·동거인은 신고를 이유로 생
   명·신체에 중대한 위해를 입었거나 입을 우려가 명백한
   경우에는 위원회에 신변보호조치 요구가 가능합니다.

3-2-2. 보호조치

① 불이익 조치의 금지 : 누구든지 신고자에게 신고를 이유로
   한 불이익 조치를 금지하고 있습니다. 이를 위반하면 신고
   자에게 파면, 해임, 해고, 그 밖에 신분상실에 해당하는 신
   분상의 불이익조치를 한 자는 2년 이하 징역 또는 2천만
   원 이하 벌금에 처하고, 그 외의 불이익 조치를 한 자는 1
   년 이하 징역 또는 1천만원 이하 벌금을 부과합니다.

   그 외의 불이익 조치란 징계, 정직, 감봉, 강등, 승진 제
   한, 그 밖에 부당한 인사조치, 전보, 전근, 직무 미부여,
   직무 재배치, 그 밖에 본인의 의사에 반하는 인사조치,

성과평가 동료평가 등에서의 차별과 그에 따른 임금, 상
여금 등의 차별 지급, 인허가 등의 취소, 그 밖에 행정적
불이익을 주는 행위, 물품계약 또는 용역계약의 해지, 그
밖에 경제적 불이익을 주는 조치 등을 말합니다.

② 신고의 방해·취소 강요 금지 : 누구든지 신고를 하지 못
하도록 방해하거나 신고자에게 이를 취소하도록 강요하는
행위를 금지하고 있습니다. 신고를 방해하거나 신고를 취
소하도록 강요한 자는 1년 이하 징역 또는 1천만원 이하
벌금이 부과됩니다.

③ 원상회복 등의 보호조치 : 신고자는 신고를 이유로 불이
익조치를 받은 때에는 위원회에 원상회복 등 보호조치 신
청이 가능합니다. 보호조치결정을 불이행한 자는 2년 이
하 징역 또는 2천만원 이하 벌금이 부과됩니다.

④ 책임감면 : 위반행위의 신고와 관련하여 신고자의 범죄행
위가 발견된 경우에는 그 형의 감면이 가능합니다. 신고
와 관련하여 발견된 위반행위를 이유로 신고자를 징계하
는 경우 위원회는 징계권자에게 징계의 감면을 요구할 수
있습니다.

그 외 책임감면의 내용으로 1) 신고 내용에 직무상 비밀
이 포함된 경우에도 다른 법령, 단체협약, 취업규칙 등에
따른 직무상 비밀준수 의무를 위반하지 아니한 것으로 간
주, 2) 피신고자는 신고로 인하여 손해를 입은 경우에도
신고자에게 그 손해배상의 청구 금지(다만, 허위 부정 목
적의 신고는 제외), 3) 단체협약, 고용계약 또는 공급계약
등에 신고를 금지하거나 제한하는 규정을 둔 경우 그 규

정은 무효입니다.

⑤ 인사조치의 우선적 고려 : 신고자의 사용자·인사권자는 신고자가 전직 또는 전출·전입, 파견근무 등 인사에 관한 조치를 요구하는 경우 그 내용이 타당하다고 인정할 때에는 우선적으로 고려해야 합니다.

3-3. 보상금·포상금

3-1-1. 포상금 지급사유 및 지급기준

① 지급사유 : 신고로 인하여 공공기관에 재산상 이익을 가져오거나 손실을 방지한 경우 또는 공익의 증진을 가져온 경우에는 포상금을 지급해야 합니다.

부패방지권익위법 시행령 제71조의 포상금 지급사유로는 1) 부패행위자에 대하여 공소제기·기소유예·기소중지, 통고처분, 과태료 또는 과징금의 부과, 징계처분 및 시정조치 등이 있는 경우(제1호), 2) 법령의 제정·개정 등 제도개선에 기여한 경우(제2호), 3) 부패행위신고에 의하여 신고와 관련된 정책 등의 개선·중단 또는 종료 등으로 공공기관의 재산상 손실을 방지한 경우(제3호), 4) 금품 등을 받아 자진하여 그 금품 등을 신고한 경우(제4호), 5) 그 밖에 포상금을 지급할 수 있다고 보상심의위원회가 인정하는 경우(제5호)로 규정하고 있습니다.

② 지급기준 : 포상금은 2억원 이하로 합니다. 포상금 지급사유가 2이상에 해당되는 경우에는 그 중 액수가 많은 것을 기준으로 합니다.

3-1-2. 보상금 지급사유 및 지급기준2

① 지급사유 : 직접적인 공공기관 수입의 회복이나 증대 또는 비용의 절감을 가져오거나 그에 관한 법률관계가 확정된 경우에 지급합니다. 부과 및 환수 등은 신고사항 및 증거자료 등과 직접적으로 관련된 것에 한정합니다. 부패방지권익위법 시행령 제72조의 보상금 지급사유로는 1)몰수 또는 추징금의 부과, 2)국세 또는 지방세의 부과, 3)손해배상 또는 부당이득 반환 등에 의한 환수, 4)계약 변경 등에 의한 비용절감 및 5)그 밖의 처분이나 판결(벌금·과료·과징금 또는 과태료 부과와 통고처분은 제외)의 경우 지급한다고 규정되어 있습니다.

② 지급기준 : 보상금의 지급한도액은 30억원으로 하고, 산정된 보상금의 천원단위 미만은 이를 지급하지 않습니다.

③ 지급신청 및 결정 : 신고자는 공공기관 수입의 회복이나 증대 또는 비용의 절감에 관한 법률관계가 확정되었음을 안 날부터 2년 이내에 위원회에 보상금의 지급신청이 필요합니다. 위원회는 특별한 사유가 없는 한 보상금의 지급신청일부터 90일 이내에 그 지급여부 및 지급금액을 결정해야 합니다.

④ 다른 법령과의 관계 : 보상금을 지급받을 자는 다른 법령에 따라 보상금을 청구하는 것이 금지되지 아니합니다. 보상금을 지급받을 자가 동일한 원인에 기하여 부패방지 및 국민권익위원회의 설치와 운영에 관한 법률에 의한 포상금을 받았거나 또는 다른 법령에 따라 보상을 받은 경우 그 포상금 또는 보상금의 액수가 이 법에 따라 받을

보상금의 액수와 같거나 이를 초과하는 때에는 보상금을 지급하지 않습니다.

다른 법령에 따라 보상을 받을 자가 동일한 원인에 기하여 부패방지 및 국민권익위원회의 설치와 운영에 관한 법률에 따른 보상금을 지급받았을 때에는 그 보상금의 액수를 공제하고 다른 법령에 따른 보상금의 액수를 정해야 합니다.

3-1-3. 보상금·포상금에 공통되는 사항

① 신청 경합 : 동일한 위반행위에 대하여 2명 이상이 각각 신고한 경우에는 보상 대상가액 산정에 있어 하나의 신고로 간주합니다. 각각의 신고자에 대한 지급금액을 결정함에 있어 사건해결에 기여한 정도 등을 종합적으로 고려하여 각각의 신고자에게 배분합니다. 감액을 하는 경우에는 각각의 신고자별로 감액사유를 고려하여 결정합니다.

② 감액 : 보상금·포상금을 산정함에 있어서 사건의 해결에 기여한 정도 등 일정한 사유를 고려하여 감액이 가능합니다. 감액 고려사유로는 1)증거자료의 신빙성 등 신고의 정확성, 2)신문·방송 등 언론매체에 의하여 이미 공개된 것인지의 여부, 3)신고자가 신고와 관련한 불법행위를 행하였는지의 여부, 4)그 밖에 부패행위사건의 해결에 기여한 정도 등을 들고 있습니다.

③ 환수 : 신고자가 허위 그 밖의 부정한 방법으로 보상금·포상금을 지급 받은 경우 등에는 전부 또는 일부의 환수가 가능합니다. 환수사유로는 1)신고자가 허위, 그 밖의

부정한 방법으로 보상금을 지급받은 경우, 2)부패방지 및 국민권익위원회의 설치와 운영에 관한 법률 제71조제2항 및 제3항의 규정을 위반하여 보상금이 지급된 경우, 3)그 밖에 착오 등의 사유로 보상금이 잘못 지급된 경우 등으로 규정하고 있습니다.

3-1-4. 민간부문인 기관 관련 신고자의 포상금·보상금 지급문제

① 신고로 인하여 민간부문인 기관의 수입의 회복·증대 등을 가져온 경우 포상금·보상금 지급사유인지 여부가 문제됩니다.

② 포상금 : 신고로 인하여 공익의 증진을 가져온 경우도 지급사유에 해당하므로, 민간부문인 기관에 대한 신고자도 포상금 지급이 가능합니다. 공공기관의 범위를 민간부문까지 확대하면서 공익증진을 위한 신고의 유도 및 활성화를 위해 포상금 지급이 필요합니다.

③ 보상금 : 국고의 회복 증대없이 민간부문인 기관의 수입 회복 증대만을 가져온 경우에는 보상금 지급이 불가능합니다.

보상금은 국고의 회복·증대 또는 비용절감을 가져온 경우 국고에서 지급합니다.

④ 부패방지 및 국민권익위원회의 설치와 운영에 관한 법률을 준용하는 의미는 국고의 회복 증대를 의미하고, 사적 재산의 회복 증대를 의미하는 것으로 볼 수 없습니다.

4. 위법한 직무처리에 대한 조치 등

4-1. 위법한 직무처리에 대한 조치와 부당이득의 환수

4-1-1. 위법한 직무처리에 대한 조치

① 공직자 등의 직무수행 중에 또는 직무수행 후에 법 위반사실을 발견한 경우 해당 직무의 중지·취소 등 필요한 조치를 해야(제16조)합니다. 소속기관장은 공직자 등이 제5조, 제6조, 제8조를 위반한 사실을 발견한 경우에는 예방적 조치로 해당 직무의 중지 취소 등의 조치가 가능합니다.

② 직무수행 중에 위반사실을 발견한 경우에는 제7조제4항, 제9조제5항에 따라 해당 공직자 등에 대한 조치(직무 참여 일시중지, 직무대리자의 지정, 전보 등)도 가능합니다.

4-1-2. 부당이득의 환수

① 개별 법률과의 관계 : 다른 개별 법률에서 부당이득 환수에 대해 규정하고 있는 경우에는 개별 법률에 따라 환수합니다.

② 환수사유 : 부정청탁금지법 제5조, 제6조, 제8조를 위반한 사실과 수행한 직무 자체의 위법이 모두 확정된 경우 부당이득의 환수가 가능합니다. 제5조, 제6조를 위반하여 한 직무수행의 경우에는 직무 그 자체도 위법하나, 제8조를 위반하여 한 직무수행의 경우 직무 그 자체의 위법 여부는 별도 판단이 필요합니다. 직무가 위법한 것으로 확정된 경우란 재판 등의 불복절차에 따라 더 이상 불복할 수 없는 상태를 의미합니다.

③ 환수대상 : 그 직무의 상대방에게 이미 지출·교부된 금액
   또는 물건이나 그 밖에 재산상 이익입니다.

● 부당이득 환수 규정은 실제 어떻게 적용되는 것인가요?

문 1) 부당이득 환수 규정은 실제 어떻게 적용되는 것인가요?

2) 회사가 받았던 인·허가가 취소되거나, 입찰 결과가 바뀔 수도 있나요?

3) 취업제공의 경우 부당이득 환수 조항이 어떻게 적용될 수 있나요?

답 1) 부정청탁금지법 제17조의 부당이득 환수는 통상의 민사상 절차에
   따라 이루어진다고 봄이 상당하며(민법상의 부당이득반환청구권을 행
   사), 공법상 결과제거청구권이나 당사자소송 등의 활용은 아직 어려울
   것으로 보입니다.

2) 공직자 등이 부정청탁금지법 제5조, 제6조, 제8조를 위반하여 수행한
   인·허가나 입찰이 근거법령 또는 관계법령을 위반한 것으로 확정될 경우
   에 해당 인·허가나 입찰은 무효 또는 취소할 수 있는 행정행위가 될 수
   있습니다. 해당 행정행위가 무효 또는 취소되면, 이미 지출·교부된 상대
   방의 이익은 통상의 민사절차(민법상 부당이득반환청구)에 따라 환수하
   게 될 것입니다.

3) 취업제공이 금품 등을 제공하기 위한 수단·방편에 불과한 경우 수령하
   기로 하였거나, 수령한 급여를 통상의 민사상 절차로써 부당이득반환 청
   구를 할 수 있을 것입니다.
   공공기관의 장은 제5조, 제6조, 제8조를 위반하여 수행한 공직자 등의
   직무가 위법한 것으로 확정된 경우에는 그 직무의 상대방에게 이미 지
   출·교부된 금액 또는 물건이나 그 밖에 재산상 이익을 환수하여야 합니
   다(제17조).

4-2. 비밀누설 금지

① 주체 : 부정청탁 등의 신고 및 처리 업무를 수행하거나
수행하였던 공직자 등입니다.

② 대상 : 부정청탁의 신고 및 조치, 수수 금지 금품 등의 신
고 및 처리에 관한 '업무처리 과정에서 알게 된 비밀'입
니다.

법령에 의하여 비밀로 분류된 사항뿐만 아니라 객관적 일
반적으로 외부에 알려지지 않은 것에 상당한 이익이 있는
사항을 포함합니다.

이에 관련된 대법원판례로서 '형법 제127조는 공무원 또
는 공무원이었던 자가 법령에 의한 직무상 비밀을 누설하
는 것을 구성요건으로 하고 있고, 동조에서 법령에 의한
직무상 비밀이란 반드시 법령에 의하여 비밀로 규정되었
거나 비밀로 분류 명시된 사항에 한하지 아니하고 정치,
군사, 외교, 경제, 사회적 필요에 따라 비밀로 된 사항은
물론 정부나 공무소 또는 국민이 객관적, 일반적인 입장
에서 외부에 알려지지 않는 것에 상당한 이익이 있는 사
항도 포함하는 것이나, 동조에서 말하는 비밀이란 실질적
으로 그것을 비밀로서 보호할 가치가 있다고 인정할 수
있는 것이어야 할 것이다(대법원 1996. 5. 10. 선고 95도
780 판결).'라는 것이 있습니다.

③ 행위 : 누설이란 제3자에게 알리는 것을 말하고 알리는
방법에는 제한이 없습니다.

판례에서도 '검찰의 고위 간부가 특정 사건에 대한 수사
가 계속 진행 중인 상태에서 해당 사안에 관한 수사책임

자의 잠정적인 판단 등 수사팀의 내부 상황을 확인한 뒤 그 내용을 수사 대상자 측에 전달한 행위가 형법 제127조에 정한 공무상 비밀누설에 해당한다고 한 사례(대법원 2007. 6. 14. 선고 2004도5561 판결)'가 있습니다.

④ 형사처벌 : 업무처리 과정에서 알게 된 비밀을 누설한 공직자 등에 대해서는 3년 이하의 징역 또는 3천만원 이하의 벌금에 처합니다.

공직자 등 중 공무원이 비밀을 누설한 경우에는 공무상 비밀누설죄(형법 제127조)도 성립이 가능합니다. 또한, 공직자 등이 신고자 등의 인적사항이나 신고자 등임을 미루어 알 수 있는 사실을 공개한 경우에는 법 제15조제4항에 따라 준용되는 공익 신고자 보호법 제12조제1항 위반도 성립이 가능합니다. 하나의 행위가 수개의 죄에 해당하는 경우(상상적 경합범) 가장 중한 죄에 정한 형으로 처벌합니다.

4-3. 교육과 홍보

① 공공기관의 장은 공직자 등에게 부정청탁 금지 및 금품 등의 수수 금지에 관한 내용을 정기적으로 교육하고, 이를 준수할 것을 약속하는 서약서를 받을 의무가 있습니다. 또한, 소속 공직자 등 뿐만 아니라 법에서 금지하고 있는 사항을 적극적으로 알리는 등 국민들이 부정청탁금지법을 준수하도록 유도해야 합니다.

② 공공기관의 장은 교육 및 홍보 등의 실시를 위하여 필요하면 국민권익위원회에 지원 요청이 가능합니다.

4-4. 청탁방지담당관의 지정

① 공공기관의 장은 소속 공직자등 중에서 부정청탁·금품 등 수수 금지에 관한 내용의 교육·상담 등을 하는 청탁방지담당관 지정이 필요합니다. 그 외 신고·신청의 접수, 처리 및 내용의 조사, 소속기관장의 위반행위를 발견한 경우에는 법원 또는 수사기관에 통보 업무를 수행합니다.

② 부정청탁금지법 제20조의 청탁방지담당관은 금품 등 수수 금지에 관한 내용의 상담 등의 업무를 수행하도록 규정하고 있습니다.

③ 공직자 등이 직무관련자로부터 청탁을 받거나 선물을 수수하는 경우에는 공정한 직무수행에 영향을 미치므로 부정청탁 해당 여부 및 선물 수수 가능 여부에 대해 청탁방지담당관과 상담이 필요합니다. 청탁방지담당관의 상담은 단순한 자문요청에서 금품 등의 자진신고로 진행될 수 있으므로, 상담자의 신분이나 인적사항 등에 대한 비밀은 신고자에 준해 철저하게 보호합니다.

● 청탁방지담당관을 언론사 포함 모든 공공기관이 지정해야 하는 것인지요?

문 부정청탁금지법 제20조의 담당관을 언론사 포함 모든 공공기관이 지정하여야 하는 것인지요?

답 언론사는 부정청탁금지법 제2조제1호마목에 따라 공공기관 의 범위에 포함되므로, 같은 법 제20조에 따른 청탁방지담당관을 지정하여야 합니다. 즉 부정청탁금지법 제2조제1호에 해당하는 모든 기관들은 청탁방지담당관을 지정해야 할 의무가 있습니다.

제5장 징계 및 벌칙

제5장 징계 및 벌칙

1. 징계

① 공공기관의 장 등은 부정청탁금지법 또는 부정청탁금지법에 따른 명령을 위반한 공직자 등에게 징계처분을 해야 합니다. 징계처분을 해야 한다는 의미는 공직자 등에게 징계사유가 발생하면 징계절차를 진행해야 한다는 의미입니다.

② 공공기관의 장 등은 부정청탁금지법을 위반하여 제재(형벌 또는 과태료)를 받은 공직자 등에게 의무적으로 징계처분을 해야 합니다. 또한, 공무원에게 징계사유가 인정되는 이상 관련된 형사사건이 아직 유죄로 확정되지 아니하였다고 하더라도 징계처분이 가능(대법원 2001.11.9.선고 2001두4184 판결)합니다.

③ '직접 자신을 위하여 하는 부정청탁'도 과태료 부과대상은 아니지만 부정청탁금지법(제5조)을 위반한 경우이므로, 공직자 등이 직접 부정청탁을 한 경우 징계대상에 해당합니다.

④ 금품 등을 수수한 후 지체 없이 신고하거나 반환·인도한 경우, 외부강의 등 초과사례금을 수수한 후 신고 및 지체 없이 반환한 경우에는 부정청탁금지법을 위반한 것이 아니라, 이 법에 따라 처리한 것이므로 제재대상 뿐만 아니라 징계대상에서도 제외됩니다.

2. 벌칙

■ 벌칙 조항의 정리

유형	위반행위		제재수준
부정청탁금지	■ 공직자 등에게 직접 자신을 위하여 부정청탁을 한 이해당사자		제재 없음
	■ 공직자 등에게 제3자를 통해 부정청탁을 한 이해당사자		1천만원 이하 과태료
	■ 제3자를 위하여 부정청탁을 한 자	공직자 등을 제외한 일반인	2천만원 이하 과태료
		공직자 등	3천만원 이하 과태료
	■ 부정청탁을 받고 그에 따라 직무를 수행한 공직자 등		2년이하 징역, 2천만원 이하 벌금
금품 등 수수 금지	■ 직무 관련 여부 및 명목에 관계없이 1회 100만원(매회계연도 300만원)을 초과하는 금품 등을 수수한 공직자 등 * 배우자의 금품등 수수 사실을 알고도 신고 또는 반환(인도)하지 않은 공직자 등 * 금품 등을 공직자 등이나 그 배우자에게 제공한 자		3년이하 징역, 3천만원 이하 벌금(몰수·추징 대상)
	■ 직무와 관련하여 1회 100만원 이하의 금품 등을 수수한 공직자 등 * 배우자의 금품 등 수수 사실을 알고도 신고 또는 반환(인도)하지 않은 공직자 등 * 금품 등을 공직자 등이나 그 배우자에게 제공한 자		수수금액의 2배 이상 5배 이하 과태료
	■ 외부강의 등 초과사례금을 수수 후 신고 및 반환을 하지 아니한 공직자 등		500만원 이하 과태료

기타	■ 신고자 등의 인적사항이나 신고자등임을 미루어 알 수 있는 사실을 다른 사람에게 알려주거나 공개 또는 보도한 자 ■ 위반행위의 신고 및 조치 등의 업무를 수행하거나 수행하였던 공직자 등이 업무처리 과정에서 알게 된 비밀을 누설한 경우	3년이하 징역, 3천만원 이하 벌금
	■ 신고자 등에게 신고 등을 이유로 공익신고자보호법 제2조제6호2) 가목에 해당하는 신분상의 불이익조치를 한 자 ■ 확정된 보호조치결정을 이행하지 아니한 자	2년이하 징역, 2천만원 이하 벌금
	■ 신고 등을 방해하거나 신고등을 취소하도록 강요한 자 ■ 신고자 등에게 신고 등을 이유로 「공익신고자보호법」 제2조제6호나목부터 사목까지2의 어느 하나에 해당하는 신분상의 불이익조치를 한 자	1년 이하 징역, 1천만원 이하 벌금
	■ 위원회가 보호조치의 신청에 대한 조사에 필요하다고 인정하여 관련 자료 제출, 출석, 진술서의 제출을 요구하였음에도 이를 거부한 자	3천만원 이하 과태료

3. 과태료 부과 통보 및 과태료 부과

3-1. 과태료 부과 통보

① 조사기관은 신고를 받거나 이첩받은 경우에는 그 내용에 관하여 필요한 조사 등을 하여 과태료 부과대상인 경우 소속기관에 통보해야 합니다. 국민권익위원회는 신고내용을 확인하여 과태료 부과대상에 해당한다고 인정되는 경우에는 소속기관에 이첩해야 합니다.

② 소속기관장은 과태료 부과 대상자에 대해서는 그 위반 사실을 과태료 재판 관할법원에 통보해야 합니다.

④ 소속기관장은 위반행위를 한 소속 공직자등 뿐만 아니라 부정청탁을 하거나 금품 등을 제공한 민간인도 통보 가능합니다. 부정청탁을 하거나 금품 등을 제공한 자가 공직자 등에 해당하는 경우 다른 공공기관 소속 공직자 등에 대해서도 통보가 가능합니다.

● 공공기관의 장에게 과태료 부과대상 사실을 법원에 통보할 권한이 있다면, 언론사의 사장에게도 그러한 통보 권한이 있는 것인지, 아니면 그 상급 감독 정부기관에 있는 것인지요?

문 부정청탁금지법 제23조제7항에 따라 '공공기관의 장'에게 과태료 부과대상 사실을 법원에 통보할 권한이 있다면, 예컨대 언론사의 사장에게도 그러한 통보 권한이 있는 것인지, 아니면 그 상급 감독 정부기관에 있는 것인지요?

답 언론사는 부정청탁금지법 제2조제1호마목에 따라 공공기관 의 범위에 포함되므로 언론사 사장도 부정청탁금지법 제 23조제7항의 '소속기관장'에 해당하여 과태료 부과대상 사실을 법원에 통보할 권한이 있다고 할 것입니다. 이와 달리 언론사의 상급 감독 정부기관이 과태료 부과대상 사실을 법원에 통보할 권한을 갖는다고 보기는 어렵습니다.

● 토지가 개발제한구역법령상 형질변경허가 요건을 갖추지 못했다는 것을 알면서도 담당공무원에게 직접 찾아가 허가를 내 줄 것을 부탁한 경우에 어떤 처벌을 받게 됩니까?

문 개발계한구역 내에 토지를 소유하고 있는 A가 ○○군청 담당공무원 C에게 토지형질변경 허가신청을 하였는데, 해당 토지가 개발계한구역법령상 형질변경허가 요건을 갖추지 못했다는 것을 알면서도 C를 직접 찾아가 허가를 내 줄 것을 부탁한 경우에 부정청탁금지법에서 어떤 처벌을 받게 됩니까?

답 개발제한구역법령상의 토지형질변경 허가 관련 직무는 부정청탁금지법 제5조제1항제1호에서 규정한 부정청탁 대상 직무에 해당합니다. 개발제한구역법령상 형질변경허가 요건을 갖추지 못했음에도 법령을 위반하여 처리하도록 하는 행위는 부정청탁에 해당합니다.

질문에서 토지소유자 A는 토지형질변경의 이해당사자로서, 직접 자신을 위하여 부정청탁을 하였으므로 제재대상에서 제외됩니다. 부정청탁금지법상 이해당사자가 직접 자신을 위하여 하는 부정청탁은 과태료 부과대상에서는 제외되나, 금지대상에는 해당합니다.

과태료 부과대상에서 제외되는 '직접 자신을 위하여 하는 부정청탁'이란 청탁행위로 인한 법적 효과(이익 불이익)가 직접 자신에게 귀속되는 것을 의미합니다.

청탁으로 자신에게 귀속되는 이익이 간접적이거나 사실적·반사적 이익 등에 불과한 경우에는 제3자를 위한 청탁입니다.

담당공무원 C는 토지소유자 A로부터 처음 부정청탁을 받은 것이므로 거절 의사를 명확히 표시하면 징계 및 벌칙 대상에서 제외됩니다.

만약, 담당공무원 C가 동일한 부정청탁을 다시 받은 경우에는 소속기관장에게 신고할 의무가 발생하고, 신고를 하지 않을 경우 징계대상에 해당합니다. 반면, 담당공무원 C가 토지소유자 A의 부정청탁에 따라 토지형질변경허가를 내 준 경우 형사처벌 대상으로 2년 이하의 징역 또는 2천만원 이하의 벌금이 부과됩니다.

직접 자신을 위하여 부정청탁을 한 자는 과태료 부과대상에서 제외되지만 그에 따라 직무를 수행한 공직자등은 형사처벌 대상에 해당합니다.

3-2. 과태료 부과

① 위반사실을 통보받은 관할법원은 「비송사건절차법」에 따라 재판(결정)의 형식으로 과태료를 부과합니다.

② 법원은 과태료를 정함에 있어 위반행위의 동기·목적·방법·결과, 위반행위 이후의 당사자의 태도와 정황, 위반행위자의 연령·재산상태·환경, 그 밖에 과태료 산정에 필요하다고 인정되는 사유를 고려합니다.

③ 위반사실이 인정되더라도 사안이 극히 경미하여 처벌의 필요가 없다고 인정되는 경우에는 불처벌결정이 가능합니다. 금품 등의 액수가 적다는 사정만으로 위반자의 행위가 처벌의 필요성이 없을 정도로 경미한 행위라고 단정할 수 없습니다.

4. 과태료 부과 취소

① 과태료를 부과 받은 사안에 대하여 형법 등 다른 법률이나 부정청탁금지법에 따라 다시 형사처벌이 가능합니다. 형사처벌과 과태료는 목적내용 등이 상이하여 하나의 행위에 대하여 병과하더라도 일사부재리의 원칙에 반하지 않습니다. 예를 들면, 100만원 이하 금품 수수를 이유로 과태료가 부과된 후 대가성이 밝혀져 형법에 따라 형사처벌을 받거나, 회계연도 300만원 초과 금품 수수 사실이 드러나 형사처벌을 받은 경우 등이 있습니다.

② 과태료 부과전 형법등 다른 법률에 따라 형사처벌을 받은 경우 과태료 부과를 하지 않습니다.

③ 과태료를 부과한 후 형법 등 다른 법률에 따라 형사처벌을 받은 경우에는 과태료 부과를 취소합니다. 과태료를 부과한 후란 '과태료 재판이 확정된 경우'를 의미합니다. 과태료 재판이 확정된 후에도 형법등 다른 법률에 따라 형사처벌을 받은 경우에는 부정청탁금지법상 과태료 부과 취소규정을 근거로 과태료 부과취소가 가능합니다(제23조제1항제1호단서, 제2항단서, 제3항단서, 제5항단서).

5. 양벌규정

5-1. 양벌규정과 적용 제외

종업원이 업무에 관하여 위반행위를 하면 양벌규정(제24조)에 따라 그 행위자를 벌하는 외에 사업주(개인, 단체 및 법인 포함)도 제재합니다. 다만, 금품 등의 제공자가 공직자 등인 경우에는 양벌규정의 적용이 제외됩니다.

● 종업원이 업무에 관하여 부정청탁금지법 위반행위를 하는 경우 사업주도 제재를 받나요?

문 1) 종업원이 업무에 관하여 부정청탁금지법 위반행위를 하는 경우 사업주도 제재를 받나요?

2) 법인·단체 또는 개인의 사용인, 종업원인 자가 그 업무에 관하여 제23조 제2항 및 제23조제3항의 부정청탁을 한 경우에 그 법인·단체 또는 개인도 과태료를 과하도록 되어 있는데, 만일 국가공무원이 소속 기관의 업무에 관하여 다른 공무원에게 위 법상의 부정청탁을 하였다면 누구에게 양벌규정에 따른 과태료 부과를 할 수 있는지요?

3) 공직자 등(기자 사립학교 교사 등)이 금품 등을 제공하여 제22조제1항 제3호의 죄를 저지른 경우에 그 소속 언론기관 및 학교는 양벌규정에 따른 처벌대상에서 제외되는 것인지요?

답 1) 종업원이 사업주(법인과 개인을 포함)의 업무에 관하여 위반행위를 한 경우에 그 행위자인 종업원을 벌하는 외에 사업주도 양벌규정에 따라 제재대상이 될 수 있습니다(제24조).

2) 국가공무원이 소속 기관의 업무에 관하여 다른 공무원에게 부정청탁을

한 경우에 이는 '제3자(소속기관)를 위하여 다른 공직자 등에게 부정청탁을 한 공직자 등'에 해당하나, 이 경우는 양벌규정이 적용되는 위반행위 유형에 포함되지 않으므로, 양벌규정이 적용되지 않고 국가공무원만 제재대상에 해당합니다.

3) 부정청탁금지법 제24조에 따르면, 제22조제1항제3호 위반행위의 경우에 금품 등 제공자가 공직자 등인 경우에는 양벌규정을 적용하지 아니한다는 취지로 규정되어 있는바, 기자와 사립학교 교사도 부정청탁금지법상 공직자 등에 해당하므로(제2조제2호다목, 라목), 기자나 사립학교 교사가 금품 등을 제공한 경우에는 그 소속 언론기관 및 학교는 양벌규정에 따른 처벌대상에서 제외됩니다.

양벌규정은 사업주가 직접 위반행위를 하지 않은 경우에도 그 행위자와 사업주 쌍방을 함께 처벌하기 위하여 마련된 규정으로, 위반행위를 한 행위자뿐만 아니라 위반행위의 이익귀속주체인 사업주에 대한 처벌규정입니다(제24조 본문). 다만, 사업주가 그 위반행위를 방지하기 위하여 해당 업무에 관하여 상당한 주의와 감독을 게을리 하지 아니한 경우에는 면책이 가능합니다(제24조 단서).

5-2. 양벌규정의 법인 면책사유(상당한 주의와 감독)

5-2-1. 면책사유

① 종업원이 업무에 관하여 위반행위를 하면 양벌규정(제24조)에 따라 그 행위자를 벌하는 외에 사업주(개인 및 법인 포함)도 제재합니다.

② 사업주가 그 위반행위를 방지하기 위하여 해당 업무에 관하여 상당한 주의와 감독을 게을리하지 아니한 경우에는 면책이 됩니다. 기업의 자율적인 반부패·청렴 노력이 형벌의 양형이나 과태료 가액 산정 시 반영 되도록 함으로써 민간부문의 청렴성 확보장치로 기능합니다. 다만, 법인의 대표자가 위반행위를 한 경우 위반행위에 대해서는 법인 자신이 책임을 져야 하므로 양벌규정의 법인 면책사유가 적용되지 않습니다.

③ 기업의 거대화에 따른 분산된 운영과 의사결정, 복잡한 재무구조 및 회계 관행에 비추어 법인에 대해 책임을 묻는 것은 위반행위 억제효과가 있습니다. 다만, 형벌의 책임주의에 따라 종업원의 위반행위의 방지를 위한 사업주의 관리감독상 과실이 있는 경우에만 양벌규정 적용이 가능합니다. 여기서 사업주가 종업원의 위반행위를 방지하기 위하여 어느 정도의 주의와 감독을 다해야 면책될 수 있는지가 문제가 됩니다.

5-2-2. 상당한 주의와 감독의 판단기준

① 부정청탁금지법상 사업주의 위반행위 방지를 위한 상당한 주의와 감독 의무의 판단기준은 향후 판례를 통해 형성할 필요가 있습니다.

② 다른 법령상의 양벌규정과 관련하여 기존 판례는 상당한 주의와 감독의무를 다했는지는 위반행위와 관련된 모든 사정을 종합하여 판단해야 한다고 판시한 판례가 있습니다(대법원 2010.2.25. 선고 2009도5824 판결).

위반행위와 관련된 모든 사정이란 당해 법률의 입법 취지, 처벌조항 위반으로 예상되는 법익 침해의 정도, 그 위반행위에 관하여 양벌조항을 마련한 취지, 위반행위의 구체적인 모습과 실제 야기된 피해 또는 결과의 정도 , 법인의 영업규모, 행위자에 대한 감독가능성 또는 구체적인 지휘감독 관계, 법인이 위반행위 방지를 위하여 실제 행한 조치 등을 의미합니다.

③ 효과적인 부패방지컴플라이언스를 운용하는 경우에는 상당한 주의 감독 의무 이행여부 판단에 있어 하나의 고려사항이 될 수 있을 것입니다. 그 외에 미국에서 발전한 부패방지컴플라이언스(Anti-corruption compliance) 등을 참고할 수 있을 것입니다.

5-3. 양벌규정과 질서위반행위규제법의 관계

① 부정청탁금지법 제24조(양벌규정)에서 행위자인 종업원 외에 사업주인 법인도 형사처벌 및 과태료를 부과하도록 규정하고 있습니다. 법인 자체는 실제 위반행위를 할 수 없으므로 원칙적으로 법인에 대해 과태료 부과 또는 형사처벌은 불가능하지만, 법인의 업무에 관하여 위반행위를 한 임직원 외에 법인도 처벌한다는 양벌규정이 있는 경우에는 법인도 제재가 가능합니다.

② 반면, 과태료에 관한 일반법인 질서위반행위규제법 제11조에서 종업원이 법인에게 부과된 법률상 의무를 위반한 경우 법인에게만 과태료를 부과하도록 규정하여 위반 행위를 한 종업원 개인도 재제를 할 수 있는지가 문제가 있습니다.

③ 부정청탁금지법상 종업원의 위반행위에 대해서는 질서위반행위규제법 제11조가 적용되지 않으므로, 종업원은 개별 벌칙조항에 따라 과태료가 부과됩니다. 질서위반행위규제법 제11조는 법인에게 부과된 법률상의 의무를 종업원이 위반한 경우에 적용되는데, 부정청탁 및 금품 등 제공 금지의무는 자연인인 종업원에게 부과된 의무입니다. 또한, 부정청탁금지법 제24조의 양벌규정은 입법목적의 달성을 위해 행위자와 법인 모두를 처벌하는 특별규정입니다. 결국, 법인 소속 임직원이 업무와 관련하여 과태료 부과 대상에 해당하는 부정청탁금지법 위반행위를 한 경우입니다.

④ 종업원은 부정청탁 및 금품 등 제공 금지의무를 위반하였

으므로 개별 벌칙조항에 따라 과태료 부과대상이 됩니다.
⑤ 법인은 양벌규정(제24조)에 따라 종업원의 위반행위를 방
지하기 위한 상당한 주의, 감독을 다하지 않은 이상 과태
료 부과 대상이 됩니다.

● 법인 소속 임직원의 청탁이 제3자를 위한 청탁인지요?

문 법인 소속 임직원의 청탁이 제3자를 위한 청탁인지요?

답 과태료 부과대상에서 제외되는 '직접 자신을 위하여 하는 부정청탁'이란
청탁행위에 따른 법적 효과(이익·불이익)가 직접 청탁행위자 자신에게
귀속되는 경우를 의미합니다.
자신에게 귀속되는 이익이나 불이익이 간접적이거나 사실적·반사적인 경
우에는 제3자를 위한 청탁에 해당합니다.
법인과 임직원은 별개의 독립된 권리의무의 주체이고, 임직원의 업무 관
련 청탁은 법인을 위한 것으로 결국 그 효과도 법인에게 귀속되므로 제
3자를 위한 청탁에 해당합니다.

● 법인 관련 청탁의 동일한 부정청탁 판단기준은 어떻게 되는지요?

문 법인 관련 청탁의 동일한 부정청탁 판단기준은 어떻게 되는지요?

답 동일한 부정청탁인지는 '신고의무가 부과되는 공직자 등을 기준'으로 부
정청탁 내용의 본질적 동일성 여부로 판단합니다.
선량한 공직자 등을 보호하기 위해 신고절차를 마련한 취지에 따라 동
일한 부정청탁의 범위를 공직자 등의 입장에서 설정됩니다. 여러 명의
법인 소속 임직원이 업무와 관련하여 동일한 내용으로 부정청탁을 한
경우 신고의무가 발생하는 동일한 부정청탁에 해당합니다.

● 법인이 금품 등의 제공자에 해당하는지요?

답 동일인에 자연인 외에 실제 금품 등 제공행위를 할 수 있는 능력, 즉 범죄행위 능력이 없는 법인이 포함되는지 문제가 됩니다. 동일인 여부는 금품 등을 직접 제공한 사람이 누구인지 형식적으로 판단할 것이 아니라 '실제 제공자'가 누구인지를 기준으로 판단합니다. 또한, '동일인'은 금품 등의 출처가 어디인지 또는 누구인지의 문제가 있습니다.

금품 등의 제공의 경우 출처가 중요하므로 '동일인'에는 자연인뿐만 아니라 원칙적으로 법인도 포함될 수 있습니다. 다만, 금품 등 제공 금지 의무가 부과된 부정청탁금지법 제8조제5항의 '누구든지'는 제공자에 대한 규정이므로 임직원(자연인) 외에 법인은 제외됩니다. 부정청탁금지법 제5조제1항의 부정청탁 금지규정의 주체인 '누구든지'에 자연인만 포함되고, 법인은 제외되는 것과의 통일적 해석이 필요합니다.

법인은 그 소속 임직원이 업무에 관하여 위반행위를 한 경우 부정청탁금지법 제24조의 양벌규정에 따라 벌금 또는 과태료의 부과 대상이 됩니다. 다만, 종업원의 위반행위를 방지하기 위한 상당한 주의 감독을 게을리 하지 않았으면 면책됩니다.

부록

부정청탁 및 금품 등 수수의 금지에 관한 법률

[시행 2016.9.28.] [법률 제13278호, 2015.3.27., 제정]

제1장 총칙

제1조(목적) 이 법은 공직자 등에 대한 부정청탁 및 공직자 등의 금품 등의 수수(收受)를 금지함으로써 공직자 등의 공정한 직무수행을 보장하고 공공기관에 대한 국민의 신뢰를 확보하는 것을 목적으로 한다.

제2조(정의) 이 법에서 사용하는 용어의 뜻은 다음과 같다.

1. "공공기관"이란 다음 각 목의 어느 하나에 해당하는 기관·단체를 말한다.

    가. 국회, 법원, 헌법재판소, 선거관리위원회, 감사원, 국가인권위원회, 중앙행정기관(대통령 소속 기관과 국무총리 소속 기관을 포함한다)과 그 소속 기관 및 지방자치단체

    나. 「공직자윤리법」 제3조의2에 따른 공직유관단체

    다. 「공공기관의 운영에 관한 법률」 제4조에 따른 기관

    라. 「초·중등교육법」, 「고등교육법」, 「유아교육법」 및 그 밖의 다른 법령에 따라 설치된 각급 학교 및 「사립학교법」에 따른 학교법인

    마. 「언론중재 및 피해구제 등에 관한 법률」 제2조제12호에 따른 언론사

2. "공직자등"이란 다음 각 목의 어느 하나에 해당하는 공직자 또는 공적 업무 종사자를 말한다.

    가. 「국가공무원법」 또는 「지방공무원법」에 따른 공무원과 그 밖에 다른 법률에 따라 그 자격·임용·교육훈련·복무·보수·신분보장 등에 있어서 공무원으로 인정된 사람

    나. 제1호나목 및 다목에 따른 공직유관단체 및 기관의 장과 그 임직원

    다. 제1호라목에 따른 각급 학교의 장과 교직원 및 학교법인의 임직원

    라. 제1호마목에 따른 언론사의 대표자와 그 임직원

3. "금품등"이란 다음 각 목의 어느 하나에 해당하는 것을 말한다.

가. 금전, 유가증권, 부동산, 물품, 숙박권, 회원권, 입장권, 할인권,
    초대권, 관람권, 부동산 등의 사용권 등 일체의 재산적 이익
나. 음식물·주류·골프 등의 접대·향응 또는 교통·숙박 등의 편의 제공
다. 채무 면제, 취업 제공, 이권(利權) 부여 등 그 밖의 유형·무형의
    경제적 이익

4. "소속기관장"이란 공직자등이 소속된 공공기관의 장을 말한다.

제3조(국가 등의 책무) ① 국가는 공직자가 공정하고 청렴하게 직무를 수행할 수 있는 근무 여건을 조성하기 위하여 노력하여야 한다.

② 공공기관은 공직자등의 공정하고 청렴한 직무수행을 보장하기 위하여 부정청탁 및 금품등의 수수를 용인(容認)하지 아니하는 공직문화 형성에 노력하여야 한다.

③ 공공기관은 공직자등이 위반행위 신고 등 이 법에 따른 조치를 함으로써 불이익을 당하지 아니하도록 적절한 보호조치를 하여야 한다.

제4조(공직자등의 의무) ① 공직자등은 사적 이해관계에 영향을 받지 아니하고 직무를 공정하고 청렴하게 수행하여야 한다.

② 공직자등은 직무수행과 관련하여 공평무사하게 처신하고 직무관련자를 우대하거나 차별해서는 아니 된다.

제2장 부정청탁의 금지 등

제5조(부정청탁의 금지) ① 누구든지 직접 또는 제3자를 통하여 직무를 수행하는 공직자등에게 다음 각 호의 어느 하나에 해당하는 부정청탁을 해서는 아니 된다. <개정 2016.5.29.>

1. 인가·허가·면허·특허·승인·검사·검정·시험·인증·확인 등 법령(조례·규칙을 포함한다. 이하 같다)에서 일정한 요건을 정하여 놓고 직무관련자로부터 신청을 받아 처리하는 직무에 대하여 법령을 위반하여 처리하도록 하는 행위

2. 인가 또는 허가의 취소, 조세, 부담금, 과태료, 과징금, 이행강제금, 범칙금, 징계 등 각종 행정처분 또는 형벌부과에 관하여 법령을 위반하여 감경·면제하도록 하는 행위

3. 채용·승진·전보 등 공직자등의 인사에 관하여 법령을 위반하여 개입하거나 영향을 미치도록 하는 행위

4. 법령을 위반하여 각종 심의·의결·조정 위원회의 위원, 공공기관이 주관하는 시험·선발 위원 등 공공기관의 의사결정에 관여하는 직위에 선정 또는 탈락되도록 하는 행위

5. 공공기관이 주관하는 각종 수상, 포상, 우수기관 선정 또는 우수자 선발에 관하여 법령을 위반하여 특정 개인·단체·법인이 선정 또는 는 탈락되도록 하는 행위

6. 입찰·경매·개발·시험·특허·군사·과세 등에 관한 직무상 비밀을 법령을 위반하여 누설하도록 하는 행위

7. 계약 관련 법령을 위반하여 특정 개인·단체·법인이 계약의 당사자로 선정 또는 탈락되도록 하는 행위

8. 보조금·장려금·출연금·출자금·교부금·기금 등의 업무에 관하여 법령을 위반하여 특정 개인·단체·법인에 배정·지원하거나 투자·예치·대여·출연·출자하도록 개입하거나 영향을 미치도록 하는 행위

9. 공공기관이 생산·공급·관리하는 재화 및 용역을 특정 개인·단체·법인에게 법령에서 정하는 가격 또는 정상적인 거래관행에서 벗어나 매각·교환·사용·수익·점유하도록 하는 행위

10. 각급 학교의 입학·성적·수행평가 등의 업무에 관하여 법령을 위반하여 처리·조작하도록 하는 행위

11. 병역판정검사, 부대 배속, 보직 부여 등 병역 관련 업무에 관하여 법령을 위반하여 처리하도록 하는 행위

12. 공공기관이 실시하는 각종 평가·판정 업무에 관하여 법령을 위반하여 평가 또는 판정하게 하거나 결과를 조작하도록 하는 행위

13. 법령을 위반하여 행정지도·단속·감사·조사 대상에서 특정 개인·단체·법인이 선정·배제되도록 하거나 행정지도·단속·감사·조사의 결과를 조작하거나 또는 그 위법사항을 묵인하게 하는 행위

14. 사건의 수사·재판·심판·결정·조정·중재·화해 또는 이에 준하는 업무를 법령을 위반하여 처리하도록 하는 행위

15. 제1호부터 제14호까지의 부정청탁의 대상이 되는 업무에 관하여

공직자등이 법령에 따라 부여받은 지위·권한을 벗어나 행사하거
나 권한에 속하지 아니한 사항을 행사하도록 하는 행위

② 제1항에도 불구하고 다음 각 호의 어느 하나에 해당하는 경우에는
이 법을 적용하지 아니한다.

1. 「청원법」, 「민원사무 처리에 관한 법률」, 「행정절차법」, 「국회법」
   및 그 밖의 다른 법령·기준(제2조제1호나목부터 마목까지의 공공
   기관의 규정·사규·기준을 포함한다. 이하 같다)에서 정하는 절차
   ·방법에 따라 권리침해의 구제·해결을 요구하거나 그와 관련된
   법령·기준의 제정·개정·폐지를 제안·건의하는 등 특정한 행위
   를 요구하는 행위

2. 공개적으로 공직자등에게 특정한 행위를 요구하는 행위

3. 선출직 공직자, 정당, 시민단체 등이 공익적인 목적으로 제3자의
   고충민원을 전달하거나 법령·기준의 제정·개정·폐지 또는 정책
   ·사업·제도 및 그 운영 등의 개선에 관하여 제안·건의하는 행위

4. 공공기관에 직무를 법정기한 안에 처리하여 줄 것을 신청·요구하거
   나 그 진행상황·조치결과 등에 대하여 확인·문의 등을 하는 행위

5. 직무 또는 법률관계에 관한 확인·증명 등을 신청·요구하는 행위

6. 질의 또는 상담형식을 통하여 직무에 관한 법령·제도·절차 등에
   대하여 설명이나 해석을 요구하는 행위

7. 그 밖에 사회상규(社會常規)에 위배되지 아니하는 것으로 인정되는
   행위

[시행일 : 2016.11.30.] 제5조

제6조(부정청탁에 따른 직무수행 금지) 부정청탁을 받은 공직자등은 그에
따라 직무를 수행해서는 아니 된다.

제7조(부정청탁의 신고 및 처리) ① 공직자등은 부정청탁을 받았을 때에는
부정청탁을 한 자에게 부정청탁임을 알리고 이를 거절하는 의사를 명
확히 표시하여야 한다.

② 공직자등은 제1항에 따른 조치를 하였음에도 불구하고 동일한 부정
청탁을 다시 받은 경우에는 이를 소속기관장에게 서면(전자문서를 포
함한다. 이하 같다)으로 신고하여야 한다.

③ 제2항에 따른 신고를 받은 소속기관장은 신고의 경위·취지·내용·증거자료 등을 조사하여 신고 내용이 부정청탁에 해당하는지를 신속하게 확인하여야 한다.

④ 소속기관장은 부정청탁이 있었던 사실을 알게 된 경우 또는 제2항 및 제3항의 부정청탁에 관한 신고·확인 과정에서 해당 직무의 수행에 지장이 있다고 인정하는 경우에는 부정청탁을 받은 공직자등에 대하여 다음 각 호의 조치를 할 수 있다.

1. 직무 참여 일시중지

2. 직무 대리자의 지정

3. 전보

4. 그 밖에 국회규칙, 대법원규칙, 헌법재판소규칙, 중앙선거관리위원회규칙 또는 대통령령으로 정하는 조치

⑤ 소속기관장은 공직자등이 다음 각 호의 어느 하나에 해당하는 경우에는 제4항에도 불구하고 그 공직자등에게 직무를 수행하게 할 수 있다. 이 경우 제20조에 따른 소속기관의 담당관 또는 다른 공직자등으로 하여금 그 공직자등의 공정한 직무수행 여부를 주기적으로 확인·점검하도록 하여야 한다.

1. 직무를 수행하는 공직자등을 대체하기 지극히 어려운 경우

2. 공직자등의 직무수행에 미치는 영향이 크지 아니한 경우

3. 국가의 안전보장 및 경제발전 등 공익증진을 이유로 직무수행의 필요성이 더 큰 경우

⑥ 공직자등은 제2항에 따른 신고를 감독기관·감사원·수사기관 또는 국민권익위원회에도 할 수 있다.

⑦ 소속기관장은 다른 법령에 위반되지 아니하는 범위에서 부정청탁의 내용 및 조치사항을 해당 공공기관의 인터넷 홈페이지 등에 공개할 수 있다.

⑧ 제1항부터 제7항까지에서 규정한 사항 외에 부정청탁의 신고·확인·처리 및 기록·관리·공개 등에 필요한 사항은 대통령령으로 정한다.

제3장 금품등의 수수 금지 등

제8조(금품등의 수수 금지) ① 공직자등은 직무 관련 여부 및 기부·후원·증여 등 그 명목에 관계없이 동일인으로부터 1회에 100만원 또는 매 회계연도에 300만원을 초과하는 금품등을 받거나 요구 또는 약속해서는 아니 된다.

② 공직자등은 직무와 관련하여 대가성 여부를 불문하고 제1항에서 정한 금액 이하의 금품등을 받거나 요구 또는 약속해서는 아니 된다.

③ 제10조의 외부강의등에 관한 사례금 또는 다음 각 호의 어느 하나에 해당하는 금품등의 경우에는 제1항 또는 제2항에서 수수를 금지하는 금품등에 해당하지 아니한다.

1. 공공기관이 소속 공직자등이나 파견 공직자등에게 지급하거나 상급 공직자등이 위로·격려·포상 등의 목적으로 하급 공직자등에게 제공하는 금품등

2. 원활한 직무수행 또는 사교·의례 또는 부조의 목적으로 제공되는 음식물·경조사비·선물 등으로서 대통령령으로 정하는 가액 범위 안의 금품등

3. 사적 거래(증여는 제외한다)로 인한 채무의 이행 등 정당한 권원(權原)에 의하여 제공되는 금품등

4. 공직자등의 친족(「민법」 제777조에 따른 친족을 말한다)이 제공하는 금품등

5. 공직자등과 관련된 직원상조회·동호인회·동창회·향우회·친목회·종교단체·사회단체 등이 정하는 기준에 따라 구성원에게 제공하는 금품등 및 그 소속 구성원 등 공직자등과 특별히 장기적·지속적인 친분관계를 맺고 있는 자가 질병·재난 등으로 어려운 처지에 있는 공직자등에게 제공하는 금품등

6. 공직자등의 직무와 관련된 공식적인 행사에서 주최자가 참석자에게 통상적인 범위에서 일률적으로 제공하는 교통, 숙박, 음식물 등의 금품등

7. 불특정 다수인에게 배포하기 위한 기념품 또는 홍보용품 등이나 경연·추첨을 통하여 받는 보상 또는 상품 등

8. 그 밖에 다른 법령·기준 또는 사회상규에 따라 허용되는 금품등

④ 공직자등의 배우자는 공직자등의 직무와 관련하여 제1항 또는 제2항에 따라 공직자등이 받는 것이 금지되는 금품등(이하 "수수 금지 금품등"이라 한다)을 받거나 요구하거나 제공받기로 약속해서는 아니 된다.

⑤ 누구든지 공직자등에게 또는 그 공직자등의 배우자에게 수수 금지 금품등을 제공하거나 그 제공의 약속 또는 의사표시를 해서는 아니 된다.

제9조(수수 금지 금품등의 신고 및 처리) ① 공직자등은 다음 각 호의 어느 하나에 해당하는 경우에는 소속기관장에게 지체 없이 서면으로 신고하여야 한다.

1. 공직자등 자신이 수수 금지 금품등을 받거나 그 제공의 약속 또는 의사표시를 받은 경우

2. 공직자등이 자신의 배우자가 수수 금지 금품등을 받거나 그 제공의 약속 또는 의사표시를 받은 사실을 안 경우

② 공직자등은 자신이 수수 금지 금품등을 받거나 그 제공의 약속이나 의사표시를 받은 경우 또는 자신의 배우자가 수수 금지 금품등을 받거나 그 제공의 약속이나 의사표시를 받은 사실을 알게 된 경우에는 이를 제공자에게 지체 없이 반환하거나 반환하도록 하거나 그 거부의 의사를 밝히거나 밝히도록 하여야 한다. 다만, 받은 금품등이 다음 각 호의 어느 하나에 해당하는 경우에는 소속기관장에게 인도하거나 인도하도록 하여야 한다.

1. 멸실·부패·변질 등의 우려가 있는 경우

2. 해당 금품등의 제공자를 알 수 없는 경우

3. 그 밖에 제공자에게 반환하기 어려운 사정이 있는 경우

③ 소속기관장은 제1항에 따라 신고를 받거나 제2항 단서에 따라 금품등을 인도받은 경우 수수 금지 금품등에 해당한다고 인정하는 때에는 반환 또는 인도하게 하거나 거부의 의사를 표시하도록 하여야 하며, 수사의 필요성이 있다고 인정하는 때에는 그 내용을 지체 없이 수사기관에 통보하여야 한다.

④ 소속기관장은 공직자등 또는 그 배우자가 수수 금지 금품등을 받거나 그 제공의 약속 또는 의사표시를 받은 사실을 알게 된 경우 수사

의 필요성이 있다고 인정하는 때에는 그 내용을 지체 없이 수사기관
에 통보하여야 한다.

⑤ 소속기관장은 소속 공직자등 또는 그 배우자가 수수 금지 금품등을
받거나 그 제공의 약속 또는 의사표시를 받은 사실을 알게 된 경우
또는 제1항부터 제4항까지의 규정에 따른 금품등의 신고, 금품등의
반환·인도 또는 수사기관에 대한 통보의 과정에서 직무의 수행에 지장
이 있다고 인정하는 경우에는 해당 공직자등에게 제7조제4항 각 호
및 같은 조 제5항의 조치를 할 수 있다.

⑥ 공직자등은 제1항 또는 같은 조 제2항 단서에 따른 신고나 인도를
감독기관·감사원·수사기관 또는 국민권익위원회에도 할 수 있다.

⑦ 소속기관장은 공직자등으로부터 제1항제2호에 따른 신고를 받은 경
우 그 공직자등의 배우자가 반환을 거부하는 금품등이 수수 금지 금
품등에 해당한다고 인정하는 때에는 그 공직자등의 배우자로 하여금
그 금품등을 제공자에게 반환하도록 요구하여야 한다.

⑧ 제1항부터 제7항까지에서 규정한 사항 외에 수수 금지 금품등의
신고 및 처리 등에 필요한 사항은 대통령령으로 정한다.

제10조(외부강의등의 사례금 수수 제한) ① 공직자등은 자신의 직무와 관
련되거나 그 지위·직책 등에서 유래되는 사실상의 영향력을 통하여 요
청받은 교육·홍보·토론회·세미나·공청회 또는 그 밖의 회의 등에서 한
강의·강연·기고 등(이하 "외부강의등"이라 한다)의 대가로서 대통령령으
로 정하는 금액을 초과하는 사례금을 받아서는 아니 된다.

② 공직자등은 외부강의등을 할 때에는 대통령령으로 정하는 바에 따
라 외부강의등의 요청 명세 등을 소속기관장에게 미리 서면으로 신고
하여야 한다. 다만, 외부강의등을 요청한 자가 국가나 지방자치단체인
경우에는 그러하지 아니하다.

③ 공직자등은 제2항 본문에 따라 외부강의등을 미리 신고하는 것이
곤란한 경우에는 그 외부강의등을 마친 날부터 2일 이내에 서면으로
신고하여야 한다.

④ 소속기관장은 제2항에 따라 공직자등이 신고한 외부강의등이 공정
한 직무수행을 저해할 수 있다고 판단하는 경우에는 그 외부강의등을
제한할 수 있다.

⑤ 공직자등은 제1항에 따른 금액을 초과하는 사례금을 받은 경우에는 대통령령으로 정하는 바에 따라 소속기관장에게 신고하고, 제공자에게 그 초과금액을 지체 없이 반환하여야 한다.

제11조(공무수행사인의 공무 수행과 관련된 행위제한 등) ① 다음 각 호의 어느 하나에 해당하는 자(이하 "공무수행사인"이라 한다)의 공무 수행에 관하여는 제5조부터 제9조까지를 준용한다.

1. 「행정기관 소속 위원회의 설치·운영에 관한 법률」 또는 다른 법령에 따라 설치된 각종 위원회의 위원 중 공직자가 아닌 위원
2. 법령에 따라 공공기관의 권한을 위임·위탁받은 법인·단체 또는 그 기관이나 개인
3. 공무를 수행하기 위하여 민간부문에서 공공기관에 파견 나온 사람
4. 법령에 따라 공무상 심의·평가 등을 하는 개인 또는 법인·단체

② 제1항에 따라 공무수행사인에 대하여 제5조부터 제9조까지를 준용하는 경우 "공직자등"은 "공무수행사인"으로 보고, "소속기관장"은 "다음 각 호의 구분에 따른 자"로 본다.

1. 제1항제1호에 따른 위원회의 위원: 그 위원회가 설치된 공공기관의 장
2. 제1항제2호에 따른 법인·단체 또는 그 기관이나 개인: 감독기관 또는 권한을 위임하거나 위탁한 공공기관의 장
3. 제1항제3호에 따른 사람: 파견을 받은 공공기관의 장
4. 제1항제4호에 따른 개인 또는 법인·단체: 해당 공무를 제공받는 공공기관의 장

제4장 부정청탁 등 방지에 관한 업무의 총괄 등

제12조(공직자등의 부정청탁 등 방지에 관한 업무의 총괄) 국민권익위원회는 이 법에 따른 다음 각 호의 사항에 관한 업무를 관장한다.

1. 부정청탁의 금지 및 금품등의 수수 금지·제한 등에 관한 제도개선 및 교육·홍보계획의 수립 및 시행
2. 부정청탁 등에 관한 유형, 판단기준 및 그 예방 조치 등에 관한 기준의 작성 및 보급

3. 부정청탁 등에 대한 신고 등의 안내·상담·접수·처리 등

4. 신고자 등에 대한 보호 및 보상

5. 제1호부터 제4호까지의 업무 수행에 필요한 실태조사 및 자료의 수
   집·관리·분석 등

제13조(위반행위의 신고 등) ① 누구든지 이 법의 위반행위가 발생하였거
나 발생하고 있다는 사실을 알게 된 경우에는 다음 각 호의 어느 하나
에 해당하는 기관에 신고할 수 있다.

1. 이 법의 위반행위가 발생한 공공기관 또는 그 감독기관

2. 감사원 또는 수사기관

3. 국민권익위원회

② 제1항에 따른 신고를 한 자가 다음 각 호의 어느 하나에 해당하는
경우에는 이 법에 따른 보호 및 보상을 받지 못한다.

1. 신고의 내용이 거짓이라는 사실을 알았거나 알 수 있었음에도 신고
   한 경우

2. 신고와 관련하여 금품등이나 근무관계상의 특혜를 요구한 경우

3. 그 밖에 부정한 목적으로 신고한 경우

③ 제1항에 따라 신고를 하려는 자는 자신의 인적사항과 신고의 취지·
이유·내용을 적고 서명한 문서와 함께 신고 대상 및 증거 등을 제출하
여야 한다.

제14조(신고의 처리) ① 제13조제1항제1호 또는 제2호의 기관(이하 "조사
기관"이라 한다)은 같은 조 제1항에 따라 신고를 받거나 제2항에 따라
국민권익위원회로부터 신고를 이첩받은 경우에는 그 내용에 관하여 필
요한 조사·감사 또는 수사를 하여야 한다.

② 국민권익위원회가 제13조제1항에 따른 신고를 받은 경우에는 그
내용에 관하여 신고자를 상대로 사실관계를 확인한 후 대통령령으로
정하는 바에 따라 조사기관에 이첩하고, 그 사실을 신고자에게 통보하
여야 한다.

③ 조사기관은 제1항에 따라 조사·감사 또는 수사를 마친 날부터 10일
이내에 그 결과를 신고자와 국민권익위원회에 통보(국민권익위원회로
부터 이첩받은 경우만 해당한다)하고, 조사·감사 또는 수사 결과에 따

라 공소 제기, 과태료 부과 대상 위반행위의 통보, 징계 처분 등 필요
한 조치를 하여야 한다.
④ 국민권익위원회는 제3항에 따라 조사기관으로부터 조사·감사 또는
수사 결과를 통보받은 경우에는 지체 없이 신고자에게 조사·감사 또는
수사 결과를 알려야 한다.
⑤ 제3항 또는 제4항에 따라 조사·감사 또는 수사 결과를 통보받은 신
고자는 조사기관에 이의신청을 할 수 있으며, 제4항에 따라 조사·감사
또는 수사 결과를 통지받은 신고자는 국민권익위원회에도 이의신청을
할 수 있다.
⑥ 국민권익위원회는 조사기관의 조사·감사 또는 수사 결과가 충분하
지 아니하다고 인정되는 경우에는 조사·감사 또는 수사 결과를 통보받
은 날부터 30일 이내에 새로운 증거자료의 제출 등 합리적인 이유를
들어 조사기관에 재조사를 요구할 수 있다.
⑦ 제6항에 따른 재조사를 요구받은 조사기관은 재조사를 종료한 날부
터 7일 이내에 그 결과를 국민권익위원회에 통보하여야 한다. 이 경
우 국민권익위원회는 통보를 받은 즉시 신고자에게 재조사 결과의 요
지를 알려야 한다.

제15조(신고자등의 보호·보상) ① 누구든지 다음 각 호의 어느 하나에 해
당하는 신고 등(이하 "신고등"이라 한다)을 하지 못하도록 방해하거나
신고등을 한 자(이하 "신고자등"이라 한다)에게 이를 취소하도록 강요
해서는 아니 된다.
1. 제7조제2항 및 제6항에 따른 신고
2. 제9조제1항, 같은 조 제2항 단서 및 같은 조 제6항에 따른 신고 및
   인도
3. 제13조제1항에 따른 신고
4. 제1호부터 제3호까지에 따른 신고를 한 자 외에 협조를 한 자가 신
   고에 관한 조사·감사·수사·소송 또는 보호조치에 관한 조사·소송 등
   에서 진술·증언 및 자료제공 등의 방법으로 조력하는 행위
② 누구든지 신고자등에게 신고등을 이유로 불이익조치(「공익신고자
보호법」 제2조제6호에 따른 불이익조치를 말한다. 이하 같다)를 해서
는 아니 된다.

③ 이 법에 따른 위반행위를 한 자가 위반사실을 자진하여 신고하거나 신고자등이 신고등을 함으로 인하여 자신이 한 이 법 위반행위가 발견된 경우에는 그 위반행위에 대한 형사처벌, 과태료 부과, 징계처분, 그 밖의 행정처분 등을 감경하거나 면제할 수 있다.

④ 제1항부터 제3항까지에서 규정한 사항 외에 신고자등의 보호 등에 관하여는 「공익신고자 보호법」 제11조부터 제13조까지, 제14조제3항부터 제5항까지 및 제16조부터 제25조까지의 규정을 준용한다. 이 경우 "공익신고자등"은 "신고자등"으로, "공익신고등"은 "신고등"으로 본다.

⑤ 국민권익위원회는 제13조제1항에 따른 신고로 인하여 공공기관에 재산상 이익을 가져오거나 손실을 방지한 경우 또는 공익의 증진을 가져온 경우에는 그 신고자에게 포상금을 지급할 수 있다.

⑥ 국민권익위원회는 제13조제1항에 따른 신고로 인하여 공공기관에 직접적인 수입의 회복·증대 또는 비용의 절감을 가져온 경우에는 그 신고자의 신청에 의하여 보상금을 지급하여야 한다.

⑦ 제5항과 제6항에 따른 포상금·보상금 신청 및 지급 등에 관하여는 「부패방지 및 국민권익위원회의 설치와 운영에 관한 법률」 제68조부터 제71조까지의 규정을 준용한다. 이 경우 "부패행위의 신고자"는 "제13조제1항에 따라 신고를 한 자"로, "이 법에 따른 신고"는 "제13조제1항에 따른 신고"로 본다.

제16조(위법한 직무처리에 대한 조치) 공공기관의 장은 공직자등이 직무수행 중에 또는 직무수행 후에 제5조, 제6조 및 제8조를 위반한 사실을 발견한 경우에는 해당 직무를 중지하거나 취소하는 등 필요한 조치를 하여야 한다.

제17조(부당이득의 환수) 공공기관의 장은 제5조, 제6조, 제8조를 위반하여 수행한 공직자등의 직무가 위법한 것으로 확정된 경우에는 그 직무의 상대방에게 이미 지출·교부된 금액 또는 물건이나 그 밖에 재산상 이익을 환수하여야 한다.

제18조(비밀누설 금지) 다음 각 호의 어느 하나에 해당하는 업무를 수행하거나 수행하였던 공직자등은 그 업무처리 과정에서 알게 된 비밀을 누설해서는 아니 된다. 다만, 제7조제7항에 따라 공개하는 경우에는

그러하지 아니하다.

1. 제7조에 따른 부정청탁의 신고 및 조치에 관한 업무
2. 제9조에 따른 수수 금지 금품등의 신고 및 처리에 관한 업무

제19조(교육과 홍보 등) ① 공공기관의 장은 공직자등에게 부정청탁 금지 및 금품등의 수수 금지에 관한 내용을 정기적으로 교육하여야 하며, 이를 준수할 것을 약속하는 서약서를 받아야 한다.

② 공공기관의 장은 이 법에서 금지하고 있는 사항을 적극적으로 알리는 등 국민들이 이 법을 준수하도록 유도하여야 한다.

③ 공공기관의 장은 제1항 및 제2항에 따른 교육 및 홍보 등의 실시를 위하여 필요하면 국민권익위원회에 지원을 요청할 수 있다. 이 경우 국민권익위원회는 적극 협력하여야 한다.

제20조(부정청탁 금지 등을 담당하는 담당관의 지정) 공공기관의 장은 소속 공직자등 중에서 다음 각 호의 부정청탁 금지 등을 담당하는 담당관을 지정하여야 한다.

1. 부정청탁 금지 및 금품등의 수수 금지에 관한 내용의 교육·상담
2. 이 법에 따른 신고·신청의 접수, 처리 및 내용의 조사
3. 이 법에 따른 소속기관장의 위반행위를 발견한 경우 법원 또는 수사기관에 그 사실의 통보

제5장 징계 및 벌칙

제21조(징계) 공공기관의 장 등은 공직자등이 이 법 또는 이 법에 따른 명령을 위반한 경우에는 징계처분을 하여야 한다.

제22조(벌칙) ① 다음 각 호의 어느 하나에 해당하는 자는 3년 이하의 징역 또는 3천만원 이하의 벌금에 처한다.

1. 제8조제1항을 위반한 공직자등(제11조에 따라 준용되는 공무수행사인을 포함한다). 다만, 제9조제1항·제2항 또는 제6항에 따라 신고하거나 그 수수 금지 금품등을 반환 또는 인도하거나 거부의 의사를 표시한 공직자등은 제외한다.
2. 자신의 배우자가 제8조제4항을 위반하여 같은 조 제1항에 따른 수

수 금지 금품등을 받거나 요구하거나 제공받기로 약속한 사실을 알
고도 제9조제1항제2호 또는 같은 조 제6항에 따라 신고하지 아니
한 공직자등(제11조에 따라 준용되는 공무수행사인을 포함한다). 다
만, 공직자등 또는 배우자가 제9조제2항에 따라 수수 금지 금품등
을 반환 또는 인도하거나 거부의 의사를 표시한 경우는 제외한다.
3. 제8조제5항을 위반하여 같은 조 제1항에 따른 수수 금지 금품등을
공직자등(제11조에 따라 준용되는 공무수행사인을 포함한다) 또는
그 배우자에게 제공하거나 그 제공의 약속 또는 의사표시를 한 자
4. 제15조제4항에 따라 준용되는 「공익신고자 보호법」 제12조제1항을
위반하여 신고자등의 인적사항이나 신고자등임을 미루어 알 수 있
는 사실을 다른 사람에게 알려주거나 공개 또는 보도한 자
5. 제18조를 위반하여 그 업무처리 과정에서 알게 된 비밀을 누설한
공직자등
② 다음 각 호의 어느 하나에 해당하는 자는 2년 이하의 징역 또는 2
천만원 이하의 벌금에 처한다.
1. 제6조를 위반하여 부정청탁을 받고 그에 따라 직무를 수행한 공직
자등(제11조에 따라 준용되는 공무수행사인을 포함한다)
2. 제15조제2항을 위반하여 신고자등에게 「공익신고자 보호법」 제2조
제6호가목에 해당하는 불이익조치를 한 자
3. 제15조제4항에 따라 준용되는 「공익신고자 보호법」 제21조제2항에
따라 확정되거나 행정소송을 제기하여 확정된 보호조치결정을 이행
하지 아니한 자
③ 다음 각 호의 어느 하나에 해당하는 자는 1년 이하의 징역 또는 1
천만원 이하의 벌금에 처한다.
1. 제15조제1항을 위반하여 신고등을 방해하거나 신고등을 취소하도록
강요한 자
2. 제15조제2항을 위반하여 신고자등에게 「공익신고자 보호법」 제2조제
6호나목부터 사목까지의 어느 하나에 해당하는 불이익조치를 한 자
④ 제1항제1호부터 제3호까지의 규정에 따른 금품등은 몰수한다. 다
만, 그 금품등의 전부 또는 일부를 몰수하는 것이 불가능한 경우에는
그 가액을 추징한다.

제23조(과태료 부과) ① 다음 각 호의 어느 하나에 해당하는 자에게는 3천만원 이하의 과태료를 부과한다.

1. 제5조제1항을 위반하여 제3자를 위하여 다른 공직자등(제11조에 따라 준용되는 공무수행사인을 포함한다)에게 부정청탁을 한 공직자등(제11조에 따라 준용되는 공무수행사인을 포함한다). 다만, 「형법」 등 다른 법률에 따라 형사처벌을 받은 경우에는 과태료를 부과하지 아니하며, 과태료를 부과한 후 형사처벌을 받은 경우에는 그 과태료 부과를 취소한다.

2. 제15조제4항에 따라 준용되는 「공익신고자 보호법」 제19조제2항 및 제3항(같은 법 제22조제3항에 따라 준용되는 경우를 포함한다)을 위반하여 자료 제출, 출석, 진술서의 제출을 거부한 자

② 제5조제1항을 위반하여 제3자를 위하여 공직자등(제11조에 따라 준용되는 공무수행사인을 포함한다)에게 부정청탁을 한 자(제1항제1호에 해당하는 자는 제외한다)에게는 2천만원 이하의 과태료를 부과한다. 다만, 「형법」 등 다른 법률에 따라 형사처벌을 받은 경우에는 과태료를 부과하지 아니하며, 과태료를 부과한 후 형사처벌을 받은 경우에는 그 과태료 부과를 취소한다.

③ 제5조제1항을 위반하여 제3자를 통하여 공직자등(제11조에 따라 준용되는 공무수행사인을 포함한다)에게 부정청탁을 한 자(제1항제1호 및 제2항에 해당하는 자는 제외한다)에게는 1천만원 이하의 과태료를 부과한다. 다만, 「형법」 등 다른 법률에 따라 형사처벌을 받은 경우에는 과태료를 부과하지 아니하며, 과태료를 부과한 후 형사처벌을 받은 경우에는 그 과태료 부과를 취소한다.

④ 제10조제5항에 따른 신고 및 반환 조치를 하지 아니한 공직자등에게는 500만원 이하의 과태료를 부과한다.

⑤ 다음 각 호의 어느 하나에 해당하는 자에게는 그 위반행위와 관련된 금품등 가액의 2배 이상 5배 이하에 상당하는 금액의 과태료를 부과한다. 다만, 제22조제1항제1호부터 제3호까지의 규정이나 「형법」 등 다른 법률에 따라 형사처벌(몰수나 추징을 당한 경우를 포함한다)을 받은 경우에는 과태료를 부과하지 아니하며, 과태료를 부과한 후 형사처벌을 받은 경우에는 그 과태료 부과를 취소한다.

1. 제8조제2항을 위반한 공직자등(제11조에 따라 준용되는 공무수행사인을 포함한다). 다만, 제9조제1항·제2항 또는 제6항에 따라 신고하거나 그 수수 금지 금품등을 반환 또는 인도하거나 거부의 의사를 표시한 공직자등은 제외한다.
2. 자신의 배우자가 제8조제4항을 위반하여 같은 조 제2항에 따른 수수 금지 금품등을 받거나 요구하거나 제공받기로 약속한 사실을 알고도 제9조제1항제2호 또는 같은 조 제6항에 따라 신고하지 아니한 공직자등(제11조에 따라 준용되는 공무수행사인을 포함한다). 다만, 공직자등 또는 배우자가 제9조제2항에 따라 수수 금지 금품등을 반환 또는 인도하거나 거부의 의사를 표시한 경우는 제외한다.
3. 제8조제5항을 위반하여 같은 조 제2항에 따른 수수 금지 금품등을 공직자등(제11조에 따라 준용되는 공무수행사인을 포함한다) 또는 그 배우자에게 제공하거나 그 제공의 약속 또는 의사표시를 한 자

⑥ 제1항부터 제5항까지의 규정에도 불구하고 「국가공무원법」, 「지방공무원법」 등 다른 법률에 따라 징계부가금 부과의 의결이 있은 후에는 과태료를 부과하지 아니하며, 과태료가 부과된 후에는 징계부가금 부과의 의결을 하지 아니한다.

⑦ 소속기관장은 제1항부터 제5항까지의 과태료 부과 대상자에 대해서는 그 위반 사실을 「비송사건절차법」에 따른 과태료 재판 관할법원에 통보하여야 한다.

제24조(양벌규정) 법인 또는 단체의 대표자나 법인·단체 또는 개인의 대리인, 사용인, 그 밖의 종업원이 그 법인·단체 또는 개인의 업무에 관하여 제22조제1항제3호[금품등의 제공자가 공직자등(제11조에 따라 제8조가 준용되는 공무수행사인을 포함한다)인 경우는 제외한다], 제23조제2항, 제23조제3항 또는 제23조제5항제3호[금품등의 제공자가 공직자등(제11조에 따라 제8조가 준용되는 공무수행사인을 포함한다)인 경우는 제외한다]의 위반행위를 하면 그 행위자를 벌하는 외에 그 법인·단체 또는 개인에게도 해당 조문의 벌금 또는 과태료를 과한다. 다만, 법인·단체 또는 개인이 그 위반행위를 방지하기 위하여 해당 업무에 관하여 상당한 주의와 감독을 게을리하지 아니한 경우에는 그러하지 아니하다.

부칙

<제13278호, 2015.3.27.>

제1조(시행일) 이 법은 공포 후 1년 6개월이 경과한 날부터 시행한다.

제2조(수수 금지 금품등의 신고에 관한 적용례) 제9조제1항은 이 법 시행 후 같은 항 각 호의 행위가 발생한 경우부터 적용한다.

제3조(외부강의등의 사례금 수수 제한에 관한 적용례) 제10조제1항은 이 법 시행 후 하는 외부강의등부터 적용한다.

부정청탁 및 금품 등 수수의 금지에 관한 법률 시행령

[시행 2018.1.17.] [대통령령 제28590호, 2018.1.17., 일부개정]

제1장 총칙

제1조(목적) 이 영은 「부정청탁 및 금품등 수수의 금지에 관한 법률」에서 위임된 사항과 그 시행에 필요한 사항을 규정함을 목적으로 한다.

제2조(윤리강령) ① 다음 각 호의 어느 하나에 해당하는 공공기관은 「부정청탁 및 금품등 수수의 금지에 관한 법률」(이하 "법"이라 한다) 제3조제2항에 따른 공직문화 형성을 위하여 소속 공직자등이 준수하여야 할 윤리강령(이하 "윤리강령"이라 한다)을 정할 수 있다.

1. 법 제2조제1호라목에 따른 「초·중등교육법」, 「고등교육법」, 「유아교육법」 및 그 밖의 다른 법령에 따라 설치된 각급 학교 및 「사립학교법」에 따른 학교법인

2. 법 제2조제1호마목에 따른 「언론중재 및 피해구제 등에 관한 법률」 제2조제12호에 따른 언론사

② 윤리강령에는 다음 각 호의 사항이 포함되어야 한다.

1. 직위를 이용한 인사 관여, 이권 개입, 알선, 청탁행위 등의 금지·제한에 관한 사항

2. 금품등 수수 행위의 금지·제한에 관한 사항

3. 강의·강연·기고 등의 신고 및 제한에 관한 사항

4. 그 밖에 공직자등의 청렴과 품위유지 등을 위하여 필요한 사항

③ 제1항 각 호에 따른 공공기관의 장은 윤리강령을 제정하거나 개정하는 경우에는 해당 공공기관의 인터넷 홈페이지에 공개할 수 있다.

④ 국민권익위원회는 제1항 각 호에 따른 공공기관이 윤리강령을 효과적으로 제정하거나 개정할 수 있도록 지원할 수 있다.

제2장 부정청탁의 금지 등

제3조(부정청탁의 신고 방법 등) 공직자등은 법 제7조제2항에 따라 부정청탁을 받은 사실을 신고하려는 경우에는 다음 각 호의 사항을 적은

서면(전자문서를 포함한다. 이하 같다)을 소속기관장에게 제출하여야 한다.

1. 신고자의 인적사항
    가. 성명, 주민등록번호, 주소, 소속 부서 및 연락처
    나. 그 밖에 신고자를 확인할 수 있는 인적사항
2. 부정청탁을 한 자의 인적사항
    가. 개인인 경우: 성명, 연락처, 직업 등 부정청탁을 한 자를 확인할 수 있는 인적사항
    나. 법인 또는 단체의 대표자인 경우: 가목의 사항 및 법인 또는 단체의 명칭·소재지
    다. 법인·단체 또는 개인의 대리인, 사용인, 그 밖의 종업원인 경우: 가목의 사항, 법인·단체 또는 개인의 명칭·소재지 및 대표자의 성명
3. 신고의 경위 및 이유
4. 부정청탁의 일시, 장소 및 내용
5. 부정청탁의 내용을 입증할 수 있는 증거자료(증거자료를 확보한 경우만 해당한다)

제4조(소속기관장의 부정청탁의 신고에 대한 확인 등) ① 법 제7조제2항에 따라 신고를 받은 소속기관장은 다음 각 호의 사항을 확인할 수 있다.
1. 제3조 각 호의 사항 등 신고 내용을 특정하는 데 필요한 사항
2. 신고 내용을 입증할 수 있는 참고인, 증거자료 등의 확보 여부
3. 다른 기관에 동일한 내용으로 신고를 하였는지 여부
② 소속기관장은 법 제7조제2항에 따른 신고가 이 조 제1항제1호에 따른 신고 내용을 특정하는 데 필요한 사항을 갖추지 못한 경우에는 적정한 기간을 정하여 신고자로 하여금 그 사항을 보완하게 할 수 있다.

제5조(소속기관장의 부정청탁 신고의 처리 등) 법 제7조제2항에 따라 신고를 받은 소속기관장은 신고의 내용에 관하여 필요한 조사를 하고, 다음 각 호의 구분에 따라 조사 결과에 대한 조치를 하여야 한다.
1. 범죄의 혐의가 있거나 수사의 필요성이 있다고 인정되는 경우: 수사기관에 통보

2. 과태료 부과 대상인 경우: 과태료 관할 법원에 통보

3. 징계 대상인 경우: 징계절차의 진행

제6조(소속기관장의 조사 결과의 통보 방법 등) ① 소속기관장은 법 제7조 제2항에 따라 신고를 받은 경우에는 조사를 마친 날부터 10일 이내에 조사의 결과를 신고자에게 서면으로 통보하여야 한다.

② 소속기관장이 제1항에 따라 통보하는 조사 결과에는 다음 각 호의 사항이 포함되어야 한다.

1. 신고사항의 처리결과 및 처리이유

2. 신고사항과 관련하여 신고자가 알아야 할 필요가 있는 사항

제7조(소속기관장의 부정청탁을 받은 공직자등에 대한 조치) ① 소속기관장은 법 제7조제4항제1호, 제2호 또는 제4호의 조치를 통해서도 그 목적을 달성할 수 없는 경우에 한정하여 법 제7조제4항제3호의 조치를 할 수 있다.

② 법 제7조제4항제4호에서 "대통령령으로 정하는 조치"란 다음 각 호의 어느 하나에 해당하는 조치를 말한다.

1. 직무 공동수행자의 지정

2. 사무분장의 변경

제8조(감독기관 등의 부정청탁의 신고 및 확인 등) ① 공직자등이 법 제7조제6항에 따라 감독기관, 감사원 또는 수사기관에 부정청탁을 받은 사실을 신고하려는 경우 제출하여야 하는 서면의 기재 사항에 관하여는 제3조를 준용한다.

② 법 제7조제6항에 따라 부정청탁의 신고를 받은 감독기관, 감사원, 또는 수사기관이 하는 부정청탁의 신고에 관한 확인 및 신고 내용의 보완에 관하여는 제4조를 준용한다.

제9조(감독기관 등의 부정청탁 신고의 조치 등) 법 제7조제6항에 따라 신고를 받은 감독기관, 감사원 또는 수사기관은 신고의 내용에 관하여 필요한 조사·감사 또는 수사(이하 "조사등"이라 한다)를 하고, 다음 각 호의 구분에 따라 조사등 결과에 대한 조치를 하여야 한다.

1. 감독기관 또는 감사원의 조치

　가. 범죄의 혐의가 있거나 수사의 필요성이 있다고 인정되는 경우:

수사기관에 통보

　　나. 과태료 부과대상이거나 징계의 필요성이 있는 경우: 소속기관에
　　　　통보

　2. 수사기관의 조치

　　가. 범죄의 혐의가 있거나 수사의 필요성이 있다고 인정되는 경우:
　　　　수사절차의 진행

　　나. 과태료 부과 대상이거나 징계의 필요성이 있는 경우: 소속기관
　　　　에 통보

제10조(감독기관 등의 조사등 결과의 통보 방법 등) 법 제7조제6항에 따라 신고를 받은 감독기관, 감사원 또는 수사기관의 조사등 결과의 신고자에 대한 통보 기간 및 방법 등에 관하여는 제6조를 준용한다.

제11조(국민권익위원회의 부정청탁의 신고 및 확인 등) ① 공직자등이 법 제7조제6항에 따라 국민권익위원회에 부정청탁을 받은 사실을 신고하려는 경우 제출하여야 하는 서면의 기재 사항에 관하여는 제3조를 준용한다.

② 법 제7조제6항에 따라 부정청탁의 신고를 받은 국민권익위원회가 하는 부정청탁의 신고에 관한 확인 및 신고 내용의 보완에 관하여는 제4조를 준용한다.

제12조(국민권익위원회의 부정청탁 신고의 처리 등) ① 법 제7조제6항에 따라 신고를 받은 국민권익위원회는 신고를 받은 날(신고 내용의 보완이 필요한 경우에는 제4조제2항에 따라 보완된 날을 말한다)부터 60일 이내에 제4조제1항 각 호의 사항을 확인한 후 다음 각 호의 구분에 따른 기관에 이첩하여야 한다.

1. 범죄의 혐의가 있거나 수사의 필요성이 있다고 인정되는 경우: 수사기관

2. 「감사원법」에 따른 감사가 필요하다고 인정되는 경우: 감사원

3. 제1호 또는 제2호 외의 경우: 소속기관 또는 감독기관

② 국민권익위원회는 신고내용이 여러 기관과 관련되는 경우에는 소속기관, 감독기관, 감사원 또는 수사기관 중에서 주관 기관을 지정하여 이첩할 수 있다. 이 경우 주관 기관은 상호 협조를 통하여 신고사항이

일괄 처리되도록 하여야 한다.

③ 국민권익위원회는 법 제7조제6항에 따라 접수받은 신고가 다음 각 호의 사항에 모두 해당하는 경우에는 소속기관장, 감독기관, 감사원 또는 수사기관에 송부할 수 있다.

1. 제1항에 따른 이첩 대상인지가 명백하지 아니한 경우

2. 제14조제1항에 따른 종결처리의 대상인지가 명백하지 아니한 경우

④ 국민권익위원회는 제1항부터 제3항까지의 규정에 따라 이첩하거나 송부하는 경우에는 제4조제1항 각 호의 확인 사항을 첨부하여 이첩하거나 송부하고, 이첩 또는 송부 사실을 신고자에게 통보하여야 한다.

제13조(이첩·송부의 처리 등) ① 소속기관장, 감독기관, 감사원 또는 수사기관은 제12조제1항부터 제3항까지의 규정에 따라 부정청탁의 신고를 이첩 또는 송부받은 경우 신고의 내용에 대하여 필요한 조사등을 한다.

② 제1항에 따른 소속기관장의 조사 결과에 대한 조치에 관하여는 제5조를 준용하고, 감독기관, 감사원 또는 수사기관의 조사등 결과에 대한 조치에 관하여는 제9조를 준용한다.

③ 소속기관장, 감독기관, 감사원 또는 수사기관은 부정청탁의 신고를 이첩 또는 송부받은 경우 조사등을 마친 날부터 10일 이내에 조사등의 결과를 신고자 및 국민권익위원회에 서면으로 통보하여야 한다.

④ 소속기관장, 감독기관, 감사원 또는 수사기관이 제3항에 따라 통보하는 조사등 결과에는 다음 각 호의 사항이 포함되어야 한다.

1. 신고사항의 처리결과 및 처리이유

2. 신고사항과 관련하여 신고자 및 국민권익위원회가 알아야 할 필요가 있는 사항

제14조(종결처리 등) ① 소속기관장, 감독기관, 감사원, 수사기관 또는 국민권익위원회는 제5조, 제9조, 제12조 및 제13조에도 불구하고 다음 각 호의 어느 하나에 해당하는 경우에는 접수받은 신고 또는 이첩·송부받은 신고를 종결할 수 있다. 이 경우 종결 사실과 그 사유를 신고자에게 통보하여야 한다.

1. 신고 내용이 명백히 거짓인 경우

2. 신고자가 제4조제2항에 따른 보완요구를 받고도 보완 기한 내에 보
   완하지 아니한 경우
3. 신고에 대한 처리결과를 통보받은 사항에 대하여 정당한 사유없이
   다시 신고한 경우로서 새로운 증거가 없는 경우
4. 신고 내용이 언론매체 등을 통하여 공개된 내용에 해당하고 조사등
   중에 있거나 이미 끝난 경우로서 새로운 증거가 없는 경우
5. 동일한 내용의 신고가 접수되어 먼저 접수된 신고에 관하여 조사등
   중에 있거나 이미 끝난 경우로서 새로운 증거가 없는 경우
6. 그 밖에 법 위반행위를 확인할 수 없는 등 조사등이 필요하지 아니
   하다고 인정되어 종결하는 것이 합리적이라고 인정되는 경우
② 제1항에 따라 통보를 받은 신고자는 새로운 증거자료의 제출 등 합
리적인 이유를 들어 다시 신고를 할 수 있다.

제15조(부정청탁의 내용 및 조치사항의 공개) ① 소속기관장은 다음 각 호
의 경우를 고려하여 법 제7조제7항에 따라 부정청탁의 내용 및 조치
사항을 공개할 수 있다.
1. 법 제5조제1항을 위반하여 과태료가 부과된 경우
2. 법 제6조를 위반하여 유죄판결 또는 기소유예처분이 확정된 경우
3. 그 밖에 소속기관장이 부정청탁 예방을 위하여 공개할 필요가 있다
   고 인정하는 경우
② 소속기관장은 법 제7조제7항에 따라 공개하는 부정청탁의 내용 및
조치사항에 다음 각 호의 내용 등을 포함시킬 수 있다.
1. 부정청탁의 일시·목적·유형 및 세부내용
2. 법 제7조제4항 각 호, 제16조 및 제21조에 따른 소속기관장의 조
   치 및 징계처분
3. 벌칙 또는 과태료 부과 등 제재 내용

제16조(위반행위의 기록·관리) ① 소속기관장은 법 제7조제8항에 따라
소속 공직자등과 관련하여 제3조, 제4조제1항, 제5조, 제7조 및 제13
조제1항에 따른 신고 내용, 확인 사항 및 처리내역 등을 기록하고 관
리하여야 한다. 이 경우 해당 기록의 보존기간에 관하여는 「공공기록
물 관리에 관한 법률 시행령」 제26조를 준용한다.

② 소속기관장은 제1항의 기록을 전자매체 또는 마이크로필름 등 전자
적 처리가 가능한 방법으로 관리하여야 한다.

제3장 금품등의 수수 금지 등

제17조(사교·의례 등 목적으로 제공되는 음식물·경조사비 등의 가액 범위)
법 제8조제3항제2호에서 "대통령령으로 정하는 가액 범위"란 별표 1에
따른 금액을 말한다.

제18조(수수 금지 금품등의 신고 방법 등) 공직자등은 법 제9조제1항에 따
라 수수 금지 금품등을 신고하려는 경우에는 다음 각 호의 사항을 적
은 서면을 소속기관장에게 제출하여야 한다.
1. 신고자의 인적사항
   가. 성명, 주민등록번호, 주소, 소속 부서 및 연락처
   나. 그 밖에 신고자를 확인할 수 있는 인적사항
2. 수수 금지 금품등을 제공하거나 그 제공의 약속 또는 의사표시를
   한 자의 인적사항
   가. 개인인 경우: 성명, 연락처, 직업 등 수수 금지 금품등을 제공하
      거나 그 제공의 약속 또는 의사표시를 한 자를 확인할 수 있는
      인적사항
   나. 법인 또는 단체의 대표자인 경우: 가목의 사항 및 법인 또는 단
      체의 명칭·소재지
   다. 법인·단체 또는 개인의 대리인, 사용인, 그 밖의 종업원인 경
      우: 가목의 사항, 법인·단체 또는 개인의 명칭·소재지 및 대표
      자의 성명
3. 신고의 경위 및 이유
4. 금품등의 종류 및 가액
5. 금품등의 반환 여부
6. 신고 내용을 입증할 수 있는 증거자료(증거자료를 확보한 경우만
   해당한다)

제19조(소속기관장의 수수 금지 금품등의 신고에 대한 조치 등) ① 법 제9
조제1항에 따라 신고를 받은 소속기관장의 수수 금지 금품등의 신고에

관한 확인 및 신고 내용의 보완에 관하여는 제4조를 준용한다.

② 소속기관장은 법 제9조제1항에 따라 신고를 받은 경우에는 수수 금지 금품등의 신고 내용에 관하여 필요한 조사를 하여야 한다. 이 경우 조사 결과에 대한 조치에 관하여는 제5조를 준용한다.

③ 법 제9조제1항에 따라 신고를 받은 소속기관장의 조사 결과에 대한 통보 기간 및 방법 등에 관하여는 제6조를 준용한다.

④ 소속기관장은 소속 공직자등의 수수 금지 금품등의 신고 내용과 확인 사항 및 처리내역을 기록하고 관리하여야 한다. 이 경우 기록·관리 및 보존에 관하여는 제16조를 준용한다.

제20조(감독기관 등의 수수 금지 금품등의 신고에 대한 조치 등) ① 공직자등이 법 제9조제6항에 따라 감독기관, 감사원 또는 수사기관에 수수 금지 금품등을 신고하려는 경우 제출하여야 하는 서면의 기재 사항에 관하여는 제18조를 준용한다.

② 감독기관, 감사원 또는 수사기관이 법 제9조제6항에 따라 수수 금지 금품등을 신고 받은 경우 신고에 관한 확인 및 신고 내용의 보완에 관하여는 제4조를 준용한다.

③ 감독기관, 감사원 또는 수사기관은 법 제9조제6항에 따라 신고를 받은 경우에는 수수 금지 금품등의 신고의 내용에 관하여 필요한 조사 등을 하여야 한다. 이 경우 조사등 결과에 대한 조치에 관하여는 제9조를 준용한다.

④ 법 제9조제6항에 따라 신고를 받은 감독기관, 감사원 또는 수사기관의 조사등 결과의 신고자에 대한 통보 기간 및 방법에 관하여는 제6조를 준용한다.

제21조(국민권익위원회의 수수 금지 금품등의 신고에 대한 조치 등) ① 공직자등이 법 제9조제6항에 따라 국민권익위원회에 수수 금지 금품등을 신고하려는 경우 제출하여야 하는 서면의 기재 사항에 관하여는 제18조를 준용한다.

② 국민권익위원회가 법 제9조제6항에 따라 수수 금지 금품등을 신고 받은 경우 신고에 관한 확인 및 신고 내용의 보완에 관하여는 제4조를 준용한다.

③ 국민권익위원회가 법 제9조제6항에 따라 신고를 받은 경우 신고의 이첩 또는 송부 방법 및 이첩 또는 송부의 처리 결과에 대한 통보에 관하여는 제12조를 준용한다.

제22조(이첩·송부의 처리 등) 소속기관장, 감독기관, 감사원 또는 수사기관이 제21조제3항에 따라 준용되는 제12조제1항부터 제3항까지의 규정에 따라 수수 금지 금품등의 신고를 이첩 또는 송부받은 경우 이첩 또는 송부에 관한 조치 및 통보 방법에 관하여는 제13조를 준용한다.

제23조(종결처리 등) 소속기관장, 감독기관, 감사원, 수사기관 또는 국민권익위원회가 신고를 종결할 수 있는 경우에 관하여는 제14조를 준용한다.

제24조(인도받은 금품등의 처리) ① 소속기관장, 감독기관, 감사원, 수사기관 또는 국민권익위원회는 법 제9조제2항 단서 또는 같은 조 제6항에 따라 금품등을 인도받은 경우에는 즉시 사진으로 촬영하거나 영상으로 녹화하여야 한다.

② 법 제9조제6항에 따라 금품등을 인도받은 국민권익위원회는 제21조제3항에 따라 준용되는 제12조제1항부터 제3항까지의 규정에 따라 신고를 이첩 또는 송부하는 경우에는 인도받은 금품등과 제1항에 따라 촬영하거나 영상으로 녹화한 기록물을 첨부하여 이첩 또는 송부하여야 한다. 이 경우 이첩 또는 송부한 사실을 금품등을 인도한 자에게 통보하여야 한다.

③ 법 제9조제2항 단서, 같은 조 제6항 또는 이 조 제2항에 따라 금품등을 인도, 이첩 또는 송부받은 소속기관장, 감독기관, 감사원 또는 수사기관은 조사등을 한 결과, 인도·이첩 또는 송부받은 금품등이 수수 금지 금품등이 아닌 경우에는 다른 법령에 특별한 규정이 있는 경우를 제외하고 금품등을 인도한 자에게 반환한다.

④ 소속기관장, 감독기관, 감사원, 수사기관 또는 국민권익위원회는 인도받은 금품등이 멸실·부패·변질 등으로 인하여 제2항 또는 제3항에 따라 처리하기 어렵다고 판단되는 경우에는 금품등을 인도한 자의 동의를 받아 폐기처분한다.

제25조(수수가 제한되는 외부강의등의 사례금 상한액) 법 제10조제1항에서 "대통령령으로 정하는 금액"이란 별표 2에 따른 금액을 말한다.

제26조(외부강의등의 신고) ① 법 제10조제2항 본문에 따라 같은 조 제1항에 따른 외부강의등(이하 "외부강의등"이라 한다)을 신고하려는 공직자등은 다음 각 호의 사항을 적은 서면을 소속기관장에게 제출하여야 한다. <개정 2018.1.17.>

1. 신고자의 성명, 소속, 직급 및 연락처
2. 외부강의등의 일시, 강의시간 및 장소
3. 외부강의등의 주제
4. 사례금 총액 및 상세 명세(사례금을 받는 경우만 해당한다)
5. 외부강의등의 요청자(요청기관), 담당자 및 연락처

② 제1항에 따른 신고를 할 때 상세 명세 또는 사례금 총액 등을 미리 알 수 없는 경우에는 해당 사항을 제외한 사항을 신고한 후 해당 사항을 안 날부터 5일 이내에 보완하여야 한다. <개정 2018.1.17.>

제27조(초과사례금의 신고방법 등) ① 공직자등은 법 제10조제1항에 따른 금액을 초과하는 사례금(이하 "초과사례금"이라 한다)을 받은 경우에는 법 제10조제5항에 따라 초과사례금을 받은 사실을 안 날부터 2일 이내에 다음 각 호의 사항을 적은 서면으로 소속기관장에게 신고하여야 한다.

1. 제26조제1항에 따른 신고사항
2. 초과사례금의 액수 및 초과사례금의 반환 여부

② 제1항에 따른 신고를 받은 소속기관장은 초과사례금을 반환하지 아니한 공직자등에 대하여 신고사항을 확인한 후 7일 이내에 반환하여야 할 초과사례금의 액수를 산정하여 해당 공직자등에게 통지하여야 한다.

③ 제2항에 따라 통지를 받은 공직자등은 지체 없이 초과사례금(신고자가 초과사례금의 일부를 반환한 경우에는 그 차액으로 한정한다)을 제공자에게 반환하고 그 사실을 소속기관장에게 알려야 한다.

제28조(반환ㆍ인도 비용의 청구) 공직자등은 자신이나 자신의 배우자가 법 제9조제2항 또는 제6항에 따라 금품등을 반환 또는 인도하거나 법 제10조제5항에 따라 초과사례금을 반환한 경우에는 소속기관장에게 증명자료를 첨부하여 반환하는 데 든 비용을 청구할 수 있다.

제4장 부정청탁 등 방지에 관한 업무의 총괄 등

제29조(법 위반행위의 신고) 누구든지 법 제13조제1항에 따라 법의 위반행위가 발생하였거나 발생하고 있다는 사실을 신고하려는 경우 다음 각 호의 사항을 적은 서면을 법 위반행위가 발생한 공공기관, 감독기관, 감사원, 수사기관(이하 "조사기관"이라 한다) 또는 국민권익위원회에 제출하여야 한다.

1. 신고자의 인적사항

  가. 성명, 주민등록번호, 주소, 직업 및 연락처

  나. 그 밖에 신고자를 확인할 수 있는 인적사항

2. 법 위반행위자의 인적사항

  가. 개인인 경우: 성명, 연락처, 직업 등 법 위반행위자를 확인할 수 있는 인적사항

  나. 법인 또는 단체의 대표자인 경우: 가목의 사항 및 법인 또는 단체의 명칭·소재지

  다. 법인·단체 또는 개인의 대리인, 사용인, 그 밖의 종업원인 경우: 가목의 사항, 법인·단체 또는 개인의 명칭·소재지 및 대표자의 성명

3. 신고의 경위 및 이유

4. 법 위반행위가 발생한 일시, 장소 및 내용

5. 법 위반행위 내용을 입증할 수 있는 증거자료(증거자료를 확보한 경우만 해당한다)

제30조(조사기관의 법 위반행위의 신고에 대한 확인 등) ① 법 제13조제1항에 따라 신고를 받은 조사기관은 다음 각 호의 사항을 확인할 수 있다.

1. 제29조 각 호의 사항 등 신고 내용을 특정하는 데 필요한 사항

2. 신고 내용을 입증할 수 있는 참고인, 증거자료 등의 확보 여부

3. 다른 기관에 동일한 내용으로 신고를 하였는지 여부

4. 신고자가 신고처리과정에서 그 신분을 밝히거나 암시하는 것(이하 "신분공개"라 한다)에 동의하는지 여부

② 조사기관은 제1항제4호에 따라 신분공개에 동의하는지 여부를 확인하는 경우에는 신고의 처리 절차 및 신분공개 절차에 관하여 신고자에

게 설명하여야 한다.

③ 조사기관은 법 제13조제1항에 따른 신고가 이 조 제1항제1호에 따른 신고 내용을 특정하는 데 필요한 사항을 갖추지 못한 경우에는 적정한 기간을 정하여 신고자로 하여금 그 사항을 보완하게 할 수 있다.

제31조(조사기관의 법 위반행위의 신고에 대한 조치 등) 조사기관이 법 제13조제1항에 따라 신고를 받은 경우 법 위반행위의 신고에 대한 조사 등 결과에 대한 조치 사항, 통보 기간 및 방법 등에 관하여는 제5조, 제6조 및 제9조를 준용한다.

제32조(국민권익위원회의 법 위반행위의 신고에 대한 확인) 법 제13조제1항에 따라 신고를 받은 국민권익위원회의 신고에 관한 확인 사항, 신고자에 대한 설명 및 신고 내용의 보완에 관하여는 제30조를 준용한다.

제33조(국민권익위원회의 법 위반행위의 신고의 처리 등) ① 법 제13조제1항에 따라 신고를 받은 국민권익위원회는 신고를 받은 날(신고 내용의 보완이 필요한 경우에는 제30조제3항에 따라 보완된 날을 말한다)부터 60일 이내에 제30조제1항 각 호의 사항을 확인한 후 다음 각 호의 구분에 따른 기관에 이첩하여야 한다.

1. 범죄의 혐의가 있거나 수사의 필요성이 있다고 인정되는 경우: 수사기관

2. 「감사원법」에 따른 감사가 필요하다고 인정되는 경우: 감사원

3. 제1호 또는 제2호 외의 경우: 소속기관 또는 감독기관

② 국민권익위원회는 신고내용이 여러 기관과 관련되는 경우에는 소속기관, 감독기관, 감사원 또는 수사기관 중에서 주관 기관을 지정하여 이첩할 수 있다. 이 경우 주관 기관은 상호 협조를 통하여 신고사항이 일괄 처리되도록 하여야 한다.

③ 국민권익위원회는 법 제13조제1항에 따라 접수받은 신고가 다음 각 호의 사항에 모두 해당하는 경우에는 소속기관장, 감독기관, 감사원 또는 수사기관에 송부할 수 있다.

1. 제1항에 따른 이첩 대상인지가 명백하지 아니한 경우

2. 제14조제1항에 따른 종결처리의 대상인지가 명백하지 아니한 경우

④ 국민권익위원회는 제1항부터 제3항까지의 규정에 따라 이첩하거나

송부하는 경우에는 제30조제1항 각 호의 확인 사항(신고자가 신분공개에 동의하지 아니한 경우 신고자의 인적사항은 제외한다)을 첨부하여 이첩하거나 송부하고, 이첩 또는 송부 사실을 신고자에게 통보하여야 한다.
⑤ 국민권익위원회는 제34조제2항에 따라 조사기관으로부터 조사등 결과를 통보받은 경우 지체 없이 신분공개에 동의하지 아니한 신고자에게 조사등 결과를 서면으로 통보하여야 한다.

제34조(조사기관의 이첩·송부의 처리) ① 조사기관은 제33조제1항부터 제3항까지의 규정에 따라 법 위반행위 신고를 이첩 또는 송부받은 경우 신고의 내용에 대하여 필요한 조사등을 하고, 다음 각 호의 구분에 따라 조사등 결과에 대한 조치를 하여야 한다.
1. 소속기관장의 조치
  가. 범죄의 혐의가 있거나 수사의 필요성이 있다고 인정되는 경우: 수사기관에 통보
  나. 과태료 부과 대상인 경우: 과태료 관할 법원에 통보
  다. 징계 대상인 경우: 징계절차의 진행
2. 감독기관 또는 감사원의 조치
  가. 범죄의 혐의가 있거나 수사의 필요성이 있다고 인정되는 경우: 수사기관에 통보
  나. 과태료 부과대상이거나 징계의 필요성이 있는 경우: 소속기관에 통보
3. 수사기관의 조치
  가. 범죄의 혐의가 있거나 수사의 필요성이 있다고 인정되는 경우: 수사절차의 진행
  나. 과태료 부과 대상이거나 징계의 필요성이 있는 경우: 소속기관에 통보
② 조사기관은 법 위반행위 신고를 이첩 또는 송부받은 경우 조사등을 마친 날부터 10일 이내에 조사등의 결과를 신고자(신고자가 신분공개에 동의하지 아니하여 신고자의 인적사항을 제외하고 신고를 이첩 또는 는 송부받은 경우는 제외한다) 및 국민권익위원회에 서면으로 통보하여야 한다.
③ 조사기관이 제2항에 따라 통보하는 조사등 결과에는 다음 각 호의

사항이 포함되어야 한다.

1. 신고사항의 처리결과 및 처리이유
2. 신고사항과 관련하여 신고자 및 국민권익위원회가 알아야 할 필요가 있는 사항

제35조(종결처리 등) 소속기관장, 감독기관, 감사원, 수사기관 또는 국민권익위원회가 신고를 종결할 수 있는 경우에 관하여는 제14조를 준용한다.

제36조(법 위반행위의 신고처리 결과에 대한 이의신청) ① 신고자는 법 제14조제5항에 따라 이의신청을 하려는 경우에는 같은 조 제3항 또는 제4항에 따라 조사등에 대한 결과를 통보받은 날부터 7일 이내에 이의신청의 경위와 이유를 적은 신청서에 필요한 자료를 첨부하여 서면으로 신청할 수 있다.

② 법 제14조제5항에 따라 이의신청을 받은 조사기관 또는 국민권익위원회는 이의신청을 받은 날부터 30일 이내에 이의신청에 대한 결정을 통지하여야 한다.

③ 제2항에 따른 이의신청에 대한 결정의 통지와 법 제14조제7항에 따른 재조사 결과의 통지에 대해서는 다시 이의신청을 할 수 없다.

제37조(수사 개시ㆍ종료의 통보) 수사기관은 법 위반행위에 따른 신고 등에 따라 범죄 혐의가 있다고 인식하여 수사를 시작한 때와 이를 마친 때에는 10일 이내에 그 사실을 해당 공직자등이 소속한 공공기관에 통보하여야 한다.

제38조(신분보호 조치 등) 조사기관은 신고자가 신분공개에 동의하지 아니하고 신고한 경우 조사등의 과정에서 신고자의 신분이 공개되지 아니하도록 필요한 조치를 하여야 한다.

제39조(청렴자문위원회의 구성ㆍ운영) ① 공공기관의 장은 다음 각 호의 사항에 관한 검토를 위하여 청렴자문위원회를 둘 수 있다.

1. 법 제7조제7항에 따른 부정청탁의 공개에 관한 사항
2. 법 제7조, 제9조 및 제14조에 따른 부정청탁 및 수수 금지 금품등의 신고의 처리 및 조치 등에 관한 사항

3. 제40조에 따른 포상금 지급 대상자 추천에 관한 사항

4. 그 밖에 법 시행을 위하여 공공기관의 장이 필요하다고 인정하는 사항

② 제1항에 따른 청렴자문위원회의 구성ㆍ운영에 필요한 세부적인 사항은 해당 공공기관의 장이 정한다.

제40조(포상금 지급 대상자 추천 등) ① 조사기관은 법 위반행위 신고자 중에서 법 제15조제5항에 따른 포상금 지급 대상에 해당하는 자가 있는 경우에는 국민권익위원회에 대상자를 추천할 수 있다.

② 제1항에 따라 추천을 하는 조사기관은 국민권익위원회가 포상금 지급사유를 확인할 수 있도록 관련 자료를 함께 제출하여야 한다.

③ 국민권익위원회는 제1항에 따라 추천을 받은 경우 포상금 지급을 위하여 조사기관, 이해관계자 및 참고인 등을 상대로 포상금 지급사유를 확인할 수 있다.

④ 국민권익위원회는 제1항에 따라 추천을 받은 경우 외에도 필요한 경우에는 포상금 지급 대상자를 선정하여 포상금을 지급할 수 있다.

제41조(정보시스템의 구축ㆍ운영 등) ① 국민권익위원회는 법 제12조에 따른 업무의 효율적인 운영을 위하여 정보시스템을 구축ㆍ운영할 수 있다.

② 국민권익위원회는 공공기관의 장으로 하여금 법 제12조에 따른 업무 수행에 필요한 자료를 제1항에 따른 정보시스템에 입력을 하도록 요청할 수 있다.

제42조(교육 등) ① 공공기관의 장은 법 제19조제1항에 따라 매년 부정청탁 금지 및 금품등 수수의 금지에 관한 교육계획을 수립하여야 한다.

② 제1항에 따른 교육계획에는 교육의 대상ㆍ내용ㆍ방법 등이 포함되어야 한다.

③ 공공기관의 장은 법 제19조제1항에 따라 공직자등에게 연 1회 이상 교육을 실시하여야 하고, 부정청탁 금지 및 금품등 수수의 금지에 관한 법령을 준수할 것을 약속하는 서약서를 신규채용을 할 때 받아야 한다. <개정 2018.1.17.>

④ 국민권익위원회는 법 제19조제3항에 따른 지원을 위하여 전문강사 양성, 표준교재 및 강의안 개발ㆍ보급, 청렴연수원 집합교육 운영 등

지원 방안을 수립·시행할 수 있다.

제43조(징계기준) 공공기관의 장은 법 제21조에 따른 징계를 위하여 위반행위의 유형, 비위 정도, 과실의 경중 등을 고려하여 세부적인 기준을 마련하여야 한다.

제44조(고유식별정보 등의 처리) 공공기관의 장은 다음 각 호의 사무를 수행하기 위하여 불가피한 경우 「개인정보 보호법」 제23조에 따른 민감정보, 같은 법 시행령 제19조제1호, 제2호 및 제4호에 따른 주민등록번호, 여권번호 및 외국인등록번호가 포함된 자료를 처리할 수 있다.

1. 법 제7조 및 제9조에 따른 부정청탁 및 수수 금지 금품등의 신고·처리 등에 관한 사무
2. 법 제10조에 따른 외부강의등의 신고·처리 등에 관한 사무
3. 법 제13조 및 제14조에 따른 법 위반행위의 신고·처리 등에 관한 사무
4. 법 제15조에 따른 신고자등의 보호·보상에 관한 사무
5. 법 제17조에 따른 부당이득의 환수에 관한 사무

제45조(규제의 재검토) 국민권익위원회는 다음 각 호의 사항에 대하여 2018년 12월 31일까지 그 타당성을 검토하여 개선 등의 조치를 하여야 한다.

1. 제17조 및 별표 1에 따른 사교·의례 등 목적으로 제공되는 음식물·경조사비·선물 등의 가액 범위
2. 제25조 및 별표 2에 따른 수수가 제한되는 외부강의등의 사례금 상한액

부칙

<제28590호, 2018.1.17.>

제1조(시행일) 이 영은 공포한 날부터 시행한다.

제2조(경조사비 등의 가액 범위에 관한 적용례) 별표 1의 개정규정은 이 영 시행 이후 경조사비 등을 받거나 요구 또는 약속하는 경우부터 적용한다.

제3조(외부강의등 사례금 상한액에 관한 적용례) 별표 2의 개정규정은 이 영 시행 이후 외부강의등을 하는 경우부터 적용한다.

[별표 1] 〈개정 2018. 1. 17.〉

음식물·경조사비·선물 등의 가액 범위(제17조 관련)

1. 음식물(제공자와 공직자등이 함께 하는 식사, 다과, 주류, 음료, 그
   밖에 이에 준하는 것을 말한다): 3만원
2. 경조사비: 축의금·조의금은 5만원. 다만, 축의금·조의금을 대신하
   는 화환·조화는 10만원으로 한다.
3. 선물: 금전, 유가증권, 제1호의 음식물 및 제2호의 경조사비를 제외
   한 일체의 물품, 그 밖에 이에 준하는 것은 5만원. 다만, 「농수산
   물 품질관리법」 제2조제1항제1호에 따른 농수산물(이하 "농수산물"
   이라 한다) 및 같은 항 제13호에 따른 농수산가공품(농수산물을 원
   료 또는 재료의 50퍼센트를 넘게 사용하여 가공한 제품만 해당하며,
   이하 "농수산가공품"이라 한다)은 10만원으로 한다.

※ 비고

가. 제1호, 제2호 본문·단서 및 제3호 본문·단서의 각각의 가액 범
    위는 각각에 해당하는 것을 모두 합산한 금액으로 한다.
나. 제2호 본문의 축의금·조의금과 같은 호 단서의 화환·조화를 함
    께 받은 경우 또는 제3호 본문의 선물과 같은 호 단서의 농수산물
    ·농수산가공품을 함께 받은 경우에는 각각 그 가액을 합산한다.
    이 경우 가액 범위는 10만원으로 하되, 제2호 본문 또는 단서나
    제3호 본문 또는 단서의 가액 범위를 각각 초과해서는 안된다.
다. 제1호의 음식물, 제2호의 경조사비 및 제3호의 선물 중 2가지 이
    상을 함께 받은 경우에는 그 가액을 합산한다. 이 경우 가액 범위
    는 함께 받은 음식물, 경조사비 및 선물의 가액 범위 중 가장 높
    은 금액으로 하되, 제1호부터 제3호까지의 규정에 따른 가액 범위
    를 각각 초과해서는 안 된다.

[별표 2] 〈개정 2018. 1. 17.〉

외부강의등 사례금 상한액(제25조 관련)

1. 공직자등별 사례금 상한액
   가. 법 제2조제2호가목 및 나목에 따른 공직자등(같은 호 다목에 따른 각급 학교의 장과 교직원 및 같은 호 라목에 따른 공직자등에도 해당하는 사람은 제외한다): 40만원
   나. 법 제2조제2호다목 및 라목에 따른 공직자등: 100만원
   다. 가목 및 나목에도 불구하고 국제기구, 외국정부, 외국대학, 외국연구기관, 외국학술단체, 그 밖에 이에 준하는 외국기관에서 지급하는 외부강의등의 사례금 상한액은 사례금을 지급하는 자의 지급기준에 따른다.

2. 적용기준
   가. 제1호가목 및 나목의 상한액은 강의 등의 경우 1시간당, 기고의 경우 1건당 상한액으로 한다.
   나. 제1호가목에 따른 공직자등은 1시간을 초과하여 강의 등을 하는 경우에도 사례금 총액은 강의시간에 관계없이 1시간 상한액의 100분의 150에 해당하는 금액을 초과하지 못한다.
   다. 제1호가목 및 나목의 상한액에는 강의료, 원고료, 출연료 등 명목에 관계없이 외부강의등 사례금 제공자가 외부강의등과 관련하여 공직자등에게 제공하는 일체의 사례금을 포함한다.
   라. 다목에도 불구하고 공직자등이 소속기관에서 교통비, 숙박비, 식비 등 여비를 지급받지 못한 경우에는 「공무원 여비 규정」 등 공공기관별로 적용되는 여비 규정의 기준 내에서 실비수준으로 제공되는 교통비, 숙박비 및 식비는 제1호의 사례금에 포함되지 않는다.

부정청탁 및 금품 등 수수의 신고사무 처리지침 표준안

제1장 총칙

제1조(목적) 이 지침은 「부정청탁 및 금품등 수수의 금지에 관한 법률」 및 같은 법 시행령에서 규정하고 있는 부정청탁 및 금품등 수수의 신고 접수 및 처리 등의 업무를 적정하고 효율적으로 수행하는데 필요한 사항을 정함을 목적으로 한다.

제2조(정의) 청탁방지담당관이란 「부정청탁 및 금품등 수수의 금지에 관한 법률」(이하 "법"이라 한다) 제20조에 따라 지정되어 부정청탁 금지 등의 업무를 담당하는 자를 말한다.

제2장 신고의 접수 등

제3조(신고 상담) ① 청탁방지담당관과 감독기관, 감사원 또는 수사기관 (이하 "청탁방지담당관등"이라 한다)은 부정청탁 및 금품등의 수수 금지에 관하여 상담하는 경우에는 상담자의 인적사항이나 상담내용이 외부에 알려지지 않도록 특별히 주의하여야 한다.② 제1항에 따라 상담을 실시한 청탁방지담당관등은 그 상담내용 및 확인사항을 별지 제1호 서식의 상담기록관리부에 기록하여야 한다.

제4조(신고의 접수) ① 청탁방지담당관등은 신고자의 편의를 위하여 별지 제2호 및 별지 제2호의2 서식의 신고서를 비치하여 활용할 수 있다.② 청탁방지담당관등은 「부정청탁 및 금품등 수수의 금지에 관한 법률 시행령」(이하 "영"이라 한다) 제3조, 제8조제1항, 제18조, 제20조제1항 및 제29조에 따라 신고를 받은 경우에는 별지 제3호 서식의 신고접수 처리부에 따라 기록하고 별지 제4호 서식의 접수증을 신고자에게 교부하여야 한다. 다만, 신고자가 직접 방문하지 아니하고 신고하는 경우에

는 접수증 교부를 생략할 수 있다.③ 청탁방지담당관등은 영 제3조, 제8조제1항, 제18조, 제20조제1항 및 제29조에 따라 신고하려는 자가 현지 출장을 요청한 경우에는 직접 방문하여 신고를 접수할 수 있다. 이 경우 신고의 접수절차는 제2항을 준용한다.

제5조(외부강의등의 신고) 청탁방지담당관은 영 제26조제1항에 따라 외부강의등을 신고 받는 경우에는 별지 제5호 서식의 외부강의등 신고서를 활용할 수 있다.

제6조(초과사례금의 신고) ① 청탁방지담당관은 영 제27조제1항에 따라 초과사례금을 신고 받는 경우에는 별지 제6호 서식의 초과사례금 신고서를 활용할 수 있다.② 청탁방지담당관은 영 제27조제2항에 따라 반환해야 할 초과사례금의 액수를 산정하여 통지한 경우에는 그 초과사례금의 반환여부를 확인하여야 한다.

제7조(신고기록) ① 제4조제2항 또는 제3항에 따라 신고서(전자문서를 포함한다. 이하 같다)를 접수한 청탁방지담당관등은 별지 제7호 서식의 신고기록표지 및 별지 제8호 서식의 신고기록 목록을 작성하여 신고서와 증거자료 등 관련서류 일체를 함께 편철하여 관리하여야 한다.② 청탁방지담당관등은 제1항의 신고기록 표지를 작성함에 있어서 신고자가 신분공개에 동의하지 않는 경우에는 신고자의 인적사항을 기재하지 아니할 수 있다.

제3장 신고사항의 확인 및 처리

제8조(신고에 대한 확인 등) ① 청탁방지담당관등은 영 제4조제1항, 제8조제2항, 제19조제1항, 제20조제2항 및 제30조제1항에 따라 신고사항을 확인하는 경우에는 신고자가 신분공개에 동의하는지 여부를 확인하여 별지 제9호 서식의 신분공개 동의여부 등 확인서에 신고자의 서명 또는 날인을 받아야 한다.② 청탁방지담당관등은 제1항에 따라 신분공개에 동의하는지 여부를 확인하는 경우에는 신고의 처리 절차 및 신분공

개 절차에 관하여 신고자에게 설명하여야 한다.

제9조(신고의 보완) ① 청탁방지담당관등은 영 제4조제2항, 제8조제2항, 제19조제1항, 제20조제2항 및 제30조제3항에 따라 신고자에게 적정한 기간을 정하여 신고의 보완을 요구하는 경우에는 서면(전자문서를 포함한다. 이하 같다) 또는 구술 등으로 하되, 신고인이 특별히 요청한 경우에는 서면으로 하여야 한다.② 청탁방지담당관등은 신고자가 제1항에 따른 기간 내에 신고를 보완하지 아니한 경우에는 영 제14조제1항, 제23조 및 제35조에 따라 그 신고를 종결할 수 있다.

제10조(신고의 취소) 청탁방지담당관등은 신고자가 서면 또는 정보통신망으로 신고를 취소하는 경우 그 신고를 종결할 수 있다.

제11조(신고의 처리) ① 청탁방지담당관등은 영 제5조제1호, 제9조제1호가목, 제13조제2항, 제19조제2항, 제20조제3항, 제22조, 제31조, 제34조제1항제1호가목 및 같은 항 제2호가목에 따라 수사기관에 통보하는 경우에는 신고서와 증거자료 등 관련서류 사본을 별지 제10호 서식의 청탁금지법 위반 신고 통보서와 함께 송부하여야 한다.② 청탁방지담당관등은 영 제5조제2호, 제13조제2항, 제19조제2항, 제22조, 제31조 및 제34조제1항제1호나목에 따라 과태료 관할 법원에 통보하는 경우에는 신고서와 증거자료 등 관련서류 사본을 별지 제11호 서식의 청탁금지법 위반내역서와 함께 송부하여야 한다.③ 감독기관, 감사원 또는 수사기관은 영 제9조제1호나목 및 같은 조 제2호나목, 제13조제2항, 제20조제3항, 제22조, 제31조, 제34조제1항제2호나목 및 같은 조 제3호나목에 따라 소속기관에 통보하는 경우에는 제1항을 준용한다.④ 청탁방지담당관등은 제1항부터 제3항까지의 규정에 따라 통보하는 경우에는 신고자가 신분공개에 동의하지 아니하는 경우 송부서류에서 신고자의 인적사항을 제외하여야 한다.

제12조(조사등 결과의 통보) ① 청탁방지담당관등은 영 제6조제1항, 제10조, 제13조제3항, 제19조제3항, 제20조제4항, 제22조, 제31조 및 제34조제2항에 따라 신고자에게 조사등의 결과를 통보하는 경우에는 별

지 제12호 서식의 신고자 보호·보상제도 운영 안내문을 함께 통보하여
야 한다.② 영 제31조 및 제34조제2항에 따라 신고자에게 통보하는 조
사등의 결과에는 이의신청 방법 및 이의신청 기한이 포함되어야 한다.

제13조(조사등 결과에 대한 이의신청) 청탁방지담당관등은 영 제36조제1
항에 따른 이의신청을 받는 경우에는 별지 제13호 서식의 이의신청서
를 활용할 수 있다.

제14조(금품등의 인도 및 처리 등) ① 청탁방지담당관등은 법 제9조제2항
단서 또는 같은 조 제6항에 따라 금품등을 인도받은 경우에는 별지 제
14호 서식의 금품등 인도확인서(이하 "인도확인서"라 한다)에 금품등
을 인도한 자와 연명으로 서명 또는 날인하여 1부는 금품등을 인도한
자에게 교부하고 1부는 청탁방지담당관등이 보관하여야 한다.② 제1항
에 따라 금품등을 인도받은 청탁방지담당관등은 별지 제15호 서식의
금품등 관리대장에 기록하고 인도받은 금품등을 인도확인서 및 영 제
24조제1항에 따라 사진으로 촬영하거나 영상으로 녹화한 기록물과 함
께 보관하여야 한다.③ 청탁방지담당관등은 영 제24제3항에 따라 금품
등을 반환하는 경우에는 별지 제16호 서식의 금품등 반환확인서에 금
품등을 반환받는 자와 연명으로 서명 또는 날인하여야 한다.④ 청탁방
지담당관등은 영 제24조제4항에 따라 인도받은 금품등을 폐기처분하
는 경우에는 별지 제17호 서식의 금품등 폐기처분 동의확인서에 금품
등을 인도한 자의 서명 또는 날인을 받아야 하며, 별지 제18호 서식의
금품등 폐기처분대장을 작성하여 폐기처분 장면을 사진으로 촬영하거
나 영상으로 녹화한 기록물과 함께 보관하여야 한다.⑤ 청탁방지담당
관등은 과태료 부과 또는 징계의 필요성이 있다고 인정되는 경우에는
과태료 재판이나 징계절차가 완료될 때까지 인도받은 금품등을 보관하
고, 과태료 부과가 재판으로 확정되거나 징계처분이 확정된 경우에는
국고금 관리법 등 관련법령에서 정하는 절차에 따라 세입조치를 한다.
다만, 멸실·부패·변질 등으로 인하여 보관이 어려운 경우 금품등의 처
리는 제4항을 준용한다.

제15조(반환·인도 비용의 청구) 청탁방지담당관등은 영 제28조에 따라 금품등을 반환 또는 인도하거나 초과사례금을 반환한 자가 별지 제19호 서식의 반환비용청구 신청서에 따라 반환비용을 청구한 경우에는 예산의 범위 안에서 이를 지급할 수 있다.

제16조(위반행위의 기록·관리) 청탁방지담당관등은 영 제16조 및 제19조 제4항에 따라 소속 공직자등의 위반행위와 관련한 사항을 별지 제20호 서식의 위반행위 관리대장에 따라 기록·관리하여야 한다.

부   칙

제1조(시행일) 이 지침은 발령한 날부터 시행한다.

상담기록관리부

<table>
<tr><td>상담일시</td><td></td><td>상담유형</td><td>〔 〕방문 〔 〕전화 〔 〕기타(   )</td></tr>
<tr><td rowspan="2">상 담
요청자</td><td>성명</td><td colspan="2">생년월일</td></tr>
<tr><td>소속
(주소)</td><td colspan="2">연락처</td></tr>
</table>

상담 내용

상담 결과

년   월   일

상담자   (서명 또는 인)

210mm×297mm〔일반용지 60g/㎡(재활용품)〕

<u>신고서(자진 신고용)</u>

접수번호		접수일자		처리일자	
신 고 자	성명			주민등록번호 (외국인등록번호)	
	소속			연락처	
	주소				
부정청탁을 한 자 또는 금품등을 제공한 자	성명				
	직업 (소속)			연락처	
	주소				
	법인·단체등 의 경우	명칭			
		소재지			
		대표자 성명			
신고취지 및 이유					
부정청탁 및 금품등 수수 내용	일시				
	장소				
	내용(금품등 수수의 경우 그 종류 및 가액)				
금품등 반환여부 및 방법(금품등 수수의 경우)	반환여부				
	반환 일시·장소 및 방법(반환한 경우)				
증거자료					
비고					

위와 같은 사실을 신고합니다.

년 월 일

신고자   (서명 또는 인)

○○○**장** 귀하

210mm×297mm〔일반용지 60g/㎡(재활용품)〕

신고서(제3자 신고용)

접수번호		접수일자	처리일자

<table>
<tr><td rowspan="3">신 고 자</td><td>성명</td><td colspan="2">주민등록번호
(외국인등록번호)</td></tr>
<tr><td>직업
(소속)</td><td colspan="2">연락처</td></tr>
<tr><td>주소</td><td colspan="2"></td></tr>
<tr><td rowspan="6">피신고자
(신고대상)</td><td>성명</td><td colspan="2"></td></tr>
<tr><td>직업
(소속)</td><td colspan="2">연락처</td></tr>
<tr><td>주소</td><td colspan="2"></td></tr>
<tr><td rowspan="3">법인·단체등
의 경우</td><td>명칭</td><td></td></tr>
<tr><td>소재지</td><td></td></tr>
<tr><td>대표자 성명</td><td></td></tr>
<tr><td rowspan="6">피신고자
(신고대상)</td><td>성명</td><td colspan="2"></td></tr>
<tr><td>직업
(소속)</td><td colspan="2">연락처</td></tr>
<tr><td>주소</td><td colspan="2"></td></tr>
<tr><td rowspan="3">법인·단체등
의 경우</td><td>명칭</td><td></td></tr>
<tr><td>소재지</td><td></td></tr>
<tr><td>대표자 성명</td><td></td></tr>
<tr><td>신고취지 및
이유</td><td colspan="3"></td></tr>
<tr><td rowspan="3">법 위반행위
내용</td><td>일시</td><td colspan="2"></td></tr>
<tr><td>장소</td><td colspan="2"></td></tr>
<tr><td>내용</td><td colspan="2"></td></tr>
<tr><td>증거자료</td><td colspan="3"></td></tr>
<tr><td>비고</td><td colspan="3"></td></tr>
</table>

위와 같이 피신고자(신고대상)의 부정청탁 및 금품등 수수의 금지에 관한 법률 위반행위를 신고합니다.

년   월   일

신고자   (서명 또는 인)

○○○장   귀하

210mm×297mm〔일반용지 60g/㎡〔재활용품〕〕

신고접수 처리부

접수번호	접수일자	담당	신고자	피신고자 (자진신고의 경우 부정 청탁자 및 금품등 제공자)	신고제목	처리결과	이의신청 결과 (이의신청 한 경우)	재조사 결과 (재조사 한 경우)	조치결과	비고
			소속 (주소)	소속 (주소)		처리일자	신청일자	처리일자	조치일자	
			주민등록번호 (외국인등록번호)			처리내용	처리일자	처리내용	조치내용	
			성명	성명		비고	처리내용	비고	비고	
			소속 (주소)	소속 (주소)		처리일자	신청일자	처리일자	조치일자	
			주민등록번호 (외국인등록번호)			처리내용	처리일자	처리내용	조치내용	
			성명	성명		비고	처리내용	비고	비고	
			소속 (주소)	소속 (주소)		처리일자	신청일자	처리일자	조치일자	
			주민등록번호 (외국인등록번호)			처리내용	처리일자	처리내용	조치내용	
			성명	성명		비고	처리내용	비고	비고	
			소속 (주소)	소속 (주소)		처리일자	신청일자	처리일자	조치일자	
			주민등록번호 (외국인등록번호)			처리내용	처리일자	처리내용	조치내용	
			성명	성명		비고	처리내용	비고	비고	
			소속 (주소)	소속 (주소)		처리일자	신청일자	처리일자	조치일자	
			주민등록번호 (외국인등록번호)			처리내용	처리일자	처리내용	조치내용	
			성명	성명		비고	처리내용	비고	비고	

297mm×210mm〔일반용지 60g/㎡(재활용품)〕

<u>접 수 증</u>

접수번호	20 신고 제 호
접수일자	20 . . .
신고제목	
신 고 자	

위와 같이 부정청탁 및 금품등 수수에 대한 신고사항을 접수하였습니다.

년   월   일

○○○   **과 접수담당**   (인)

210mm×297mm〔일반용지 60g/㎡〔재활용품〕〕

<u>외부강의등 신고서</u>

접수번호		접수일자	
신고자	성명	소속	
	직위 (직급)	연락처	
요청인	기관명	대표자	
	담당부서 (담당자)	연락처	
외부강의등 주제			
장 소			
일 시	20 . . . ~ 20 . . . . 시 분 ~ 시 분	일괄신고	월(연)평균 횟수 : 회 1회 평균 시간 : 시간
사례금	총액 _______ 천원 (※ 1회 평균 대가 천원) (교통비·숙박비·식비(실비)_______ 천원 별도) (※ 1회 평균 교통비·숙박비·식비 천원)		

년   월   일

        신고자   (서명 또는 인)

유 의 사 항

1. 대가 총액은 교통비·숙박비·식비를 제외한 대가 총액을 기재하고 교통비·숙박비·식비는 ( ) 속
에 별도 기재
2. 동일한 교육과정에 수회 출강하는 경우에는 일괄신고 할 수 있음. 이 경우 일괄신고란에
기재하고, 1회 평균 대가를 기재함.

210mm×297mm〔일반용지 60g/㎡(재활용품)〕

<u>초과사례금 신고서</u>

접수번호	접수일자	처리일자

신고자	성명	소속
	직위 (직급)	연락처

요청인	기관명	대표자
	담당부서 (담당자)	연락처

외부강의등 주제	

장 소	

일 시	20 . . . ~ 20 . . . 시 분 ~ 시 분

사례금	총액 ______ 천원 (※ 1회 평균 대가 천원) (교통비·숙박비·식비(실비) ______ 천원 별도) (※ 1회 평균 교통비·숙박비·식비 천원)

초과사례금	초과사례금 액수 : ______ 천원

초과사례금 반환	반환여부 : 반환금액 : 반환방법 : ※증빙서류 첨부

년   월   일

신고자   (서명 또는 인)

210mm×297mm〔일반용지 60g/㎡(재활용품)〕

<u>신고기록표지</u>

접수번호	20 신고 제 호	접수일자	20 . .
신고제목			
담당부서		담당자	
신고자	성명		
피신고자 (신고대상)	성명		
처리구분	〔 〕 수사기관 통보 〔 〕 법원 통보 〔 〕 소속기관 통보 〔 〕 징계처분 〔 〕 종결 〔 〕 기타		
처리내역	20 . . .		
	20 . . .		
	20 . . .		
	20 . . .		
	20 . . .		
	20 . . .		
	20 . . .		

신분공개 동의여부	○○○	타 조사기관	종료확인	담당자	○○○
종료일	20 . . .				
보존기간	년 (20 . . . 까지)				

210mm×297mm〔일반용지 60g/㎡(재활용품)〕

신고기록 목록

서 류 명 칭	작성(제출) 년 월 일	쪽

210mm×297mm〔일반용지 60g/㎡〔재활용품〕〕

<u>신분공개 동의여부 등 확인서</u>

접수번호		접수일자	

신고자	성명	주민등록번호 (외국인등록번호)	
	연락처		
	주소		

신고 접수번호	

**신분공개
동의여부**

1. ○○○ 조사과정

   앞으로 귀하의 신고사건에 대하여 우리 ○○○에서 조사·확인하는 절차를 거치게 됩니다. 이 과정에서 귀하의 신분을 밝히거나 암시하는 것에 동의하시겠습니까? 선택해 주십시오.

   〔 〕 동의　　　〔 〕 부동의

2. 타 조사기관 조사과정

   귀하의 신고사건이 타 조사기관에서 조사·감사 또는 수사해야 하는 경우 그 과정에 있어서 귀하의 신분을 밝히거나 암시하는 것에 동의하시겠습니까? 이에 부동의 하시는 경우에는 귀하의 인적사항을 제외하고 송부하게 됩니다. 선택해 주십시오.

   〔 〕 동의　　　〔 〕 부동의

**타 기관
신고 여부**

〔 〕 타 기관 신고(〔 〕 소속기관 〔 〕 감독기관 〔 〕 수사기관 〔 〕 감사원 〔 〕 국민권익위원회)
〔 〕 타 기관 신고하지 않음

　　위 신고자 본인은 인적사항 및 신분공개 동의여부 등에 대하여 위와 같이 확인서를 작성하여 제출합니다.

년　　　　월　　　　일

위 신고자　　　　　　　　　　　　　　　　　(서명 또는 인)

○○○**장**　　　귀하

210mm×297mm〔일반용지 60g/㎡(재활용품)〕

청탁금지법 위반 신고 통보서

신 고 접수번호			접수일자	
위반혐의자	성 명		직 업	
	연락처		주 소	
위반 법조문				
신고사실				
확인결과				
첨부서류	1. 2. 3.　　　　　　등 총　　매			
비 고				

210mm×297mm〔일반용지 60g/㎡(재활용품)〕

청탁금지법 위반내역서

위반자 인적사항	성명		주민등록번호 (외국인등록번호)
	소속		연락처
	주소		
위반 법조문	부정청탁 및 금품등 수수의 금지에 관한 법률 제0조제0항		
위반행위 내용	일시		
	장소		
	내용		
첨부서류	1. 2. 3. 　　　　　　　　등 총　　매		

　　부정청탁 및 금품등 수수의 금지에 관한 법률 제0조제0항의 과태료 부과 대상자에 대하여 같은 법 제23조제7항에 따라 위와 같이 그 위반 사실을 통보합니다.

20 년 월 일

○ ○ ○ 장

210mm×297mm〔일반용지 60g/㎡(재활용품)〕

신고자 보호·보상제도 운영 안내문

■ 신고자 보호제도

● **신고자의 신분비밀을 보장합니다.**
  - 신고자 또는 협조자의 인적사항 등은 공개되지 않습니다. 신고자등의 동의 없이 공개한 자에게는 3년 이하의 징역 또는 3천만원 이하의 벌금이 부과됩니다.

● **신고등을 이유로 신분상 불이익조치가 금지됩니다.**
  - 신고자등은 신고등을 이유로 신분상·인사상·경제적 불이익을 받지 않으며, 불이익조치를 한 자에게는 최고 2년 이하의 징역 또는 2천만원 이하의 벌금이 부과됩니다.

● **신고자등은 신변보호조치를 위원회에 요청할 수 있습니다.**
  - 신고자등과 그 친족·동거인이 신고등을 이유로 생명·신체에 중대한 위해를 입었거나 입을 우려가 명백한 경우 위원회에 신변보호조치를 요청할 수 있습니다.

● **신고자등의 위법행위에 대한 책임이 감경될 수 있습니다.**
  - 신고등과 관련하여 신고자등의 위법행위가 발견된 경우, 그 형벌, 징계 및 불리한 행정처분 등이 감경되거나 면제될 수 있습니다.

■ 신고자 보상제도

구 분	지 급 요 건
보상금	청탁금지법 제13조제1항에 따른 신고로 인하여 공공기관에 직접적인 수입의 회복·증대 또는 비용의 절감을 가져온 경우(벌금·과태료 부과는 제외)
포상금	청탁금지법 제13조제1항에 따른 신고로 인하여 공공기관에 재산상 이익을 가져오거나 손실을 방지한 경우 또는 공익의 증진을 가져온 경우

신고자 보호·보상 제도에 대한 보다 자세한 내용은 국민권익위원회 홈페이지(www.acrc.go.kr) 부패·공익신고▶보호보상상담 메뉴를 이용하시기 바랍니다.

210mm×297mm〔일반용지 60g/㎡(재활용품)〕

조사결과에 대한 이의신청서

접수번호	접수일자	처리일자

20   신고 제 호 신고사항에 대한 ○○○의 조사결과에 대하여 아래와 같은 이유로 이의신청합니다.

신고제목			
접수번호	20 신고 제 호	접수일자	
조사결과		결과통지일	
이의신청인	성명		
	연락처		
	주소		
이의신청 취지 및 이유			

년   월   일

이의신청인　　　　　　　　　　　　　　（인 또는 서명）

○○○장　　　귀하

210mm×297mm〔일반용지 60g/㎡（재활용품）〕

금품등 인도확인서

인도자	성명	소속
	직위(직급)	연락처
신고 접수번호		
품목 (상표)		
수량		
가액 (상당액)		
물품사진	※ 필요시 동영상 첨부	

위 금품등의 인도를 확인합니다.

인도일 : 20 . . .

인도자 소속 :   성명 :   (서명 또는 날인)

인수자 소속 :   성명 :   (서명 또는 날인)

210mm×297mm〔일반용지 60g/㎡（재활용품）〕

<u>금품등 관리대장</u>

일련번호	신고접수번호	신고일	품목(상표)	수량	가액(상당액)	신고자			제공자			인도일	관리부서(관리자)	보관장소	처리결과	처리일	비고
						소속	직위(직급)	성명	소속	직위(직급)	성명						

210mm×297mm〔일반용지 60g/㎡(재활용품)〕

금품등 반환확인서

반환 받는 자	성명		소속	
	직위(직급)		연락처	
신고 접수번호				
품목 (상표)				
수량				
가액 (상당액)				
물품사진	※ 필요시 동영상 첨부			

위 금품등에 대하여 반환을 확인합니다.

반환 연월일 : 20 . . .

인계자 소속 : 성명 : (서명 또는 날인)

인수자 소속 : 성명 : (서명 또는 날인)

210mm×297mm〔일반용지 60g/㎡〔재활용품〕〕

금품등 폐기처분 동의확인서

인도자	성명	소속
	직위(직급)	연락처
신고 접수번호		
품목 (상표)		
수량		
가액 (상당액)		
물품사진	※ 필요시 동영상 첨부	

위 금품등의 폐기처분에 동의함을 확인합니다.

20 . . .

인도자 소속 :   성명 :   (서명 또는 날인)

210mm×297mm〔일반용지 60g/㎡(재활용품)〕

물품등 폐기처분대장

일련 번호	신고 접수번호	품목 (상표)	수량	가액 (상당액)	인수일	폐기일	폐기사유	비고

210mm×297mm〔일반용지 60g/㎡(재활용품)〕

반환비용 청구 신청서

접수번호		접수일자		처리일자	
청구인	성명			생년월일	
	소속			직위 (직급)	
청구금액					
반환계좌	금융기관명 : 계 좌 번 호 :				
반환금품 및 처리내역	금품 (물품)				
	수량 (금액)				
	받은일시				
	반환일시				
	증빙서류 목록	※증빙서류(사본) 첨부			
반환받는 사람	성명		주소		
	연락처		청구인과의 관계		
	직무관련 내용				
기타 사항					

년　　　월　　　일

청구인　　　　　　　　　　　　　　　　　(서명 또는 인)

210mm×297mm〔일반용지 60g/㎡(재활용품)〕

위반행위 관리대장

일련번호	위반자				신고일	신고내용	위반내용 (조사결과)	처리결과 (처리일)	조치결과 (조치일)	비고
	이름	소속	직위 (직급)	연락처						

297mm×210mm〔일반용지 60g/㎡(재활용품)〕

◈ 대한법률실무연구회 ◈

 ※ 연구소 편찬 저서
•소법전
•민법지식정보법전
•형법지식정보법전
•형사소송지식정보법전
•헌법·헌재지식정보법전
•자동차사고 이렇게 해결하라
•상속·증여 해결하기
•지급명령 작성방법
  그 외 다수

| 2018년
개정판 | **김영란법** | 정가 20,000원 |

2018年 2月 10日 인쇄
2018年 2月 15日 발행
  편 저 : 대한법률실무연구회
  발행인 : 김 현 호
  발행처 : 법문 북스
  공급처 : 법률미디어

152-050
서울 구로구 경인로 54길4(구로동 636-62)
TEL : 2636-2911~2, FAX : 2636~3012
등록 : 1979년 8월 27일 제5-22호
Home : www.lawb.co.kr

▌ISBN 978-89-7535-643-8 (13360)
▌파본은 교환해 드립니다.
▌본서의 무단 전재·복제행위는 저작권법에 의거, 3년 이하의
  징역 또는 3,000만원 이하의 벌금에 처해집니다.

경조사비 가액은
3 . 5 . 10 → 3 . 5 (10) . 5

* 농수산물 및 농수산가공품에 한해서 10만원까지 가능

2016년 9월 28일부터 「부정청탁 및 금품등 수수의 금지에 관한 법률」의 시행에 따라 사회 전반에 걸쳐 반부패 효과가 확산되었으나, 농수산물 및 농수산가공품에 대해서는 이를 생산하는 농수축산가 및 상인들에게는 많은 피해가 발생하여 이를 시정해 달라는 민원이 속출하게 되었습니다.

이에 정부에서는 이들을 배려하기 위하여 수수를 금지하는 금품 등에 해당하지 아니하는 농수산물 및 농수산가공품 선물의 가액 범위를 조정하는 등 현행 제도의 운영상 나타난 미비점을 개선·보완하기 위하여 이 법의 시행령을 일부 개정하게 되었습니다.

13360

ISBN 978-89-7535-643-8

20,000원